KB071599

유아문학교육

YOUNG CHILDREN'S LITERATURE AND EDUCATION

곽아정 · 이문정 · 이현숙 · 조경자 공저

학지사

머리말

어린이들이 매일매일 오가는 학교 앞마다 있었던 동네 서점도 사라져 간지 오래고, 대형 서점도 하나둘씩 자취를 감춰 가고 있다. 지하철이나 기차 안에서 사람들이 저마다 책을 읽고 있는 모습은 스마트폰을 보는 모습으로 대체되었다. 문학이 인간의 곁에서 멀어져 가는 모습처럼 보이기도 한다. 그러나 문학은 계속해서 의미 있게 존재할 것이다. 문학은 인류의 힘이기 때문이다. 인간은 문학을 통해 세상과 삶에 대한 이해와 통찰을 익힌다. 문학은 즐거움을 주고 다양한 삶의 모습을 보여 줄 뿐만 아니라 자신과 타인을 이해하고 바람직한 가치관에 대해 사색하고 성찰하게 하며, 깊이 생각하는 힘을 길러 준다.

어린이들에게도 마찬가지이다. 어린이 문학은 어린이에게 세상을 이해하고 바라보는 눈을 키워 주며 삶 속에서 마주치는 수많은 문제에 대처하는 능력을 키워 준다. 이야기 속에서 주인공이 마주치는 문제나 위기를 해결하는 과정을 통해 어린이는 문제를 해결하는 능력과 자신감을 키울 수 있다. 문학을 통해 어린이들은 언어 능력, 상상력, 감정 표현, 문제 해결 능력을 향상시킨다. 따라서 어린이들이 문학의 소중함과 가치를 알고 항상 문학을 가까이 하는 성인으로 성장하기를 바라는 마음을 담아 이 책을 집필하였다.

어린이들이 책 읽기의 소중함과 즐거움, 감동을 알도록 하기 위해서는 유아기부터의 문학 경험이 중요하며 무엇보다 교사의 역할이 크다. 교사는 유아 문학의 중요성과 가치를 알고 스스로 '문학'에 애정을 가지고 즐길 수 있어야 하며 문학의 감동과 위로, 삶에 대한 성찰을 읽어 낼 수 있는 '문학적 소양'을 지녀야 한다. 그리고 유아 문학에 대한 지식과 이해를 바탕으로 유아의 풍부하고 의미 있는 문학 경험을 지원하며 문학을 유아교육과정에 적용하는 능력을 갖추어야 한다. 이를 위해 이 책에서는 유아들에게 적절한 좋은 책은 무엇인지, 유아들이 즐겁게 문학을 읽고 상상력과 언어 능력을 키울 수 있는 적절한 유아 문학의 교수학습방법은 무엇인지를 제시하는 데 중점을 두었다. 또한 최근까지 출판된 다양한 장르의 유아 문학작품과 작가를 최대한 많이 소개하고자 하였다.

이 책은 총 3부로 구성되어 있다. 제1부는 문학과 유아 문학에 대한 기초 지식과 이론을 담고 있다. 문학과 유아 문학의 의의, 유아 문학의 역사, 유아 문학의 장르에 대해 설명하고 있다. 제2부는 유아들이 보는 문학의 형태인 그림책에 대한 내용을 중점적으로 다루고 있다. 그림책의 정의에서부터 그림책의 구성, 유아의 발달에 따른 적절한 그림책에 대해, 다양한 그림책의 예시와 함께 소개하고 있다. 제3부는 유아 문학교육에 대한 내용으로 구성된다. 유아 문학교육의 의미와 목표, 내용, 그리고 유아에게 문학을 어떻게 가르쳐야 하는지, 유아 문학교육의 방법과 접근법을 실제적인 예를 통해 제시하고 있다.

유아기는 어린이들의 세계관과 인식이 형성되는 중요한 시기이다. 우리는 유아 문학을 통해 유아들이 세상을 바라보는 시각과 태도를 어떻게 형성하는지, 그리고 그들의 생각과 감정, 관심사가 무엇인지에 대해 더욱 깊이 이해할 수 있고, 함께 유아 문학의 아름다운 세계를 탐험하며 유아들의 성장과 발달에 대한 길잡이를 제공할 수 있을 것이다. 최근 유아교육 현장에서 미디어 및 디지털 교육매체의 발달로 인해 유아가 교사의 목소리를 통해 문학을 경험하는 기회가 점점 줄어드는 것이 매우 안타깝다. 이 책이 예비 유아교사에게 좋은 교사가 되기 위한 길잡이가 되고, 유아교육 현장에서 교사와 유아가 함께

유아 문학의 즐거움과 의미를 느끼고 열정을 회복하는 데 도움이 되기를 바
란다.

　마지막으로 집필에 도움과 지지를 주신 분들에게 감사의 말씀을 전한다.
특별히 유아 문학에 대한 애정을 가지고 다양한 자료와 지혜를 주신 호서대
학교 부속 유치원의 모든 선생님과 유아에게 깊은 감사를 드린다. 그리고 이
책의 출판을 맡아 주신 학지사의 대표님과 편집자님을 비롯한 모든 분께도
깊은 감사의 말씀을 전한다.

2023년 8월
저자 일동

차례

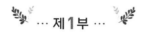

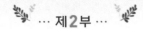

··· 제2부 ···

유아 문학으로서의 그림책

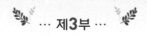

··· 제3부 ···

유아 문학교육

제1부

유아 문학의 이해

제1장

유아 문학의 의의

1. 유아 문학의 의미

유아 문학이란 '유아'와 '문학'이라는 단어가 결합된 단어로, 유아를 위한 문학이라고 간단히 정의할 수 있다(Barone, 2011). 유아 문학은 독자 대상을 유아로 할 뿐, 본질적으로는 문학의 한 부분이다. 그러므로 유아 문학이 무엇인지 의미를 찾기 위해서는 문학이 무엇이지에 대한 의미를 먼저 살펴볼 필요가 있다.

1) 문학의 의미

문학의 의미를 찾기 위한 가장 간단한 방법은 '문학'이라는 글자의 어원을 살펴보는 것이다. 문학의 한자 표기는 '文學'이며 '글로 된 학문'이라는 뜻을 갖는다. 영어 표기인 'literature'의 라틴어 어원은 '기록'이라는 의미를 가진 'literatura'이며, 어근은 'litera'로 '문자'라는 뜻을 가진다. 이처럼 본래 문학이

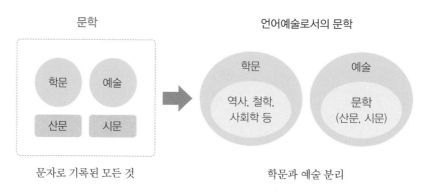

[그림 1-1] 문학 의미의 변화

라는 문자적 어원이 가지고 있는 의미는 학문과 예술, 산문과 시문을 모두 포괄하며, 문자로 기록된 모든 것을 총칭한다(Oxford Languages, 2021). 그러나 인간의 문자 기록이 축적되면서 문학의 의미는 차츰 학문과 예술로 구분되기 시작하였고, 오늘날에는 역사, 철학, 사회학 등을 포함하는 학문과 시나 희곡, 소설과 같은 예술로서의 문학이 구별된다.

또한 글뿐만 아니라 뜻을 가진 소리는 모두 언어라는 측면에서 말이든 글이든, 언어예술이면 모두 다 문학으로 포함한다. 인류 역사상 미술의 기원이 풍렵(豊獵)을 기원하는 동굴 벽화에서부터 시작된 것처럼, 문학의 기원도 풍요를 기원하고 자연에의 경외심을 표현하는 기도와 주문, 노래에서부터 시작된다(Oxford Languages, 2021). 그러나 인간의 문자가 발명된 것은 기원전 1000년경, 이집트와 메소포타미아의 문자(그림문자)에서부터이다. 그러므로 문학은 문자가 발명되기 훨씬 이전부터 이미 존재하여 왔으며, 글로 기록되기 이전의 구비문학이나 전승문학을 포함하고 있다. 즉, 문학이란 말과 글, 그림 언어 등의 다양한 언어로 표현된 예술이다.

문학이 예술이라는 점에서는 학문, 경문과 같은 언어활동의 다른 영역과 차이가 있고, 문학이 언어로 이루어졌다는 점에서는 음악, 미술과 같은 다른 예술과 구별된다. 문학은 다양한 언어를 매개로, 인간의 사상이나 감정을 표현한다(한국민족문화대백과사전, 2017). 음악이 소리를, 미술이 모양과 색을 재료로 세계를 재창조하는 것과 같이, 문학은 세상에 대한 작가의 사상, 생각, 감정을 언어라는 형태를 통해 재창조하는 예술이다(구인환, 구창환, 1995).

문학사 연구가 미쇼(Michaud, 2013)는 넓은 의미로 문학은 "언어를 매개로 이웃에서 이웃으로, 세대에서 세대로 전달되는 인간적 표현의 모든 것을 포괄하는 것이다."라고 정의하면서도, 역사적으로 발견된 모든 문서가 문학으로 칭송받지는 않았음을 밝히면서 엄밀한 의미에서의 문학은 '아름다운 문장'이라고 하였다. 이때 '아름다운 문장'은 단지 어휘와 문장을 꾸미는 화려한 미사여구(美辭麗句)에 의해서만 나타나는 것은 아니다. 문학에는 세상에 대한 지식(知)과 감동(情), 깨달음(意)이 담겨 있다. 문학은 자신의 정체성과 삶의 방향에 대한 답을 항상 갈구하고 있는 인간에게, 인간과 삶이 무엇인지에 대해 끊임없이 이야기해 주고 있다. 문학은 인생과 인간에 대한 다양한 길을 제시해 주며 새로운 시각과 통찰력을 길러 줌으로써 인간 개개인의 삶을 좀 더 풍요롭게 해 준다. 이처럼 문학은 오랜 시간 인류의 역사와 함께 시작되고 발전해 오면서 일상의 언어를 사용하여 독자의 마음을 울리고 오래 기억에 남을 수 있는 감동과 여운을 남김으로써 다른 학문과는 구별되는 예술로 자리매김을 해 왔다. 그러므로 문학이란 인간이 어떤 존재이며, 어떻게 살

지식(知) 깨달음(意)

감동(情)

문학 = 아름다운 문장

문학은 인간의 세 가지 심적 요소인 지성, 감성, 의지를 담는다.

[그림 1-2] 문학의 의미

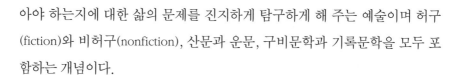

아야 하는지에 대한 삶의 문제를 진지하게 탐구하게 해 주는 예술이며 허구(fiction)와 비허구(nonfiction), 산문과 운문, 구비문학과 기록문학을 모두 포함하는 개념이다.

2) 유아 문학의 의미

(1) 아동 문학의 의미

서구의 문학사에서 아동 문학(兒童文學, Children's literature)이 하나의 독자적인 문학 형태로 자리를 잡게 된 것은 18세기 후반부터이다. 이전에는 아동을 성인과 구별하여 특별한 독자층으로 인식하지 않았기 때문에 아동을 위한 문학이 따로 존재하지 않았다. 18세기가 되어서야 비로소 아동이 성인과는 다른 사고와 발달 특성을 갖고 있음을 인식하게 되었고 문학적 자원으로서의 아동에 주목하기 시작하였다(Whitehead, 1992). 따라서 아동 문학은 성인 문학과 구별되는 용어이며, 아동을 독자로 하여 내용 면이나 형식 면에서 아동에게 즐겨 읽힐 것을 목적으로 창작한 문학이다(한국민족문화대백과사전, 2017).

그러나 아동 문학의 대상이 되는 '아동'이 누구인지에 대한 정의는 두 가지 측면에서 논쟁점이 있다. 첫째는 아동이 지칭하는 연령의 범위에 대한 논쟁이다. 오늘날 일반적으로 일상생활에서 아동을 지칭할 때는 흔히 초등학교 연령까지의 어린이를 아동이라고 하고, 중·고등학생을 청소년이라고 칭한다(Sommerville, 2007). 그러나 법률적으로 「아동복지법」에서의 아동은 '만 18세 미만인 사람'이다(보건복지부, 2021). 아동 문학이 나타나기 시작한 18세기에는 '아동기'가 성인이 되기 이전의 시기를 통틀어 일컫는 말이었다. 그러므로 당시의 아동 문학의 대상은 이야기를 읽거나 들을 수 있는 연령에서부터 잠재적이거나 실제적으로 초기 문해력을 가진, 약 14~15세에 이르는 아이들 모두였다. 그러나 근대 사회의 시작과 함께, 성인이 되기 위한 교육 기간이

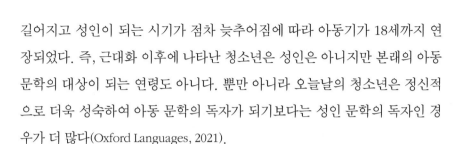

길어지고 성인이 되는 시기가 점차 늦추어짐에 따라 아동기가 18세까지 연장되었다. 즉, 근대화 이후에 나타난 청소년은 성인은 아니지만 본래의 아동 문학의 대상이 되는 연령도 아니다. 뿐만 아니라 오늘날의 청소년은 정신적으로 더욱 성숙하여 아동 문학의 독자가 되기보다는 성인 문학의 독자인 경우가 더 많다(Oxford Languages, 2021).

이러한 혼란을 피하기 위해 1980년대 후반부터는 방정환 선생이 사용한 순수한 우리말인 '어린이'라는 용어를 사용하여 아동 문학을 대체하는 용어로 '어린이 문학'이라는 용어를 점차 널리 사용하고 있다. '어린이 문학'의 정의는 출생부터 초등학교 시기까지의 어린이를 대상으로 하는 문학으로 구분 짓는다(김이구, 2009).

둘째는 아동 문학의 독자를 반드시 아동으로 제한하여야 하는가의 문제이다. 아동 문학은 '작가가 일차적으로 아동들에게 읽힐 것을 목적으로 쓴 문학'(이재철, 1989)이다. 그러나 사람들은 성인이 되어서도 영원한 영혼의 고향과 같은 동심의 세계를 잊지 못하고 그리워하며 실제로 많은 성인이 동심을 간직하면서 아동 문학을 즐겨 읽는다. 따라서 아동 문학의 독자는 협의로는 아동이지만, 광의로는 동심을 그리는 성인도 포함된다. 그리고 아동 문학을 창작하는 사람은 동심을 가진 성인이다. 아동이 작문이나 시를 창작할 수 있지만, 문학교육의 과정에서 탄생한 아동의 작품을 예술적인 문학성을 갖춘 문학으로 인정하기는 어렵다. 그러므로 아동 문학의 작가는 아동을 이해하고 사랑하는 성인이 된다.

이처럼 아동 문학이란 동심을 간직한 성인 작가가 아동이나 동심으로 돌아가고 싶어 하는 어른에게 읽힐 것을 목적으로 동심의 세계를 창조한 시, 동화, 소설, 희곡 등의 총칭이라고 정의할 수 있다(석용원, 1982).

(2) 유아 문학의 의미와 특징

'유아 문학'은 아동 문학 중에서도 유아 시기의 어린이를 대상으로 하는 문학을 일컫는다. 유아기는 일반적으로 0~8세를 말한다. 이 시기의 유아는 언어, 인지, 사회, 정서 등의 발달 속도가 매우 빠르고 그 특성이 아동과 크게 차이가 난다. 그러므로 유아들이 읽는 문학은 내용과 형식에 있어서 아동이 읽는 문학의 특성과 매우 다를 수밖에 없으며, 아동 문학 중에서도 유아를 대상으로 하는 문학을 유아 문학이라고 구분 짓는다. 즉, 유아 문학이란 0~8세의 유아를 대상으로 유아의 발달 특성을 고려한 내용과 형식으로 이루어진 문학이다(이상금, 장영희, 1986). 유아 문학은 대상이 유아라는 점에서 다음과 같은 유아 문학만의 특성을 가진다.

첫째는 예술성이다. 예술성은 문학이라면 마땅히 있어야 하는 보편적인 특성이다. 유아 문학은 유아가 보는 문학이라고 생각하여 흔히 단순하고 가벼운 글로 생각할 수 있다. 하지만 유아 문학도 본질적으로 문학이므로 인간이 무엇이며 인생은 어떻게 살아야 하는지에 대한 삶의 문제를 진지하게 탐구하게 해 주는 예술이어야 한다. 유아를 대상으로 쓰인 작품이라고 해서 모두 가치 있는 문학이 되지는 않는다. 읽으면 읽을수록 새롭고, 세월이 가도 기억에 남으며, 의미 있고 재미있는 작품이어야 가치 있는 문학이 된다. 그러므로 유아 문학은 인간과 자연, 세상에 대한 통찰력을 길러 주고 인간 본성에 대한 선한 시선을 갖도록 해 주어야 하며 유아에게 상상과 미학적 경험을 제공하는 예술이어야 한다(Glazer, 1997). 유아 문학은 유아들이 읽고 즐길 수 있도록 유아를 위하여 쓰였으며, 고도의 문학적·미적 예술성을 갖춘 책이어야 한다(Sutherland, 1997).

둘째는 흥미성이다. 유아 문학은 내용과 형식이 유아의 흥미에 맞게 구성되어야 한다. 유아들은 우선 재미있어야 문학에 관심을 가지기 때문에 흥미를 끌지 못하면 문학에 대한 접근 자체가 어렵게 된다. 유아가 흥미를 갖기 위해서는 내용 면에서 유아의 생활과 사고 단계를 반영하여야 하며 형식적으로 유아의 이해 범위를 벗어나서는 안 되고 단순명쾌하여야 한다. 즉, 유아 문학은 유아의 생활과 관심을 주제로 다루어야 하며 유아들이 이해할 수 있

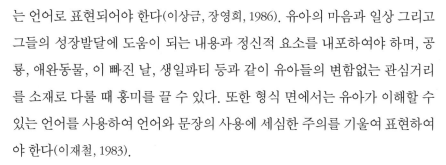

는 언어로 표현되어야 한다(이상금, 장영희, 1986). 유아의 마음과 일상 그리고 그들의 성장발달에 도움이 되는 내용과 정신적 요소를 내포하여야 하며, 공룡, 애완동물, 이 빠진 날, 생일파티 등과 같이 유아들의 변함없는 관심거리를 소재로 다룰 때 흥미를 끌 수 있다. 또한 형식 면에서는 유아가 이해할 수 있는 언어를 사용하여 언어와 문장의 사용에 세심한 주의를 기울여 표현하여야 한다(이재철, 1983).

셋째는 교육성이다. 문학은 본질적으로 교육을 위해 창작된 것이 아니다. 하지만 유아 문학은 인도주의적 측면에서 교육성과 윤리성을 갖는다. 유아 문학의 독자인 유아는 발달의 과정 중에 있으므로 그들의 성장과 발달을 후퇴시키거나 정지시키는 경험을 주어서는 안 되며, 참되게 살도록 하는 선(善)의 추구가 유아 문학의 필수 요소가 된다. 이때 유아 문학의 교육성은 훈육이나 교훈과는 구별된다. 유아 문학의 진정한 교육성은 문학의 예술성과 흥미성 속에 내포되어 있다. 독자인 유아가 문학을 읽는 과정마다 감동을 받으면 그 감동을 통해 바람직한 영향을 받고 인생을 풍부하게 하는 교육적 효과를 가지게 된다. 이러한 감동은 낭만주의 문학으로서의 이상성에서 나온다. 유아 문학은 '현실'과 '있는 그대로'의 세계를 제시하는 것에 선행하여 '꿈'과 '있어야 될' 동경의 세계를 보여 준다(한국민족문화대백과사전, 2017). 따라서 유아 문학은 '선의(善意)에 찬 이상 문학'이며, 현재 있는 상태에서 있어야 할 상태로, 꿈과 동경을 가지고 자기 생활을 개척하도록 도와주고 선한 태도와 정신을 길러 준다.

2. 유아 문학의 가치

책을 읽는 것은 개인의 선택이며 누가 강요하거나 의무에 의해 읽는 것이 아니라 개인적인 기쁨과 치유를 위해 자발적으로 즐기는 것이다. 그러므로 문학의 가치는 매우 개인적이라고 할 수 있다. 하지만 유아 문학은 개인적인 가치를 넘어서는 교육적 가치를 가지고 있으며 실제 교육 현장에서 학습 목적을 위해 다양하게 활용되고 있다. 유아 문학이 지니는 가치를 살펴보면 다음과 같다(조경자, 이현숙, 이문정, 곽아정, 2013; Audsley, 2019; Jalongo, 2004; Lynch-Brown & Tomlinson, 2005).

1) 즐거움

유아들이 책을 읽는 가장 기본적이고 분명한 이유는 즐거움이 있기 때문이다. 만약 책 읽는 시간이 재미없고 지루하다면 유아들은 잠시도 기다려 주지 않고 다른 더 재미있는 놀이를 찾아 관심을 돌릴 것이다. 유아들은 문학에서 즐거움을 찾을 수 있을 때, 기꺼이 이야기를 듣거나 책을 읽는다. 어렸을 때 듣거나 읽었던 재미있고 감동적이고 놀라운 이야기들은 성장한 후에도 오래도록 기억에 남고, 이러한 즐거움은 평생 동안 문학을 즐기고 사랑하게 만드는 원동력이 된다.

2) 상상력

　문학 속에서는 현실세계에서 볼 수 없는 다양한 인물과 삶의 모습, 세계가 환상과 상상에 비추어 펼쳐진다. 유아들은 문학 속의 상상과 환상의 세계를 통해 세상을 새로운 시각과 시선으로 보게 되며, 스스로의 상상세계를 펼쳐 보이고 창의성을 키운다. 이야기 속에는 우리의 조상이 살아왔던 세상과 우리의 후손이 살게 될 다양한 삶의 모습이 담겨 있으며 현재의 시공간을 넘어선 무한의 세계를 경험하게 해 줌으로써 상상력을 키워 준다.

영화 〈이상한 나라의 앨리스〉의 한 장면

『질문의 그림책』

3) 심미감

　유아들은 책 속의 아름다운 언어와 표현, 글의 양식, 그림의 색과 모양, 구도 등을 접하면서 아름다움을 이해하고 심미감을 기르게 된다. 문학의 아름다움을 느끼고 감상하고 즐기는 것은 단시간에 이루어지는 것이 아니며, 어렸을 때부터 꾸준히 문학을 접해 왔을 때 자연스럽게 형성된다. 꾸준히 문학을 즐겨 온 유아는 작가마다 표현하는 방식과 형식이 다르다는 것을 깨닫게 되어 유아 스스로도 좋아하는 책, 작가에 대한 기호가 생기게 된다. 이와 같

「맴」

「빨간 풍선의 모험」

은 어린 시절의 경험은 심미감을 키우는 첫걸음이 된다.

또한 그림책의 그림은 예술적인 감각을 키워 준다. 좋은 그림책의 그림은 단순히 글을 더 잘 이해하게 하는 보조적인 역할만을 하는 것이 아니라 그림 자체만으로도 훌륭한 예술성을 가지고 있다. 이를 통해 유아는 다양한 표현 양식과 매체, 스타일 등을 이해하게 되고 스스로 미술을 표현해 봄으로써 심미감과 예술성을 키울 수 있다.

4) 치유

유아들은 문학을 통해 정서적인 위로를 얻는다. 책 속에서 주인공이 겪는 다양한 문제와 갈등을 자신의 일과 동일시하면서 위로를 받고 안정과 자신감을 회복한다. 또한 현실세계에서는 이룰 수 없는 일들이 이야기 속에서 이루어지는 것을 보고 대리만족을 얻기도 한다. 책을 보는 과정에서 유아의 인성과 문학이 상호작용함으로써 유아가 당면한 적응과 성장의 문제들을 해결하는 데 도움을 줄 수 있다.

 **독서치료**

독서치료(bibliotherpy)는 문학작품을 이용하여 정신건강을 증진시키는 활동이다(Hynes & Hynes-Berry, 1994). 독서치료에서는 정신적인 문제를 치료하기 위한 매개체로 '문학'을 활용한다. 책을 읽고 독후 활동을 하는 점에서는 독서교육과 비슷하지만 독서치료는 그 목적이 치료에 있다는 점이 다르다. 독서치료자는 독서치료 참여자의 어려움이나 문제 상황과 관련이 있는 문학작품을 선택하여 읽게 하고, 책의 내용에 대해 참여자와 개별 또는 집단으로 토론하면서 자신을 더 잘 이해하고 자신의 성격이나 태도, 정서 등의 문제를 파악하여 건전한 방향으로 해결하도록 돕는다. 문학작품을 읽고, 독후 활동을 하는 과정에서 참여자는 다음과 같은 동일시, 카타르시스, 통찰의 과정을 통해 치유에 이르게 된다(유상희, 2008).

- 1단계 동일시(감정이입): 책 속 주인공의 상황이나 환경과 자신의 상황과의 일치점을 발견하고 공감하고 감정이입을 하게 된다. 독자가 책 속으로 몰입하게 되는 과정이다.
- 2단계 카타르시스: 책 속의 등장인물의 감정, 사고, 성격, 태도에 대한 생각을 언어로 표현하는 과정에서 내면에 숨겨진 억압된 감정을 발산한다.
- 3단계 통찰: 스스로 문제점을 깨닫고 새로운 목표와 방향으로 문제를 해결하도록 유도하여 독서치료를 종결한다.

독서치료의 영어 표기인 'bibliotherpy'의 어원을 살펴보면 'biblion(책, 문학)'과 'therapeia(병을 고쳐 주다)'라는 그리스어에서 유래한다. 이처럼 책을 통한 병의 치료 효과는 고대로부터 전해져 온다. 고대의 도서관 건물에는 '영혼을 치료하는 곳(healing place of the soul)' '영혼을 위한 약상자(medicine for the soul)'란 글귀가 새겨져 있으며 아리스토텔레스(Aristoteles)도 『시학』에서 '책 속에는 길이 있으며 인간의 정서를 정화시킨다'고 하였다(한국어린이문학교육학회 독서치료 연구회 편, 2003).

THE HEALING-PLACE OF THE SOUL

Inscription over the door of the Library of Thebes

5) 도덕성

이야기 속의 주인공들은 종종 도덕적 딜레마에 빠져 어느 한 쪽을 선택하도록 결정을 내려야 하는 상황에 놓이게 된다. 이때 독자로서의 유아들은 자신이 그 상황이면 어떻게 했을까를 생각해 보게 되고, 이야기가 전개되면서 주인공의 선택과 그 선택의 결과가 어떠한 결과를 초래하는지를 보게 되면서 긍정적 혹은 부정적 보상을 받게 된다. 이러한 경험이 반복됨에 따라 유아는 옳고 그름의 개념과 기준을 형성하게 된다.

『혹부리 영감』

6) 경험의 확장

유아들은 책을 읽으면서 이야기 속으로 몰입을 하게 되고, 자신이 이야기 속의 주인공이 되어 그 시대와 그 장소로 이동하며 주인공이 만나는 인물과 사건을 경험하게 된다. 이러한 대리 경험은 현실세계에서는 겪지 못할 다양하고 폭넓은 사건을 경험하게 함으로써 문제를 해결하고 장애물을 뛰어넘는 정신적인 훈련의 기회를 만들어 준다. 또한 다양한 관점을 받아들이고 자신의 정체성을 확립하며 삶의 목표를 형성하게 해 준다.

7) 세상에 대한 이해, 공감

유아들은 이야기 속의 주인공과 세상을 만나면서 나와 다른 사람에 대한 이해력과 공감력을 키울 수 있다. 문학을 통해 다른 나라와 문화를 이해할 수 있는 다문화적 이해력과 세계적이고 국제적인 공감력의 기초를 형성할 수 있다. 또한 인간의 삶이 자신이 속한 사회문화, 경제, 정치적 한계나 기후, 지리적인 조건 등에 의해 어떻게 영향을 받고 어떻게 달라지는지를 이해할 수 있다.

8) 문화 유산에 대한 이해

유아들이 즐겨 읽는 이야기 중에는 전래동화와 같이 예부터 전해져 오는 이야기 또는 이전 세대에서 다음 세대로 전해져 오는 이야기들이 많이 있다. 이러한 이야기는 그 시대의 보편적인 인간의 삶과 특징, 사회와 문화를 담고 있어 현재의 우리와 과거의 우리를 연결해 준다. 유아들이 이야기 속의 주인공이 되어 경험하는 것은 곧 그 시대 문화의 일부가 되는 것이며, 역사적 사실에 기초한 이야기는 유아들이 역사가 무엇인지 알게 해 주고 인간 삶의 변화를 이해하게 해 준다.

『세계와 만나는 그림책』

9) 학습적 가치

문학은 언어와 문식성을 포함한 다양한 학습을 가능하게 한다. 유아들은 어린 시기부터 책을 많이 접하면서 정확한 어휘, 좋은 문장과 표현, 글의 구조 등을 익히게 되며 자신의 이야기를 쓸 때 이를 활용하여 표현하게 된다. 유아의 읽기 능력을 향상시키는 가장 중요하고 확실한 활동은 규칙적으로 책을 읽어 주는 것이다. 규칙적인 책 읽기는 읽기 능력뿐만 아니라 읽기에 대한 태도, 어휘 능력, 음운인식 등에 영향을 준다. 좋은 문학을 많이 접하는 것은 유아들의 쓰기를 북돋우는 동기 부여도 된다.

또한 문학은 과학, 수학, 사회 등 많은 영역의 학습에 활용된다. 책에는 유아에게 유용한 많은 정보가 담겨 있을 뿐만 아니라 매혹적인 그림과 흥미를 끄는 글로 더 쉽고 재미있게 정보를 이해할 수 있도록 도와준다. 문학의 주제는 매우 광범위하여 교육과정 영역에 포함되는 거의 모든 주제를 다룬다. 그러므로 문학을 적절하게 사용한다면 더욱 흥미롭고, 오래 기억될 수 있는 효율적인 교육을 이끌어 낼 수 있다.

『관찰하는 자연과학: 물의 보이지 않는 곳을 들여다보았더니』

알아보기

1. 지금까지 읽었던 책 중에 가장 감명 깊게 읽은 책을 소개하고 나에게 어떤 영향을 주었는지 이야기해 보세요.
2. 성인을 위한 문학, 청소년 문학, 어린이 문학, 유아 문학을 한 권씩 찾아보고 차이점을 찾아보세요.

참고문헌

구인환, 구창환(1995). 문학개론(제5판). 삼영사.

구인환, 우한용, 박인기, 최병우(2012). 문학교육론. 삼지원.

김이구(2009). 어린이문학 장르 용어를 새롭게 짚어 본다. 창비어린이, 7(4), 227-237.

보건복지부(2021). 국가법령정보센터 아동복지법. https://www.law.go.kr/%EB%B2%95%EB%A0%B9/%EC%95%84%EB%8F%99%EB%B3%B5%EC%A7%80%EB%B2%95 (2022. 12. 5. 인출)

서정숙, 남규(2010). 유아문학교육. 창지사.

석용원(1982). 아동문학원론. 학연사.

유상희(2008). 독서치료 집단상담프로그램이 초등학생의 자아존중감 향상 및 사회성 발달에 미치는 효과. 건국대학교 교육대학원 석사학위논문.

윤희원(1996). 우리나라의 문학교육. 어문학 교육, 18. 281-291.

이상금, 장영희(1986). 유아문학론. 교문사.

이재철(1983). 아동문학의 이론. 형설출판사.

이재철(1989). 세계아동문학사전. 계몽사.

조경자, 이현숙, 이문정, 곽아정(2013). 어린이 문학교육. 학지사.

최경희(1993). 문학교육과 언어교육. 한국언어문학, 29, 529-542.

한국민족문화대백과사전(2017). 문학 한국학중앙연구원. http://encykorea.aks.ac.kr/Contents/Item/E0019725 (2022. 12. 5. 인출)

한국어린이문학교육학회 독서치료 연구회 편(2003). 독서치료. 학지사.

Barone, D. M. (2011). *Children's literature in the classroom: Engaging lifelong readers.* The Guilford Press.

Glazer, J. I. (1997). *Introduction to children's literature.* Prentice Hall.

Hynes A. M., & Hynes-Berry M. (1994). *Biblio/poetry therapy: The interactive process: A handbook.* North Star Press of St. Cloud, Inc.

Jalongo, M. R. (2004). *Young children and picture books.* National Association for the Education of Young Children.

Lear, L. (2007). *Beatrix Potter: A life in nature.* St. Martin's Griffin

Lynch-Brown, C., & Tomlinson, C. M. (2005). *Essentials of children's literature.* Allyn & Bacon.

Michaud, G. (2013). 문학이란 무엇인가. 서상원 역. 스마트 북.

Nodelman, P. (2001). 어린이 문학의 즐거움. 김서정 역. 시공주니어.

Oxford Languages (2021). 브리태니커 백과사전. https://www.google.com/search?q=%EB%AC%B8%ED%95%99&rlz=1C1NHXL_koKR839KR839&oq=%EB%AC%B8%ED%95%99&aqs=chrome..69i57j46i199i465i512l2j0i512l6.2022j0j15&sourceid=chrome&ie=UTF-8 (2022. 12. 5. 인출)

Read, H. (1943). *Education through art.* Faber & Faber.

Sommerville, C. J. (2007). 아동교육사 및 교육철학: 문화사적 관점에서 본 아동의 위상. 최기영, 유수경, 장윤정 역. 교문사.

Sutherland, Z. (1997). *Children & books.* Addision-Wesley Educational Publishers Inc.

Whitehead, R. (1992). 아동문학교육론. 신헌재 편역. 범우사.

제2장

유아 문학의 역사

이 장에서는 어린이 문학사의 맥락에서 유아 문학의 발전을 살펴보고자 한다. 근대적 의미의 어린이 문학이 등장하기 전에도 어린이들은 구전 동요 및 민요, 신화, 설화, 전설, 민담 등의 전승 문학 그리고 성인들을 위한 창작 문학 등을 통해 문학을 경험해 왔다. 서구에서는 아동기에 대한 인식과 더불어 어린이를 독자로 한 문학이 창작되고, 19세기에는 본격적으로 창작 문학이 발전되기에 이른다. 한국에서는 20세기에 들어 근대적인 아동관이 확립되면서 근대적인 의미의 어린이 문학이 시작되었다. 어린이 문학의 발전 과정에서 유아기에 대한 인식과 유아교육기관의 확대, 컬러 인쇄술의 발전 및 우수한 그림책 작가의 등장 등은 유아 문학의 발전으로 이어졌다.

1. 한국 유아 문학의 역사

본 절에서는 『소년(少年)』이 창간된 1908년을 어린이 문학의 시작으로 보고,[1] 해방 이전의 '아동문화운동시대'와 이후의 '아동문학운동시대'로 구분[2] 되는 어린이 문학사의 흐름 속에서 유아 문학이 어떻게 발전하였는지 살펴보고자 한다(김상욱, 2002; 서정숙, 남규, 2005; 석용원, 1992; 신헌재, 권혁준, 곽춘옥, 2007; 원종찬, 2009; 이상현, 1987; 이재철, 2008; 정진헌, 2015, 2016, 2017; 조성순, 2019; 조은숙, 2006).

1) 아동문화운동시대(1908~1945)

이 시기의 어린이 문학은 태동초창기, 발흥성장기, 암흑수난기로의 변화를 거쳤다. 발흥성장기에 이루어진 유년에 대한 인식은 유년 문학의 시작과 발전을 이끌었다.

---

1) 한국 어린이 문학사의 시대 구분은 연구자들에 따라 다르다. 그러나 근대적 의미의 어린이 문학의 시작을 『소년』의 창간으로 보는 점에서는 의견을 같이한다. 이상현(1987)은 상고시대부터 조선시대까지를 설화문학시대로 보고, 이후 1970년대까지의 어린이 문학의 역사를 10년 단위로 구분하여 근대아동문학시대(1920년대), 현대아동문학시대(1930년대), 해방전후의 아동문학시대(1940년대), 전쟁문학시대(1950년대), 아동 문학의 실험시대(1960년대), 비평논쟁시대(1970년대)로 제시하고 있다. 석용원(1992)은 1980년대까지의 어린이 문학의 역사를 개화기 이전, 개화기(1894~1907), 형성기(1908~1922), 성장기(1923~1939), 수난기(1940~1944), 소생기(1945~1959), 전환기(1960~1969), 팽창기(1970~)로 구분하고 있다. 이재철(2008)은 어린이 문학의 역사를 1908년부터 해방 이전까지의 '아동문화운동시대'와 해방 이후 '아동문학운동시대'로 구분하고 있다.

2) 시대 구분은 이재철(2008)의 분류를 따르되, 1990년 이후 시기에 대해서는 이재철의 '산문중심기' 대신 '중흥기'라는 표현을 사용하였으며, 2000년 이후의 경향도 포함하였다.

(1) 태동초창기(1908~1923): 어린이 문학의 시작

1908년 한국 최초의 종합 잡지인 『소년』(1908~1911)이 창간되었다. 최남선은 창간호에 한국 최초의 신체시인 「해(海)에게서 소년(少年)에게」를, 다음 호에는 한국 최초의 창작동요인 〈우리 운동장〉을 발표하였다. 『소년』에는 「거인국표류기」 「이솝이야기」 「로빈슨 무인 절도표류기」와 같은 번안 작품도 소개하였다.

『소년』의 폐간 이후 최남선은 어린이 잡지인 『붉은 져고리』(1913), 『아이들 보이』(1913~1914), 『새별』(1913~1915)을 발간하였다. 최남선은 1914년 『아이들 보이』에 최초의 창작동화인 「센둥이와 검둥이」[3]를 발표하였다(김자연, 2003). 『붉은 져고리』와 『아이들 보이』에는 삽화, 만화, 그림본 등이 자주 활용되어 그림책 등장의 토대 역할을 한 것으로 평가된다(정진헌, 2015; 정진헌, 박혜숙, 2013).

『소년』 창간호   『붉은 져고리』 창간호

---

3) 마해송의 「바위나리와 아기별」이 최초의 창작동화로서 1923년 『새별』에 발표된 것으로 알려졌으나, 원종찬(2008)의 연구에서는 「바위나리와 아기별」이 『새별』이 아닌 『어린이』에 실렸으며, 발표 시기도 1926년임을 밝혔다.

『아이들 보이』 창간호   『새별』 16호

(2) 발흥성장기(1923~1940)

① 어린이 문학의 발전

이 시기에는 아동문화운동에 따른 어린이 잡지의 출간과 어린이 문학, 특히 동요 문학의 발전이 두드러졌다.

■ 어린이 잡지의 발간

1920년대의 아동문화운동을 주도한 소파 방정환(1899~1931)은 1921년 천도교 소년회를 결성하고, 1922년 5월 1일을 어린이날로 정하였으며, 그해에 최초의 번안 동화집인 『사랑의 선물』을 출간하였다. 1923년에는 우리나라 최초의 본격적인 어린이 문예지인 『어린이』(1923~1934)를 창간하였다.

『어린이』에 이어 『신소년』(1923~1934), 『새벗』(1925~1933), 기독교계 잡지인 『아이생

『어린이』 7권 3호

활』(1926~1944)과 사회주의적 성향의 『별나라』(1926~1935), 『카톨릭 소년』
(1936), 조선일보의 『소년』(1937~1940), 조선중앙일보의 『소년중앙』(1936) 등
의 어린이 잡지 발간이 활발하게 이루어졌다. 특히 『아이생활』은 전문 화가
들의 참여로 그림, 삽화, 만화 등이 많은 비중을 차지하였다.

■ 동요와 동시의 발전

이 시기는 동요의 노랫말인 동요시의 활발한 창
작으로 인해 문학으로서의 동요가 발전하였다. 윤
석중은 1932년에 우리나라 최초의 창작동요집인
『윤석중 동요집』을, 1933년에는 최초의 개인 동시집
인 『잃어버린 댕기』를 출간하였다. 〈오뚜기〉〈퐁당
퐁당〉〈낮에 나온 반달〉〈어린이날 노래〉 등이 대
표적인 작품이다. 한정동의 〈따오기〉〈고향생각〉
〈숨기내기〉, 윤극영의 〈반달〉, 이원수의 〈고향의
봄〉, 목일신의 〈자전거〉〈누가 누가 잠자나〉, 서덕
출의 〈봄편지〉, 윤복진의 〈기러기〉 등이 이 시기에

『잃어버린 댕기』

발표되었다. 강소천, 박영종, 김영일의 동시는 본격적인 동시 문학으로의 발
전 계기를 마련한 것으로 평가된다.

이야깃길

박영종

동무 동무 씨동무
이야깃길로 가아자.
옛날 옛날 옛적에
간날 간날 간 적에
아기자기 재미나는
이야깃길로 가아자.

동무 동무 씨동무
꽃밭길로 가아자.
옛날 옛날 옛적에
간날 간날 간 적에
아롱다롱 재미나는
꿈밭길로 가아자.

닭

강소천

물 한 모금 입에 물고
하늘 한번 쳐다보고

또 한 모금 입에 물고
구름 한번 쳐다보고.

노랑나비

김영일

나비
나비
노랑 나비
꽃잎에
한 잠 자고,

나비
나비
노랑 나비
소뿔에서
한 잠 자고,

나비
나비
노랑 나비
길손 따라
훨훨 갔네.

■ 창작동화의 발전

고한승은 방정환, 마해송, 윤극영과 함께 색동회를
조직하였으며, 1927년 한국 최초의 창작동화집인『무
지개』를 출간하였다. 마해송은 순수 창작동화인「바
위나리와 아기별」(1923)을『새별』에 발표하였으며,
1934년에는『해송동화집』을 출간하였다.

② 유아 문학의 시작과 발전

1920년대 후반에 유아 문학의 필요성이 제기되고
이는 1930년대의 '유년 문학'에 대한 관심과 발전으
로 이어졌다. '유년 동요' '유년 동화' '유치원 동요' 등

『무지개』

의 용어가 사용되고, 내용과 편집에서도 차별성을 갖게 되었다. 유아 문학의
창작과 보급에는 유치원 교원들도 참여하였다. 전문 화가들의 참여로 어린
이 문학작품에 삽입되었던 삽화가 정교해지고, '그림동화' '그림이야기' '그림
동요' 등의 과도기적 형태의 그림책이 나왔으며(조성순, 2015), '그림책'이라는
용어가 사용되기에 이르렀다.

■ '유년 문학'의 필요성 대두

유치원의 증가와 유치원 규정을 담은 1922년 제2차 조선교육령은 유년의
인식과 '유년 문학'의 필요성에 대한 논의를 가져왔다(정진헌, 2016). 예를 들
어, 홍은성은 소년과 유년을 구별할 것과 유년들이 읽을 만한 동요, 동화, 유
년 잡지와 그림책이 필요함을 주장하였으며, 송완순은 일본 그림책(繪本)이
우리 어린이들의 정서에 맞지 않음을 지적하고 유년 잡지의 발간에 따른 경
제적 부담에 대한 대안으로 소년 잡지에 '유년란'을 개설할 것을 주장하였다.
이광수는 '서너 살 말 배우는 아기네들'에게 들려줄 이야기의 필요성을, 김태
오는 유치원에서 가르치는 동요나 동화가 유년들의 생활과 나이에 적합하지

않으므로 그들에게 맞는 작품이 필요하다고 주장하였다. 장르 명칭으로는 '유년요(시)' '유년 동화(소설)' 등이 제시되었다. 유년의 연령 범위로는 대체로 만 4세부터 초등 저학년이 제시되었으나 더 어린 유아 대상의 '아기 동요'나 '아기네 소설' 등도 창작된 점에 비추어 더 어린 연령도 포함된 것으로 볼 수 있다(정진헌, 2015, 2017).

■ 유아 문학의 창작

유아를 대상으로 한 문학을 발표한 대표적인 작가는 윤석중, 현덕, 윤복진 등이다. 윤석중은 1930년대부터 신문에 유치원 동요 등을 발표하였는데, 『동아일보』에 발표한 〈양산유치원 놀애〉(1930. 11. 11.), 〈갈ㅅ대마나님〉(1932. 2. 15.), 『조선일보』에 발표한 〈우리들 세상〉(1933. 5. 26.), 〈우리 유치원〉(1940. 1. 21.) 등이 대표적이다. 현덕은 「너하고 안 놀아」를 비롯하여 유아인 노마가 주인공으로 등장하는 유년 연작 동화들을 발표하였다. 현덕의 유

현덕의 동화집 『너하고 안 놀아』

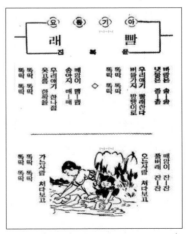

윤복진 〈빨래〉(『동아일보』, 1938. 7. 31.)[4]

4) 김윤희(2012), p. 105.

년 동화에서는 놀이가 제재로 사용되거나 놀이하는 모습들을 담고 있는 것들
이 많은데, 놀이는 현실의 문제를 보다 유연하게 극복하는 방식을 보여 준다
(방재석, 김하영, 2014). 윤복진은 〈빨래〉〈가이 두 마리〉 등을 발표하면서 '유
년 동요'와 '아기 동요'라는 용어를 사용하였다.

우리 유치원

윤석중

우리들이 모여 놀면 꽃밭이구요,

우리들이 춤을 추면 나비랍니다.

밝은 해ㅅ님 맑은 바람 우리 유치원.

우리들이 노래하면 꾀꼬리구요,

우리들이 뜀을 뛰면 토끼랍니다.

푸른 하늘 푸른 잔디 우리 유치원.

유아 문학의 창작 및 번역에는 전·현직 유치원 교원들도 참여하였다. 대
표적으로는 1929년 『조선일보』에 연재된 「1인 1화(1人 1話) 유치원 동화」[5]와
1937년 『소년』의 「유치원 동화 특집」[6] 그리고 1941년 『아이생활』의 「유치원
동화 특집」[7]이 있다.

---

5) 회양유치원 이동숙, 안국유치원 현순희, 대자유치원 하영옥, 갑자유치원 박정자 등 각 유치원
　의 대표 교사들이 참여하였다. 「1인 1화 유치원 동화」에는 총 8편이 실렸는데 5편은 외국의
　동화를 번역한 것이고, 3편은 한국 전래동화를 재화한 것이다(박인경, 2019, pp. 299-300).

6) 『소년』의 「유치원 동화 특집」에는 정진유치원 백화선, 혜화유치원 장효준, 이화유치원 김정
　숙, 조양유치원 이순이 교원이 참여하여 4편의 동화를 소개하였다(박인경, 2019, p. 302).

7) 『아이생활』의 「유치원 동화 특집」에는 경성보육, 이화보육, 중앙보육 등 보육학교 졸업생들
　의 작품 14편을 소개하고 있다(박인경, 2019, p. 305).

■ 유아 문학의 보급

유아 문학의 보급은 한국 최초의 유년 잡지『유년(幼年)』과 어린이 잡지의 유년란을 통해 이루어졌다. 『유년』은 1937년 9월 윤석중에 의해 발간되었으나 재정난으로 창간호로 그쳤다. 『유년』은 모든 면에 삽화를 넣은 그림 잡지였다. 이에 앞서 1935년에『조선중앙일보』에서 간행한『소년중앙』이 별책으로『유년중앙』을 발행하고 동요와 동화를 게재하기도 하였다(이미정, 2017).

『유년』의 발간 소개 기사

"이번 구월부터는 사백만 전 조선의 가정에서 움트는 어린이(유년)들을 위해서 자미잇고 이익되는 유년이란 그림잡지책을 내이게 되엿습니다. …… 더구나 그림은 권위 잇는 화가들이 모─도 붓을 가다듬엇고 또 거기 적힌 글도 아동문학 연구가들의 글인 만큼 이 책이야말로 유치원에 가는 애기나 집에 잇는 애기나 다 자미잇게……" (조선일보, 1937. 8. 27.)

1930년대부터 어린이 잡지 대부분이 유년란을 만들어 작품을 게재하였다. 잡지에 게재된 유아 문학작품은 활자가 크고 삽화를 넣기도 했는데, 이는 그림책 발전의 밑거름이 되었다.

『어린이』는 6호(1930)부터 비정기적으로 유아 문학작품을 게재하였다. 『신소년』은 1931년 9권 3호부터 '유년독본'란을 개설하였다. 『별나라』도 1931년부터 '유년페―지'란을 만들어 주로 동화를 게재하였는데, 사회주의 문학의 영향으로 무산계급의 삶을 다룬 이야기가 주를 이루었다. 조선일보사에서 창간한 잡지인 『소년』(1937~1940)은 윤석중이 편집 주간을 맡으면서 「유치원 동화특집」(1937)을 발간하기도 하였으며, 유아 문학은 1938년 3호부터 게재되었는데, 유치원 교원들도 참여하였다.

유아 문학은 단체, 신문 및 방송을 통해서도 보급되었다. 색동회(1923), 조선동요연구협회(1927), 신흥아동예술연구회(1931) 등의 단체는 유치원 교원 양성 교육에의 참여와 유치원 동요 · 동화 · 연극회 및 원유회를 통해 유아문학을 보급하였다. 1932년 색동회에서 인수한 경성보육학교는 강습회, 학예회, 유아작품전 개최 등의 활발한 활동을 하였다. 신문을 통한 보급은 주로 『조선일보』와 『동아일보』를 통해 이루어졌다. 1929년 7월에 『조선일보』는 「1인 1화 유치원 동화」를 연재하였으며, 1930년대 중반에는 『동아일보』가 유년 동화를 연재하였다. 방송을 통한 보급은 경성방송의 한국어 방송인 제2방송의 '어린이 시간'을 통해 이루어졌다. '어린이 시간'은 유치원 원아를 대상으로 한 문학 방송도 진행하였는데, 기성 작가 외에도 유치원 교원이었던 김복진, 백화선, 이순이, 장효준 등이 참여하여 동요와 동화 등을 들려주었다(정진헌, 2017).

■ 그림책의 시작

그림책의 시작 시기를 1960년대 이후(조은숙, 2006)[8]로 보는 견해가 있으나 개화기와 1910년대부터 교과서, 어린이 잡지, 신문에 삽화가 활용되었으며, 그림동요와 그림동화, 글 없는 그림책 등이 1930년대 초반부터 잡지나 신문을 통해 발표되고, 단행본으로 발간된 사실을 의미 있게 본다면 한국의 그

---

8) 조은숙(2006)은 한국 그림책의 발전 단계를 그림책 맹아기(개화기~1960년대 이전), 그림책 도입기(1960~1978년), 그림책 형성기(1979년~1980년대 말), 그림책 정착기(1990년대~현재)로 보았다.

림책은 해방 이전부터 도입되고 발전되어 온 것으로 볼 수 있다(정진헌, 박혜숙, 2013; 조성순, 2019; 현은자 외, 2008).[9]

1930년대에 들어서면서부터 그림책의 필요성이 제기되었다. 우리 어린이들을 위한 그림책이 없는 것에 대해 이주홍을 비롯한 문단의 반성과 부모들의 그림책 발간 요구가 신문에 종종 실렸다(정진헌, 박혜숙, 2013).

그림책의 발전 초기에는 그림이 주로 삽화의 역할을 하며 글의 내용 이해를 위해 활용되었다. 『어린이』 『신소년』 『별나라』 『아이생활』 등의 잡지에서 삽화가 활용되었으며, '그림동요' '그림동화' '그림이야기' 등 다양한 시도가 이루어졌다. 유아를 위한 잡지 『유년』(1937)의 '그림동요'에는 두 면의 펼침면에 그림이 들어가게 되었고, 그림이 주요한 역할을 하게 되었다. 1938년 『아이생활』에서 '그림책'이라는 용어를 사용하였다.

이 시기에 그림책 창작을 시도한 대표적인 작가로는 『동아일보』와 『어린이』를 통해 활동한 전봉제와 『아이생활』을 통해 활동한 임홍은을 들 수 있다. 전봉제는 『그림동요집』(1931)을 발간하였으며 임홍은은 『아이생활』에 실렸던 동화와 동요들을 엮은 『아기네동산』(1938)을 발간하였다. 『아기네동산』은 그림책의 초기 형태로서 한국 그림책 발전의 선구적 역할을 한 것으로 평가된다(정진헌, 박혜숙, 2013; 조성순, 2019).

---

9) 조성순(2019)은 1980년대까지의 한국 그림책 발전 단계를 삽화가 활용되기 시작한 계몽기, 아동 삽화가의 활동으로 삽화가 발전하기 시작한 일제강점기, 단행본 그림책이 출간된 해방기, 옛이야기 그림책이 싹을 틔우고 다양한 시도를 하며 시리즈 그림책이 범람하는 1960~1970년대의 과도기, 1980년대 현대 그림책의 성장기로 구분하고 있다.
현은자 등(2008)은 한국 그림책의 발전 단계를 그림책의 도입과 인식(개화기~1960년 이전), 그림책 성장의 토대 마련(1960년대~1978년), 번역 그림책의 범람과 창작 그림책의 본격 등장(1979~1980년대 말), 창작 그림책의 발달과 세계로의 도약(1990년대~)으로 제시하였다.

『아기네 동산』 앞뒤 표지

"우리 조선에는…… 아이들이 볼 만한 그림책이라곤 한 권도 없었습니다. 그래서 나는 벌–서부터 어떻게 해스면 우리 조선 아이들에게 좋은 그림책을 만들어 줄까 하고 이리저리 많이 운동해 보았습니다만은 모–든 것이 그리 쉬 되여지지 않어 혼자 밤을 새우다가 마음 먹은 지 三, 四 年만에 오늘에야 겨우 한 권의 책으로 내여 놓게 되었습니다." (임홍은, 『아이생활』, 1937년 12권 4월호, p. 63)

(3) 암흑수난기(1940~1945)

이 시기에는 어린이 신문과 잡지들이 폐간되는 등 어린이 문학도 암흑기를 맞게 되었다. 그림책도 일제의 식민주의를 내면화하기 위한 그림책이 대부분을 차지하게 되었다(조성순, 2019). 그럼에도 이 시기에 권태응, 박은종(박화목), 어효선 등의 동시 작가와 동화 작가 김요섭이 등단하고, 1944년 『동원(童園)』(임인수, 이윤선), 『초가집』(우효종), 『파랑새』(이종성) 등의 등사판 회람 잡지가 발간되었다.

2) 아동문학운동시대(1945~)

'아동문학운동시대'는 어린이 문학의 중흥을 이룩한 시기로서 광복혼미기, 통속팽창기, 정리형성기, 전환발전기, 중흥기로 구분된다.

(1) 광복혼미기(1945~1950)

광복 이후 좌우익의 대립으로 인한 사회적 혼란 가운데서도 많은 어린이 잡지가 창간되거나 복간되었다. 대표적인 것으로『소학생』(1946~1950),『소년』(1948~1950),『어린이』(1948~1949),『어린이 나라』(1949~1950) 등의 우익 성향 잡지와『새동무』(1945),『별나라』(1945),『아동문학』(1946~1948),『신소년』(1946) 등의 좌익 성향 잡지가 있다.

이 시기의 대표적인 동요 · 동시집으로는 윤석중의『초생달』(1946)과『굴렁쇠』(1948), 박영종의『동시집』(1946)과『초록별』(1946), 권태응의『감자꽃』(1948), 윤복진의『꽃초롱 별초롱』(1949), 김영일의『다람쥐』(1950) 등이 있다. 동화집으로는 마해송의『토끼와 원숭이』(1946), 현덕의『토끼 삼형제』(1947), 이주홍의『못난 돼지』(1946), 노양근의『열세 동무』(1946), 임인수의『봄이 오는 날』(1949) 등이 있다.

『감자꽃』   『토끼삼형제』   『꽃초롱 별초롱』

1946년에는 한국 최초의 단행본 그림책 또는 최초의 만화 단행본으로 평
가되는 『토끼와 원숭이』가 자유신문사 출판국(김기창 그림)과 조선아동문화
협회[10](김용환 그림)에 의해 출간되었다(조성순, 2016). 두 책은 모두 마해송
의 동화 「토끼와 원숭이」를 원작으로 한 것이다. 단행본으로 된 시 그림책인
『우리마을』(1946)과 『우리들 노래』(1947)도 조선아동문화협회에 의해 발행되
었다.

| 김용환 그림의
『토끼와 원숭이』
(조선아동문학협회) | 김기창 그림의
『토끼와 원숭이』
(자유신문사 출판국) | 『우리마을』 | 『우리들 노래』 |

(2) 통속팽창기(1950~1960)

6 · 25 전쟁은 전통적 가치관의 상실과 사회문화적 혼란 및 문학의 통속
화를 가져왔다. 어린이 문학에서도 이런 현상이 반영되어 통속적인 대중물
이 범람하였다. 이러한 가운데서도 1952년 『소년세계』(1952~1956), 『학원』

---

10) 윤석중을 대표로 하는 조선아동문화협회는 을유문화사에서 아동 도서 발행을 위해 설립
한 단체로서 해방 이후 아동문화운동을 담당한 대표적 단체이다. 조선아동문화협회에서
는 단행본 시리즈인 『조선아동문화협회 그림이야기책』을 3년에 걸쳐 출판하였다. 『토끼와
원숭이』는 『조선아동문화협회 그림이야기책』 시리즈에 앞서 발간한 것이다(조성순, 2019,
pp. 115-116).

(1952~1991), 『새벗』(1952~2002), 『어린이 다이제스트』(1952~1954) 등의 잡지가 창간되었다. 1950년대 말에는 『소년한국일보』(1958)와 『소년조선일보』(1958)가 창간되어 어린이 문학을 발표할 수 있는 장이 넓어졌다.

이 시기에 발표된 대표적인 동요·동시 작품집으로는 서덕출의 『봄편지』(1951), 이종택의 『새싹의 노래』(1953), 박경종의 『꽃밭』(1954), 박은종의 『초롱불』(1958) 등이 있다. 동화집으로는 강소천의 『꽃신』(1953)과 『꿈을 찍는 사진관』(1954), 마해송의 『떡배 단배』(1953), 이원수의 『숲속나라』(1953), 이주홍의 『아름다운 고향』(1954), 김요섭의 『깊은 밤 별들이 울리는 종』(1957), 신지식의 『감이 익을 무렵』(1958), 이영희의 『책이 산으로 된 이야기』(1958) 등이 있다. 동극집인 주평의 『파랑새의 죽음』(1958)도 이 시기에 발표되었다.

그림책으로는 1951년 미국 그림책이 번역·출판되었으며(현은자 외, 2008), 1952년에는 '그림이야기책'이라는 장르 명칭의 『이상한 람프』(김요섭 글, 김용헌 그림)가 출판되었다(조성순, 2019).

(3) 정리형성기(1960~1976)

1960년대부터 1970년대 중반에 걸쳐 어린이 문학은 전후 혼란상을 어느 정도 극복하고 발전하는 토대를 형성하였다.

① 어린이 문학상 제정과 작품 발표 지면의 증가

1960년대 중반에 접어들면서 '소천아동문학상'(1965), '해송아동문학상'(1967), '세종아동문학상'(1969), '한정동아동문학상'(1969) 등이 제정되었다. 또한 『새벗』(1964), 『새소년』(1964), 『소년세계』(1966 복간), 『어깨동무』(1967), 『소년중앙』(1969), 『카톨릭 소년』(1960 복간) 등의 잡지들이 창간 또는 복간되었다.

각 일간지의 신춘문예에 1950년대 후반부터 동화와 동시 분야가 신설되고, 1960년대에는 더욱 활성화되었다. 이와 더불어 성인을 대상으로 하는 전문지인 『아동문학』(1962~1969)과 어린이 잡지인 『카톨릭 소년』 등을 통해 신인 작가가 활발하게 배출되어 어린이 문학이 질적으로 발전하는 토대가 마련되었다.

② 전집물의 출판 및 어린이 문학사의 정리

기획에 의한 전집물이 다양하게 출간되었다. 『한국아동문학독본』(전 10권, 1962, 을유문화사), 『한국아동문학전집』(전 12권, 1964, 민중서관), 『강소천 아동문학전집』(전 6권, 1964, 배영사), 『소파아동문학전집』(전 6권, 1969, 삼도사) 등이 대표적이다.

이 시기에 어린이 문학사에 대한 정리 작업이 이루어져 윤석중의 『한국아동문학소사』(1962)와 어효선의 『아동문학사연표』(『아동문학』 제12집, 1965) 등이 발간되었다.

③ 어린이 문학 연구와 비평의 전개

이 시기에는 문학 단체의 결성과 전문지의 발간을 통해 어린이 문학에 대한 연구와 논쟁이 활발하게 전개되었다. 김요섭은 1970년에 『아동문학사상』을 창간하고 「환상과 현실」 「창작기술론」 「동요와 시의 전망」 「전래동화의 세계」 등의 글을 통해 어린이 문학의 이론적 기초를 마련하는 데 공헌하였다. 1971년에는 이원수를 중심으로 '한국아동문학가협회'가 결성되고 기관지 『아동문학』을 발행하였다. 같은 해에 김영일을 중심으로 '한국아동문학회'가 결성되고, 1972년부터 기관지 『한국아동문학』을 발행했다.

전문서적으로 이원수의 『아동문학 입문』(1966)이 출간되었다. 이오덕은 『시정신과 유희정신』(1974, 창작과비평사)에서 동심천사주의를 담거나 난해하게 쓰인 동시를 비판하고, 문학은 가난하고 불우한 어린이를 위로하고 어린이에게 현실의 부조리를 인식하게 해야 한다는 '서민문학론'을 전개하였다.

④ 출판 정책 및 어린이 문학의 발전

1961년 문교부 산하에 '우량아동도서선정위원회'가 발족되어 우량도서를
선정하였으며, 초등학교 학급도서 설치 운동이 전개되었다. 1970년대 들어
정부는 1970년을 '출판 진흥의 해'로 선포하고 전집 출판사 간의 월부 판매
방식의 과도한 경쟁에서 서점을 중심으로 한 단행본 정가 판매로 출판시장의
변화를 유도하였다. 그리하여 1972년 어문각의『새소년클로버문고』와 계림
출판사의『계림문고』등 단행본 시리즈들이 출판되기 시작하였다.

동시 분야에서는 도식적인 교육성을 탈피하려는 노력이 이루어졌다. 대표
적인 동시 작가로는 박경용, 유경환이 있다. 동화 분야에서는 주제의 다양화
가 이루어져 송명호, 이관, 권용철, 오세발 등이 민족 문제를 다루었으며, 이
영호, 권정생은 서민성에 바탕을 둔 문학을 추구하였다. 이들 외에도 주요 동
화 작가로는 이현주, 이준연, 손춘익, 정채봉 등이 있다.

⑤ 그림책의 발전

1962년에 발행된 김인평의『창경원』(진성당)은 정보 그림책의 성격을 띤 것
으로, 최초의 근대적 의미의 그림책으로 평가된다(조은
숙, 2006). 1966년에는 윤석중, 박목월이 엮은 한국 그림
동요집『어깨동무 씨동무』(우경희 그림, 계몽사) 5권이 그
림책 형태로 발간되었다. 1967년에 발행된『토끼와 거
북』(윤석중 글, 김정환 그림)은 그림이 전면 페이지를 차지
하고, 글을 보조하는 것이 아니라 주도하는 적극적 역할
을 하였다(조성순, 2019).

『어깨동무 씨동무』4권

이 시기에는 전집물을 통한 그림책 시장이 확대되었
으나 일본 도서를 복제·각색한 복제 그림책과 디즈니
캐릭터가 담긴 애니메이션 그림책 전집이 양산되기도
하였다.

(4) 전환발전기(1976~1990)

이 시기에는 어린이 문학이 학문으로 자리 잡고, 어린이 도서관이 설립되기 시작하여 어린이 문학 발전의 토대가 더욱 튼튼해졌다.

① 어린이 문학의 학문적 정립

1970년대 후반기부터 1980년대는 어린이 문학이 학문으로 정립된 시기이기도 하다(이재철, 2008). 월간지 『아동문예』(1976)와 『아동문학평론』(1976)이 창간되었으며, 이재철의 『한국 현대 아동문학사』(1978)와 유경환의 『어린이를 위한 문학』(1981), 이오덕의 평론집 『어린이를 지키는 문학』(1984) 등이 발간되었다. 유아교사와 초등교사를 양성하는 대학 및 학과에서 어린이 문학 과목을 개설하였으며, 관련 학위논문이 발표되기 시작하였다.

『아동문학평론』 1981년 여름호　　　『아동문예』 1989년 4월호

② 어린이 도서관의 설립

1979년에 유엔이 정한 '세계 아동의 해'를 기념하여 서울 종로구 사직동에 최초의 어린이 전용 도서관인 '서울 시립 어린이 도서관'이 세워졌다. 에스콰이어 재단에서는 '인표 어린이 도서관'을 1992년부터 각지에 설립하기 시작

하였다. 이후 전국 각지에 공·사립 어린이 도서관이 설립되어 어린이 문학의 보급과 어린이 문화 활동을 지원하게 되었다.

③ 다양한 출판물의 증가

1970년대 중반에 들어서면서 창작동화와 어린이 소설의 전집이 활발하게 출간되었다. 대표적인 것으로 '창작과 비평사'에서 1977년부터 출판하기 시작한 『창비아동문고』를 들 수 있다. 이에 1977년을 본격적인 어린이 문학 출판시대의 출발로 평가하기도 한다. 『창비아동문고』는 이원수의 『꼬마 옥이』를 첫 번째로 출간하였다. 1984년 출판된 권정생의 『몽실 언니』는 2012년 들어 100만 권을 돌파하기도 하였다. 이 외에도 '한국프뢰벨'의 『프뢰벨 그림동화』(1981), '아동문예사'의 『한국아동문학총서』(1985), '웅진출판사'에서 다양한 문화권의 전래동화를 엮어 출판한 『웅진아동문고』(1985)와 『이원수 아동문학전집』(1984), 『새싹의 벗 윤석중 전집』(1988), '인간사'의 『오늘의 아동문학』(1985) 등이 있다.

『꼬마 옥이』

『몽실 언니』

④ 창작 그림책의 발전

경제 성장과 유아교육에 대한 관심의 증가, 컬러 인쇄술의 발달 그리고 우수한 작가들로 인해 그림책의 비약적인 발전이 이루어졌다. 1980년대에는 그림책의 그림을 지칭하는 용어도 '삽화'에서 '일러스트레이션'으로 바뀌었는데, 일러스트레이션은 그림만으로도 단독 서사가 가능한 의미로 발전하게 되었다. 1981년 '무지개 일러스트회' 창립은 그림책의 전문화 및 발전에 영향을 미쳤다.

『재미있는 어문각 픽처북스』 시리즈의 하나인 『전래동화 시리즈』(1981)는 최초로 출판사와 그래픽 디자이너가 공동 기획해서 제작한 그림동화집이다. 1981년부터 창작 그림책인 『그림나라 100』이 동화출판공사에 의해 시리즈로 출판되기 시작하고, 웅진의 『어린이 마을』 시리즈가 나왔다. 본격적인 창작 그림책의 시작이자 한국 창작 그림책 역사에서 중요한 이정표로 평가되는 류재수의 『백두산 이야기』(1988, 통나무; 2009, 보림) 출간(김지은, 이상희, 최현미, 한미화, 2013; 정병규, 2018; 조은숙, 2019)에 이어, 강우현의 『사막의 공룡』(타지마 신지 글, 1992, 한림출판사)은 브라티슬라바 일러스트레이션 비엔날레상 (Biennial of Illustration Bratislava: BIB)의 황금패상과 제5회 노마 그림책 일러스트레이션 원화 대상을 수상하는 등 본격적인 창작 그림책의 발전이 이루어졌다.

『그림나라 100』 시리즈인
『짤룩이와 동고리』

『백두산 이야기』(2009, 보림)

『사막의 공룡』

⑤ 유아용 잡지의 창간

1975년에는 『꿈나라』(어깨동무사), 1976년에는 『엄마랑 아기랑』(샘터사) 그리고 1984년에는 『자연과 어린이』(국민서관)가 창간되었다.

(5) 중흥기(1990~)

1990년대 이후 어린이 문학은 비약적인 발전을 하게 된다. 특히 유아를 위한 그림책이 본격적인 발전을 이루었다.

① 창작 문학의 발전

출판사들에 의한 적극적인 작가 발굴과 '방정환문학상'(1991), '황금도깨비상'(1992), '새싹문학상'(2005), '문학동네 어린이문학상'(2000), '창비어린이 신인문학상'(2009) 등의 문학상의 제정은 창작 문학의 발전에 영향을 미쳤다.

동화의 경우 소재와 주제는 더욱 다양해졌다. 채인선의 『그 도마뱀 친구가 뜨개질을 하게 된 사연』(1999, 창작과 비평), 황선미의 『샘마을 몽당깨비』(1999, 창작과 비평) 등 판타지 동화가 활발하게 나왔으며, 박상률의 『구멍 속 나라』(1999, 시공주니어)와 같이 환경 문제를 다룬 작품과 권정생의 『밥데기 죽데기』(2004, 바오로딸)와 같이 분단의 극복과 평화를 주제로 한 작품들이 나왔다.

『그 도마뱀 친구가 뜨개질을 하게 된 사연』

『구멍 속 나라』

『밥데기 죽데기』

동시의 경우, 대표적인 동시 작가로는 박두순, 임길택, 김용택 등이 있다. 2000년대에 들어서면서 최승호, 박예자, 정두리 등의 작가들은 유아를 위한 동시 및 동요·동시집을 발표하였다.

박예자의 유아 동시집 『오줌 싸서 미안해요, 할머니』	정두리의 유아 동시집 『엄마 없는 날』	최승호의 유아 동시집 『말놀이 동시집 1』

② 어린이 문학 비평의 발전

어린이 문학 전문지들이 발간되고 어린이 문학 비평이 활발하게 이루어졌다. 이 시기에 창간된 어린이 문학 전문지는 『아침햇살』(1995), 『시와 동화』(1997), 『창비어린이』(2003), 『한국의 동시문학』(2004, 후에 『오늘의 동시문학』으로 변경) 등이 있다.

③ 어린이책 전문 서점, 그림책 도서관, 북스타트의 시작

우리나라 최초의 어린이책 전문 서점인 '초방'이 1990년 문을 연 이래로 어린이 전문 서점이 여러 지역에서 생겼다. 초방은 그림책, 포스터, 원화 전시와 그림책 출판 등의 활동을 지속하고 있다.

2014년에는 공공도서관인 '순천 시립 그림책 도서관'과 민간 운영의 '바람숲 그림책 도서관'이 설립되었다.

2003년부터는 북스타트(Bookstart)[11]가 시작되었다. 북스타트는 영아기 때

부터 모든 어린이가 그림책을 경험할 수 있도록 하는 프로그램으로서 비영리 민간단체와 공공도서관 그리고 지방자치단체들의 협력으로 운영되고 있다. 1~3세 아동은 '북스타트 꾸러미', 3~5세 아동은 '북스타트 플러스', 5~7세 아동은 '북스타트 보물상자', 초등학생은 '책날개' 등으로 단계별 북스타트가 운영되고 있으며, 현재는 중 · 고등학교 학생들까지 포함하여 확대 운영되고 있다.

④ 문학 경험 매체의 다양화

어린이들이 문학을 경험하는 매체가 다양해졌다. 2000년대에 들어서면서 컴퓨터 CD-Rom, 인터넷 사이트, 스마트폰이나 태블릿 PC 등의 스마트 기기를 기반으로 한 전자책의 사용이 증가하였다. 특히 최근에 활발하게 나오는 증강현실(Augmented Reality: AR) 기술을 활용한 그림책은 종이 그림책의 형식으로도 감상할 수 있으며, 태블릿 PC나 스마트폰의 AR 애플리케이션을 활용하여 그림책을 스캔하면 디지털 이미지가 나타나고 움직이고 소리를 내는 등 입체적으로 내용을 경험할 수 있다. 한국 최초의 증강현실 그림책은 『애코 시리즈』(2010, 픽토 스튜디오)로서 영어, 숫자, 한글 등의 학습 능력 향상을 위한 것이었다. 문학적 내용을 담은 증강현실 그림책은 아직은 주로 외국 작가들의 작품이 소개되고 있다.

---

11) 북스타트는 영국에서 1992년 자선단체인 북트러스트(Book Trust)가 시작한 일종의 독서 관련 사회운동이자 문화운동이라고 할 수 있다. 이 프로그램에서는 생후 1년 미만의 영아에게 그림책을 선물해 줌으로써 생애 출발부터 그림책을 경험하도록 한다. 현재 40여 개 국가에서 실시하고 있다. 우리나라에서는 '책읽는사회만들기국민운동'이라는 비영리단체가 '북스타트코리아'를 조직하여 운영하고 있다. 한국 북스타트의 목적은 혜택의 사회적 평등을 높이고 사람으로 잘 키우기 위함이다. 즉, 무상으로 그림책 꾸러미를 제공함으로써 기회의 편차와 불평등을 최소화할 수 있는 사회적 장치를 만들어 나가기 위한 것이며, 각종 문화산업적 신매체 형식들과 문화의 시장 메커니즘이 미치는 부정적 영향으로부터 아이들이 스스로를 보호할 힘을 갖추도록 하기 위한 것이다(북스타트코리아).

⑤ 그림책의 중흥

'한국어린이도서상' '서울일러스트레이션상' '보림창작그림책상' '비룡소황금도깨비상' 등 그림책 상이 제정되어 창작 그림책의 발전에 영향을 미쳤다. 이 시기에 소재와 주제, 표현 기법 면에서 다양한 국내외 작품이 소개되어 그림책의 중흥기를 이루었다. 1990년대 초중반까지는 일본 그림책이 많이 소개되었으나 중반부터는 유럽과 미국의 유명 작가와 수상 작품이 많이 소개되었다.

1990년대부터 한국 작가에 의한 창작 그림책의 발전도 눈부시게 이루어졌다. 이 시기 한국 창작 그림책의 발전 경향은 다음과 같다.

■ 한국 문화와 역사, 현실을 담은 그림책 창작

정승각의 『까막나라에서 온 삽사리』(1994, 초방책방), 1995년부터 출판된 『솔거나라』 시리즈(보림출판사), 1996년부터 출판된 『옛이야기 그림책 까치호랑이』 시리즈(보림출판사), 1998년부터 출판된 『두껍아 두껍아 옛날 옛적에』 시리즈(웅진닷컴), 2003년부터 출판된 『잃어버린 자투리 문화를 찾아서』 시리즈(언어세상), 박연철의 『어처구니 이야기』(2005, 비룡소), 고태우가 엮은 북한의 동화 『잿빛 토끼와 파란 장화』(1992, 신구미디어), 남북 어

『까막나라에서 온 삽사리』

린이가 함께 보는 창작동화 시리즈 『돌아오지 않는 까삐』(이오덕, 1991, 사계절), 연변 시인 한석윤의 동시집 『별과 꽃과 아이와』(1992, 대교출판) 등이 출판되었다.

■ 기존의 어린이 문학을 그림책으로 발간

대표적인 것으로 권정생의 『강아지똥』(정승각 그림, 1996, 길벗어린이), 마해

송의 『바위나리와 아기별』(1998, 길벗어린이), 방정환의 『만년 샤쓰』(김세현 그림, 1999, 길벗어린이), 이주홍의 『메아리』(김동성 그림, 2001, 길벗어린이), 이태준의 『엄마 마중』(김동성 그림, 2004, 소년한길), 현덕의 『개구쟁이 노마와 현덕 동화나라』(신가영 그림, 2000, 웅진주니어), 윤석중의 『넉 점 반』(이영경 그림, 2004, 창비) 등이 있다.

『강아지똥』

『개구쟁이 노마와 현덕 동화나라』

『엄마 마중』

『넉 점 반』

■ 우수한 그림책 및 국제적인 문학상의 수상작 증가
　권윤덕의 『만희네 집』(1995, 길벗어린이), 이억배의 『솔이의 추석 이야기』(1995, 길벗어린이), 정순희의 『바람 부는 날』(1996, 비룡소) 등은 1990년대 후반과 2000년대 그림책의 발전을 잇는 중요한 작품으로 평가된다.

『만희네 집』

『솔이의 추석 이야기』

『바람 부는 날』

『세상에서 제일 힘센 수탉』(이호백 글, 이억배 그림, 1997, 재미마주)은 1997년 한국 최초로 국제어린이도서협의회(IBBY)에서 우수도서로 선정되었다.

2000년대 들어서면서 한국의 창작 그림책은 세계적으로 우수성을 인정받아 국제적인 문학상 수상[12] 및 해외 진출이 더욱 활발해졌다(권혜경, 2021; 현은자 외, 2008). 국제적인 문학상 중 한국 그림책이 많이 수상한 대표적인 상은 볼로냐 라가치상(Bologna Ragazzi Award)과 BIB상이

『세상에서 제일 힘센 수탉』

다. 볼로냐 라가치상의 경우, 2004년에 『팥죽 할멈과 호랑이』(조호상 글, 윤미숙 그림, 2003, 웅진닷컴)가 픽션 부문 우수상을, 신동준의 『지하철은 달려온다』(2003, 초방책방)가 논픽션 부문에서 우수상을 받은 것을 시작으로 꾸준히 수상하고 있다. 예를 들어, 2005년에는 백희나의 『구름빵』(2004, 한솔수북), 2006년에는 고경숙의 『마법에 걸린 병』(2005, 재미마주), 2007년에는 박연철의 『망태 할아버지가 온다』(2007, 시공주니어) 등이 수상하였다. 2011년에 『마음의 집』(김희경 글, 이보나 흐미엘레프스카 그림, 2010, 창비)이 논픽션 부문에서 한국 최초로 대상을 받았다. 2015년에는 오페라 프리마 우수상을 받은 정진호의 『위를 봐요』(2014, 현암주니어)를 포함하여 한국 그림책 6권이 수상하기도 하였다. 2019년에는 『사과나무밭 달님』(권정생 글, 윤미숙 그림, 2017, 창비)이 픽션 부문 우수상을, 2021년에는 이지은의 『이파라파냐무냐무』(2020, 사계절)가 코믹스 유아 그림책 대상을 받았다.

---

12) 대표적인 문학상은 이 장의 2절 중 '(3) 어린이 문학상의 제정'을 참조

『팥죽 할멈과 호랑이』

『지하철은 달려온다』

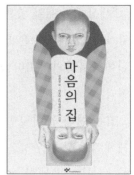
『마음의 집』

『사과나무밭 달님』

『이파라파냐무냐무』

　　BIB상으로는 2005년 한병호의『새가 되고 싶어』(2004, 시공주니어)가 한
국 최초로 황금사과상을 수상하였으며, 2007년에는 김재홍의『영이의 비닐
우산』(2005, 창비)이 어린이 심사위원상을 받았다. 2011년에는 조은영의『달
려 토토』(2011, 보림)가 그랑프리상을, 유주연의『어느 날』(2010, 보림)이 황금
사과상을 받았다. 2013년에는 노인경의『코끼리 아저씨와 100개의 물방울』
(2012, 문학동네)과 이기훈의『양철곰』(2012, 리젬)이 각각 황금사과상과 어린
이심사위원상을 수상하였으며, 2015년에는 이명애의『플라스틱 섬』(2014,
SANG)이 황금패상을, 2017년에는 김지민의『하이드와 나』(2017, 한솔수북)가
황금사과상을, 2019년에는 명수정의『세상 끝까지 펼쳐지는 치마』(2019, 글로
연)가 황금사과상을 받았다.

『새가 되고 싶어』　　　　『달려 토토』　　　『세상 끝까지 펼쳐지는 치마』

볼로냐 라가치상과 BIB상 외에도 한국의 그림책은 저명한 문학상을 지속적으로 수상하고 있다. 『뉴욕 타임스』의 '올해의 우수 그림책'에 2002년 류재수의 『노란 우산』(2001, 재미마주), 2003년 이호백의 『도대체 그 동안 무슨 일이 일어났을까?』(2000, 재미마주), 2008년 이수지의 『파도야 놀자』(2009, 비룡소), 2010년 이수지의 『그림자 놀이』(2010, 비룡소)가 선정되었다. 김재홍의 『동강의 아이들』(2000, 길벗어린이)은 2004년 '국제 에스파스−앙팡 도서상'을 수상하였다. 류재수의 『노란 우산』은 국제아동청소년도서협의회(International Board on Books for Young People: IBBY)가 선정한 '1953년 이래 50년 통산 어린이책 40권'에 선정되고 '노마(NOMA) 국제그림책 콩쿠르'에서도 은상을 수상하였다. 2020년에는 이억배의 『비무장지대에 봄이 오

『노란 우산』　　　『동강의 아이들』　　『비무장지대에 봄이 오면』　　『달 샤베트』

면』(2010, 사계절)이 미국 전미도서관협회에서 비영어권 어린이책에 수여하
는 배첼더상(Mildred L. Bachelder Award)을 수상하였다. 같은 해에 백희나는
아스트리드 린드그렌 기념상(Astrid Lindgren Memorial Award: ALMA)을 수상
하였으며, 북미에서 출판된 『달 샤베트(Moon Pops)』(2010, 스토리보울)로 미
국의 어린이 · 청소년 문학상인 '보스턴 글로브 혼북상(Boston Globe-Horn
Book Award)'을 받았다. 2022년에 이수지는 국제 한스 크리스천 안데르센상
(International Hans Christian Andersen Award)을 한국인으로서는 최초이자 아
시아인으로서는 두 번째로 수상하였다.

2. 서양 유아 문학의 역사

　서양 문학의 역사에서 어린이 문학이 등장한 것은 근대 이후 19세기부터이
다. 19세기 어린이 문학이 등장하게 된 배경에는 근대적인 아동관의 등장과 보
편 교육, 인쇄술, 낭만주의의 발달이 크게 영향을 미쳤다(차은정, 2008).

- 근대적인 아동관의 등장: 르네상스와 종교개혁을 거치면서 어린이에 대한
  시각과 인식이 변화하게 되었고, 어린이는 성인과는 다른 독자적인 생각
  과 행동양식을 가진 존재라는 근대적인 아동관이 등장하게 되었다. 또한
  산업화에 따른 중산계급의 성장과 그에 따른 핵가족화는 사회적으로 '가
  족' 개념을 변화시켰고, 가족 내 어린이의 존재가 새롭게 자리매김하는
  계기가 되었다. 이에 어린이에게 즐거움을 주는 문학에 대한 요구도 점
  차 커져 갔다.
- 보편교육의 발달: 근대 사회에는 교육을 국가가 책임지는 보편교육의 개
  념이 등장하였다. 이로 인해 성직자, 귀족 등 특정 계층의 어린이들에게
  만 국한되었던 책 읽기의 기회가 서민 계층의 어린이들에게로 확대되었

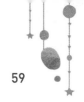

고, 책을 읽고 즐길 수 있는 '읽는 주체'로서의 어린이의 수가 늘어남에 따라 어린이 문학에 대한 수요도 팽창하였다.

• 인쇄술의 발달: 산업혁명 및 과학의 발달은 값싼 종이의 보급과 인쇄술의 발전을 가져왔고, 값싼 서적이 대량 생산됨에 따라 상류 계층만이 향유할 수 있었던 어린이 서적이 서민들에게로 대중화되었다(Sommerville, 2007). 특히 컬러 인쇄술의 발달은 그림책을 발전시키는 원동력이 되었다.

• 낭만주의의 발달: 낭만주의 사조는 문학에서의 상상력을 발전시켰다. '상상력'은 현실의 모순을 극복할 수 있는 문학적이고 미학적인 공간을 창조하며 어린이 문학이 발전하는 데 중요한 역할을 하였다.

이상에서와 같이 서양에서의 근대화가 가져온 다양한 역사적 · 사회적 변화는 19세기에 들어서 어린이를 위한 새로운 이야기의 탄생을 가져왔고 본격적으로 어린이 문학이 등장하는 데 밑거름이 되었다. 이 장에서는 서양의 어린이 문학 역사를 19세기를 기점으로 어린이 문학의 등장 이전 시기와 19세기 문학, 20세기 이후 문학으로 나누어 살펴보고자 한다.

1) 어린이 문학 이전 시기

(1) 구전 이야기

근대 사회가 도래하기 전까지는 어린이들을 위한 독립된 문학은 존재하지 않았다. 근대 이전의 어린이들은 예부터 내려오는 이야기, 입에서 입으로 구전되는 이야기들을 들으면서 문학을 경험하였다. 주로 잠자리에서 유령 이야기나 마술 이야기가 포함된 민담이나 우화, 영웅의 모험 이야기를 즐겨 듣곤 하였다.

당시에는 어린이를 성인의 축소물이라고 생각하였기 때문에 특별히 어린이를 위해 쓰인 문학이 필요하다고 생각하지 않았다. 귀족 부인들이 즐

『트로이 역사의 회상』　　　　　　『이솝우화』

겨 읽던 중세의 로맨스나 기사 이야기들을 어린이들에게 금지하지 않고 함께 읽도록 하였다. 이 시기에 어린이들이 즐겨 읽던 책으로는 호머(Homer)의 『일리아드(Iliad)』『오딧세이(Odyssey)』와 같은 고전 서사문학과 말로리(Malory, 1405~1471)가 지은 『아더의 죽음(Morte d'Arthur)』(1486), 『로빈 후드(Robin Hood)』(1492) 등이 있다. 또한 15세기에는 영국 최초의 인쇄업자인 캑스턴(Caxton, 1422~1491)이 『트로이 역사의 회상(Recuyell of the Historyes of Troye)』(1475)을 직접 번역하여 출판하였고, 이후 『이솝우화(Aesop's Fables)』(1483), 『캔더베리 이야기(Canterbury Tales)』(1484) 등 어린이들이 좋아하는 모험이 가득한 책들을 발행하였다.

　그러나 당시의 청교도나 개혁가들은 어린이들이 민담이나 영웅 이야기를 즐기는 것을 탐탁지 않게 생각하였다. 이야기가 현실적이지 못하고 괴기스러운 것이 많으며, 사악하고 잔인하여 어린이들에게 적합하지 않다는 이유였다.

(2) 교훈용, 학습용 서적

중세 시대의 어린이들을 위한 책은 수도원에서 어린이들을 가르치기 위하여 교과서로 사용된 라틴 문법책이나 바른 행동을 가르치기 위한 행동지침 서적이었다. 또한 귀족의 자녀들을 위해서 예의를 다룬 교훈용 책이 발간되었는데『어린이들의 책(Young Children's Book)』(1500)에는 "게으름 피우지 말고 주의 믿음으로 일하라. 그러면 너의 손으로 수확한 것들을 네가 반드시 먹게 되리라. 사람의 손은 일하기 위해, 새의 날개는 날기 위해……."와 같은 교훈을 담고 있었다(현은자 외, 2008). 성인들은 당시 유행하고 있던 민담이나 서사시, 영웅담 등을 저속하고 비교육적이라고 여겨 교훈서를 만들어 어린이들에게 읽도록 하였다.

1657년 체코슬로바키아에서 코메니우스(Comenius)는 세계 최초의 그림 교과서인『세계도회(Orbis Pictus)』를 펴냈다. 이 책은 자연계와 인간계로 내용을 구분하여 자연의 여러 가지 물질과 현상, 인간행동과 사회를 설명하고 있는 일종의 학습용 교재이며, 오늘날의 백과사전과 같은 서적이다. 그러나 이전의 학습 교재와는 달리 어린이들이 쉽게 이해할 수 있도록 내용과 관련된

『세계도회』

그림을 그려 넣었다. 비록 목판 작업으로 인쇄되었기 때문에 그림이 섬세하거나 우수한 것은 아니지만 감각을 통한 학습이 더 효과적이라는 어린이의 발달적 특성을 반영한 최초의 그림책이라는 데 의의가 있다(김현희, 박상희, 2008).『세계도회』는 1685년에 영국에서도 번역·출판되어 큰 인기를 얻었으며, 1766년까지 12종의 영어 번역본이 출간되었다.

(3) 챕북의 등장

영국에서는 최초의 대중서적이라고 할 수 있는 챕북(Chapbook, 1700~1840)이 등장하였다. 챕북의 가격은 1펜스나 1/2펜스 정도였으며 신문지와 같은 값싼 종이로 만들어졌다. 책 표지가 종이로 되어 있고 제본이 없이 팸플릿처럼 접어 놓은 작은 크기의 포켓북 형식의 책이다. 챕북은 당시 비싼 가격으로 인해 부유한 계층만이 접할 수 있었던 서적을 일반 대중에게까지 보급하게 된 대중서적으로 자리를 잡았는데, 도붓장수와 행상인을 통해 전국 곳곳으로 팔리면서 17~18세기 가장 인기 있는 읽을거리가 되었다. 챕북은 이야기들이 엉성하게 쓰여졌을 뿐만 아니라 문법과 철자도 틀린 것이 많고 그림도 조잡한 목판화라는 단점이 있다. 하지만 그림이 많이 삽입되어 있고, 이야기가 짧으며 쉽고, 구성이 단순하면서 책의 크기가 작아서 어린이들에게 큰 인기를 얻었다. 그러나 책의 내용은 여전히 종교적이며 교훈적인 이야기가 중심이었다(Shavit, 1987).

18세기 후반이 되어서야 어린이를 염두에 두고 제작된 챕북이 등장하게 되었다. 1744년 영국의 출판업자 존 뉴베리(John Newbery, 1713~1767)는 챕북 형태의 『작고 예쁜 주머니 책(Little Pretty Pocket Books)』이라는 어린이 도서를 출판하였는데, 이는 종교적이고 교훈적인 내용을 배제한, 어린이들의 즐거움을 위해 만들어진 최초의 순수 어린이용 도서라 할 수 있다. 뉴베리는 이

『작고 예쁜 주머니 책』

『두 신발 이야기』

『두 신발 이야기』 목판화

후에도 어린이들을 대상으로 하는 『걸리버 여행기(Gulliver's Travels)』(1726),
『엄마 거위 이야기(Tale of Mother Goose)』(1697), 『두 신발 이야기(History of
Little Goody Two Shoes)』(1765) 등을 출판하여 근대 어린이 문학 출현에 기틀
을 마련하였으며, 구전 문학을 문자화하는 데에도 크게 공헌하였다.

(4) 민담의 재화

프랑스의 페로(Perrault, 1628~1703)와 보몽 부인(Beaumont, 1711~1780)은
요정 이야기나 마녀 이야기 속에 담겨 있는 모험의 세계, 공상력과 상상력의
가치를 인식하고, 당시 불성실하고 비도덕적이며 쓸모없는 저질스러운 이야
기로 간주되었던 민담을 어린이에게 적합하게 재화함으로써 옛이야기를 어
린이 문학의 한 장르로 발전시켰다.

페로는 당시 구전되어 오던 민담을 모아 『옛날 이야기: 엄마 거위 이야기
(Tales and Stories of the Past with Morals Tales of Mother Goose)』(1697)를 펴냈
다. 그는 이 책으로 인해 일약 유명하게 되었는데 어린이에게 들려줄 것을 목
적으로 이야기를 재화하였다는 점에서 최초의 어린이 문학 작가로 인정될 수
있으며, 옛이야기(fairy tale)라는 새 장르가 탄생하는 데에도 영향을 주었

페로

『옛날 이야기』

「장화 신은 고양이」

다. 페로의 『옛날 이야기』에는 「잠자는 숲속의 미녀」 「빨간 모자」 「장화 신은 고양이」 「신데렐라」 「엄지 공주」 「푸른 수염」 등이 포함되어 있다.

보몽 부인도 구전하는 이야기를 바탕으로 『미녀와 야수(La Belle et la Bete)』 등의 이야기를 써서 초기 어린이 문학의 정착에 공헌하였다.

『미녀와 야수』 1853년판
[B. 베르탈(B. Bertall) 그림]

『미녀와 야수』 1874년판
[W. 크레인(W. Crane) 그림]

『미녀와 야수』 1914년판
[M. 브록(M. Brock) 그림]

독일에서는 19세기 초에 그림 형제(Jacob Grimm, Wilhelm Grimm)가 독일 지역에 전해 오는 민담을 수집, 재화하여 『어린이와 가정을 위한 옛날이야기 (Kinder und Haus Marchen)』(1982)를 출판하였다. 일명 '그림동화집'으로도 불리는 이 동화집은 1857년에 이르기까지 여러 판을 거듭하여 출간하면서 많은 이야기를 재화하여 수록하였고, 전승 문학의 고전이 되었다. 이 동화집에 수록된 이야기 중 대표적인 것으로는 「헨젤과 그레텔」 「개구리왕자」 「백설공주」 「라푼젤」 「늑대와 일곱 마리의 아기양」 「브레멘의 음악대」 「황금 거위」 등이 있다.

『어린이와 가정을 위한 옛날이야기』   『헨젤과 그레텔』

(5) 근대 성인 문학의 어린이 문학화

19세기 이전의 어린이들을 위한 책은 교훈적이고 종교적인 내용이 대부분이었으므로 어린이들이 재미있게 즐겨 찾지는 않았다. 오히려 성인 문학 중에서 모험과 상상이 풍부한 소설을 즐겨 읽곤 하였다. 대표적으로 버니언(Bunyan, 1628~1688)의 『천로역정(Pilgrim's Progress)』(1678), 디포(Defoe, 1659~1731)의 『로빈슨 크루소의 모험(Adventures of Robinson Crusoe)』(1719), 스위프트(Swift, 1667~1745)의 『걸리버 여행기(Gulliver's Travels)』(1726) 등을 즐겨 읽었다. 『천로역정』은 종교적인 색채가 짙은 작품이기는 하지만 우화와 모험적인 요소로 인해 어린이들의 사랑을 받았다. 『로빈슨 크루소의 모험』과 『걸리버 여행기』도 주인공이 여행을 하며 경험하는 공상적이면서 실감 나는 모험 이야기로 오늘날까지 어린이들의 사랑을 받고 있다.

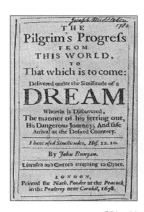

『천로역정』 표지와 그림(집 나가는 크리스천의 모습) 및 지도

『로빈슨 크루소의 모험』 초판   『걸리버 여행기』 초판

2) 19세기

19세기는 어린이 문학의 큰 전환점이 되는 시기였다. 기존의 전통과 관습, 문화, 정치와 종교적인 억압에서 벗어나 자유로운 정신과 표현, 상상력을 존중하는 낭만주의 시대가 열린 것이다. 문학, 음악, 철학, 정치, 사회 등에 불어닥친 낭만주의는 모험과 공상, 상상이 풍부한 어린이 문학이 발전하는 데에도 영향을 주었다(조경자, 이현숙, 이문정, 곽아정, 2013).

(1) 창작 어린이 문학의 출현

어린이는 성인과 다른 생각과 시각을 가지며 독자적인 인격의 소유자라는 관점이 팽배해지면서 어린이를 위해 쓰인 창작 어린이 문학이 나타나게 되었다. 주로 환상이나 상상력이 풍부한 이야기가 많이 나오게 되었고 모험 이야기, 가정과 학교생활 이야기 등이 등장하였다(김현희, 박상희, 2008).

① 안데르센

근대 어린이 문학의 창시자인 덴마크의 안데르센(Andersen, 1805~1875)이 어린이들을 위한 창작동화의 문을 열었다. 안데르센은 구전 이야기의 형식을 빌려 상상과 공상의 요소가 많이 포함된 근대적 개념의 어린이 문학을 창작한 최초의 작가이다. 1835년부터 『어린이를 위한 동화집(Fairy Tales Told for Children)』을 출간하였으며, 매년 크리스마스 시즌을 맞이하여 작품을 출판함으로써 어린이들에게 한 권씩 선물을 주었다. 그가 발표한 동화는 총 212편이며 동화 이외에도 시 1,024편 및 희곡 51편 그리고 기행문, 에세이, 풍자문의 작품을 발표하였다. 대표적인 작품으로는 「미운 오리 새끼」 「엄지공주」 「인어공주」 「눈의 여왕」 「성냥팔이 소녀」 「벌거숭이 임금님」 「빨간구두」 등이 있다(DeMylius, 2006). 안데르센 동화의 특징은 다음과 같다. 첫째, 대부분 민담의 형식을 취한다는 것이다. 안데르센 동화에는 옛이야기에 주로 등장하는 마술, 요정 등 환상의 세계가 풍부하게 펼쳐지며, 동식물을 의인화하여 어린이들의 상상의 세계를 더욱 풍부하고 재미있게 해 준다. 둘째, 따뜻한 휴머니즘을 바탕으로 한다. 안데르센은 어린이를 위한 책이라고 해서 인간의 세계를 무조건 아름답게 미화하거나 권선징악의 이분법적인 인간성으로 단순화하여 묘사하지 않았다. 인간 세상의 모순, 고통, 슬픔을 솔직하면서도 진정성 있게 묘사하면서 사랑과 희생 등의 긍정적인 미덕을 아름답게 묘사하고 있다. 셋째, 간결하고 아름다운 문장과 언어로 섬세한 감정을 아름답게 표현하고 있다(이상금, 장영희, 2001). 안데르센 작품의 우수성은 풍부한 상상력과 휴

안데르센 · · · · · · · · · · · · · · · · · · · 『엄지공주』[1835년 빌헬름 페데르센
(Vihelm Pedersen) 그림]

머니즘, 서정성에서 찾아볼 수 있으며 지금까지도 대표적인 어린이 문학 작
가로 칭송을 받고 있다.

② 램 남매와 찰스 디킨스

19세기 어린이 문학의 창작은 영국에서 가장 활발하게 이루어졌다. 19세기
영국은 어린이 문학의 황금기를 맞이하였다. 램 남매(Charles Lamb, Mary Lamb)
는 세익스피어(Shakespeare)의 작품을 어린이들이 읽을 수 있도록 개작한『세
익스피어 이야기(Tales from Shakespeare)』(1807)를 소개하였다. 영국의 대 문
호인 찰스 디킨스(Charles Dickens, 1812~1870)도 어린이를 위한 작품을 창작
하였으며 대표적인 작품으로『올리버 트위스트(Oliver Twist)』(1838)가 있다.

③ 루이스 캐럴

루이스 캐럴(Lewis Carroll, 1832~1898)의『이상한 나라의 앨리스(Alice's
Adventures in Wonderland)』(1865)는 어린이 문학사에 하나의 전환점이 되
는 작품이다. 루이스 캐럴의 본명은 찰스 루트위지 도지슨(Charles Lutwidge
Dodgson)으로 옥스퍼드 대학교의 수학교수였다. 어느 날 같은 대학교의 학

『이상한 나라의 앨리스』[1865년
존 테니얼(John Tenniel) 그림]

『이상한 나라의 앨리스』[1923년
제시 윌콕스 스미스(Jessie Willcox Smith) 그림]

장인 리델의 딸들과 함께 강가에 뱃놀이를 갔다가 지루해하는 아이들을 위
하여 이야기를 들려준 것이 『이상한 나라의 앨리스』이다. '앨리스'라는 이름
은 리델의 딸 이름에서 가져온 것이며 후에 주변 사람들의 권유로 이야기를
완성하여 출간하게 되었다. 이는 당시의 어린이들을 위한 책들이 주로 교훈
적이고 도덕적이었던 것과는 달리 순수한 기쁨과 즐거움을 주기 위한 책이었
다. 교훈적인 이야기는 배제되어 있으며 어린이들이 즐기는 말장난과 공상,
상상, 환상의 이야기를 담고 있어 환상 문학 장르의 새로운 장을 열었다는 평
가를 받고 있다.

④ 스티븐슨, 키플링, 배너맨

스티븐슨(Stevenson, 1850~1894)의 『보물섬(Treasure Island)』(1883), 키플
링(Kipling, 1865~1936)의 『정글북(Jungle Book)』(1894), 배너맨(Bannerman,
1862~1946)의 『꼬마 검둥이 삼보(Story of Little Black Sambo)』(1899) 등과 같이
제국주의 시대를 반영한 모험과 재미를 갖춘 작품들이 소개되었다.

⑤ 베르느

프랑스의 베르느(Verne, 1828~1905)는 공상 과학 문학이라는 분야를 개척하였다. 그의 작품은 주로 우주, 바닷속, 땅속 등 미지의 새로운 세계로의 탐험 이야기를 다루고 있는데, 아직 우주선이나 잠수함 등이 발명되기 전인 당시에는 매우 공상적이면서 획기적인 이야기였다. 그러나 베르느의 공상은 그저 허무맹랑한 상상에서 나온 이야기가 아니며 당시의 최신 과학 이론을 근거로 하여 과학적인 상상력을 더한 것이고, 정확하고 논리적인 구성과 치밀한 묘사로 내적 리얼리티와 몰입감을 높인 뛰어난 작품이다. 따라서 그의 작품들은 SF 소설의 정석으로 알려져 있고 영화로도 많이 제작되었을 뿐만 아니라 지금도 여전히 세계 어린이들에게 가장 많이 사랑받는 작품 중 하나이다. 대표작은『지구 속 여행(A Journey to the Center of the Earth)』(1864), 『지구에서 달까지(From the Earth to the Moon)』(1865), 『해저 이만리(Twenty Thousand Leagues Under the Sea)』(1870), 『80일간의 세계일주(Around the World in Eighty Days)』(1873), 『신비의 섬(Mysterious Island)』(1874) 등이 있다.

베르느　　　　　『지구에서 달까지』　　　　『해저 이만리』 1871년판

⑥ 콜로디

이탈리아의 콜로디(Collodi, 1826~1890)가 쓴『피노키오의 모험(Adventures of Pinocchio)』(1883)는 어린이 문학에서 새로운 유형의 등장인물 모습을 보여

『피노키오의 모험』 초판[엔리코
마잔티(Enrico Mazzanti) 그림]

『피노키오의 모험』 1991년판[아틸
리오 무시노(Attilio Mussino) 그림]

주었다. 『피노키오의 모험』은 1881년부터 1883년까지 어린이 신문에 연재되
었다. 『피노키오의 모험』은 말하는 인형 주인공, 요정, 의인화된 귀뚜라미 등
전래동화의 환상적인 요인과 모험의 요소를 가지고 어린이들에게 즐거움과
감동, 재미, 모험심과 상상력의 감흥을 주었다. 무엇보다도 피노키오라는 인
물은 이전의 전래동화에서 보았던 전형적인 인물 성격에서 벗어나 어린이들
이 쉽게 공감할 수 있을 만큼 현실적이면서도 생동감이 있고 매력적인 인물
로 묘사되었다. 또한 배경과 사건이 매우 현실적이고 실제적이면서도 환상
적인 요소와 우스꽝스럽고 기발한 상상력, 모험이 끝없이 펼쳐지는 구성이
이전의 어린이 문학과는 다른 재미를 주었으며 어린이 문학의 새로운 모델을
제시하였다.

⑦ 마크 트웨인

미국의 마크 트웨인(Mark Twain, 1835~1910)은 기존의 유럽 어린이 문학
과는 다른 미국적인 내용과 소재의 작품을 선보였다. 트웨인의『톰 소여의
모험(Adventures of Tom Sawyer)』(1876)과『허클베리 핀의 모험(Adventures
of Huckleberry Finn)』(1885)은 가장 미국적인 '위대한 미국의 소설(Great

트웨인

『톰 소여의 모험』

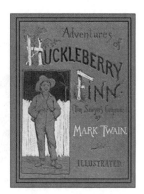
『허클베리 핀의 모험』

American Novel)' 중 하나로 손꼽힌다(LeMaster & Wilson, 1993). 트웨인은 열네 살 백인 남자 아이가 미시시피강을 따라 떠나는 여행기를 통해 미국의 개척 정신과 자유 정신을 보여 주었을 뿐만 아니라, 미국의 가장 큰 사회 문제였던 노예 문제를 인간적 측면에서 접근함으로써 미국적인 주제를 다루었다. 또한 미국 사람들의 구어적 표현을 사용하여 미국식 영어를 사용한 미국 문학을 보여 주었다.

(2) 그림책의 시작

19세기 후반에는 새로운 채색 기술에 의한 컬러 인쇄술이 발달함에 따라 그림책의 출판이 활발해졌고 일부 인쇄업자들에 의해 한층 아름답고 세련된 그림의 그림책이 나타나기 시작하였다. 또한 유럽 경제의 지속적 성장과 학교 교육의 확대로 인해 어린이 문학은 한층 대중화되었고, 그에 따라 어린이 도서의 출판시장이 크게 성장하였으며, 이는 곧 그림책의 발전으로 이어졌다.

에반스(Evans, 1826~1905)는 아름답고 저렴한 어린이 그림책을 제작하였다. 에반스는 영국의 컬러 인쇄업자로서 어린이 그림책 발전에 커다란 공헌을 하였다. 그는 1865년부터 '토이북(Toy Book)'이라는 그림책을 출판하여 크게 성공을 거두었는데, 어린이들이 오랫동안 간직하고 싶은 마음이 들도록 예술성과 고급스러움을 갖춘 그림책이었다. 토이북의 그림은 기존의 삽화 수준의 그림을 예술적인 그림으로 수준을 한 단계 높였을 뿐만 아니라, 글을 돋보이게 하는 그림을 그림으로써 글과 그림의 조화를 강조하는 근대적 개념의 그림책을 선보였다. 토이북의 성공으로 에반스는 그림 작가를 직접 고용하여 어린이 그림책 분야의 혁명을 이끌었다. 이때 고용된 크레인(Crane, 1845~1915), 칼데콧(Caldecott, 1846~1886), 그리너웨이(Greenaway, 1846~1901)는 그림책의 기초를 마련한 사람들이다.

크레인은 1865년부터 토이북을 만드는 데 참여하여 어린이 그림책의 그림 작가로서 명성을 얻었다. 그는 단순화된 선과 빨강, 파랑, 검정의 삼색 이외에 노란색을 사용하여 그림을 더욱 풍부하게 묘사하였으며, 그림자 없이 단순화되고 강렬한 색채로 묘사하는 일본 예술의 채색 기법을 사용하였다. 또한 페이지에 전면 그림을 그려 시각적 효과를 더하였으며, 주로 『빨간모자』 『개구리 왕자』 등과 같은 전래동화와 동요의 그림을 그렸다.

크레인이 그리고 에반스가
인쇄한 토이북 표지(1874)

『개구리 왕자』

『A Baby's Opera』

에반스는 크레인 다음으로 칼데콧을 고용하였는데, 『잭이 지은 집(House that Jack Built)』(1877)과 『존 길핀 이야기(Diverting History of John Gilpin)』(1878)라는 두 권의 책을 출판하자마자 크게 인기를 얻게 되었다. 칼데콧은 글로 표현하지 못하는 글 사이의 의미를 찾아내어 그림으로 표현하고자 하였으며, 짧은 글과 풍부한 그림의 그림책을 표방하였다. 이전에 여백이 없이 꽉 찬 느낌의 그림에서 과감히 배경을 최소화하고 단순한 선으로 인물의 행동과 움직임을 생동감 있게 묘사하고 익살스러움을 더하였다(Engen, 1988).

『잭이 지은 집』

『존 길핀 이야기』

『창문 아래에서』 표지와 속표지

그리너웨이는 초기에는 연말 카드를 그리는 일을 하다가 에반스를 만나면서 그림책의 그림을 그리기 시작하였다. 1879년 발표한 『창문 아래에서(Under the Window)』는 그녀가 글을 짓고 그림을 그린 작품으로, 어린이들의 사랑을 받았다. 그녀의 그림은 밝고 섬세한 묘사가 특징이며 당시 아이들의 실제적인 옷차림과 자연을 조화롭게 그려 넣었다(Alderson, 1992).

3) 20세기 이후

19세기에 시작되었던 어린이 문학은 20세기에 들어서 성인 문학과는 구별되는 하나의 장르로서 자리매김을 하게 되었다. 두 차례에 걸친 세계대전으

로 인해 어린이 문학의 출판이 주춤하기는 하였지만 도서관의 보급과 출판
업자의 그림책에 대한 관심, 우수한 그림 작가의 등장과 새롭고 실험적인 시
도 등은 그림책을 급속도로 발전시켰다. 또한 학교 교육에서 어린이 문학이
언어 교육의 교재로 사용되고 그림책에 대한 각종 상이 제정됨으로써 그림책
의 양이 급증하였을 뿐만 아니라, 그림책의 내용도 다양화되는 등 양적 · 질
적 성장을 하게 되었다. 특히 20세기 말에 냉전시대 종식으로 인한 급속한 세
계화와 과학의 비약적 발전, 컴퓨터라는 새로운 매체의 등장은 그림책이라는
매체에 있어서도 다양한 변화를 가져왔다.

(1) 그림책의 발전

20세기에는 어린이에 대한 학문과 연구과 활발하게 일어나면서 유아교육
에 대한 중요성, 어린이에 대한 존중 의식과 위상이 한층 격상되었고, 그에
따라 더 어린 유아 독자를 위한 그림책이 등장하기 시작하였다.

① 포터

20세기 초 영국의 대표적인 작가로 포터(Potter, 1866~1943)가 있다. 그녀
는 친구의 아들이 아프다는 소식을 듣고 네 마리 토끼 이야기를 편지에 적어
보냈다. 1902년 이 이야기를 책으로 출간하였는데 이것이 『피터래빗 이야기
(Tale of Peter Rabbit)』이다. 『피터래빗 이야기』는 토끼를 의인화하여 영국의
전원생활과 자연을 보여 주고 있다. 맑고 부드러운 수채화 그림으로 토끼의
모습과 움직임을 생동감 있게 표현하였고, 영국의 자연을 사실적으로 묘사함
으로써 영국이 가장 사랑하는 캐릭터 중 하나인 피터래빗을 탄생시켰다. 이
후 포터는 1903년에 『다람쥐 넛킨 이야기(Tale of Squirrel Nutkin)』와 『글로체
스터의 재단사(Tailor of Gloucester)』를 잇달아 출판하면서 글과 그림을 함께
그리는 영국의 대표적인 작가로서 명성을 얻게 되었다(Lear, 2007).

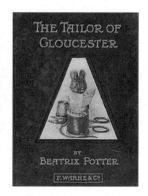

포터   『피터래빗 이야기』   『글로체스터의 재단사』

② 포세

프랑스의 포세(Faucher, 1898~1967)는 프랑스의 유아 그림책 발전에 결정적인 역할을 한 작가이다. 그의 대표작 『비버 아저씨 그림책(Album du Pere Castor)』 시리즈(1931~)는 어린이를 능동적이고 자발적인 존재로 인식하는 '신교육'의 영향을 받았다(현은자 외, 2008). 또한 당시 예술 문화의 새로운 경향으로써 예술의 대중화를 주장하였던 '러시아의 형식주의(아방가르드)' 영향을 받아 형태와 구성을 단순하고 간결하게 표현하고 원색을 많이 사용한 그림을 그렸다. 일상의 생활과 자연을 다루면서 당시 교훈적이던 그림책과는 달랐던 『비버 아저씨 그림책』 시리즈는 오늘날까지 출판되고 사랑받는 그림책 중 하나이다.

『비버 아저씨 그림책』 시리즈

③ 브루노프

브루노프(Brunhoff, 1899~1937)의『코끼리 왕 바바(L'Histoire de Babar le Petit Elephant)』(1931)는 크기가 큰 좋은 질의 종이를 사용하여 어린 유아에게 잠자리에서 읽어 주기 위한 선물용 고급 그림책을 선보였다. 특히 아이들의 눈높이에 맞춰서 어린이가 좋아하는 색과 편안하고 친근감 있는 표현으로 어린이들의 사랑을 받았으며, 문자와 그림의 조화와 통합이 뛰어난 그림책을 선보임으로써 이후의 그림책 작가에게 많은 영감을 주었다.

『코끼리 왕 바바』(1993, 시공주니어) 표지와 그림

④ 가젤

미국의 가젤(Geisel, 1904~1991)은 닥터 수스(Dr. Seuss)라는 필명으로 책을 처음 접하는 어린 유아들을 위한 쉬운 책(beginner books)들을 출판하여 미국의 가장 대중적인 어린이 문학가로서 큰 인기를 누렸다. 그의 작품은 생동감 있고 단순하면서 운율감 있는 언어가 특징이며, 재미있고 개성 있는 그림 또한 어린이들의 사랑을 받았다. 대표작으로『모자 안의 고양이(Cat in the Hat)』(1957),『초록 달걀과 햄(Green Eggs and Ham)』(1960),『물고기 하나, 물고기 둘, 빨강 물고기, 파랑 물고기(One Fish Two Fish Red Fish Blue Fish)』(1960) 등이 있다.

『모자 안의 고양이』   『초록 달걀과 햄』   『물고기 하나, 물고기 둘,
                                                        빨강 물고기, 파랑 물고기』

⑤ 그림책의 황금기

　　1960년대에 세계 경제가 전쟁으로부터 회복된 후 그림책은 새로운 황금기를 맞이하게 되는데, 이를 주도한 것이 미국이다. 20세기 미국은 경제적인 발전에 힘입어 어린이 문학이 빠른 속도로 발전하였다. 특히 미국 전역에 걸친 어린이 도서관의 설치와 도서관 사서들의 활발한 활약은 어린이 도서 출판시장의 팽창에 크게 공헌하였다. 대표적으로 마호니(Mahony, 1882~1969)는 도서관 사서로서 어린이 문학을 전문적으로 판매하는 서점을 운영하는 한편, 1924년 『혼북(Horn Book)』이라는 어린이 문학평론서를 출간하기도 하였다. 이후 1960년대에 들어서면서 미국의 그림책은 인종, 환경 등 주제가 다양해졌으며 그림의 표현양식과 재료 등에서도 새로운 시도를 함으로써 그림책의 지평을 넓혀 나아갔다. 이 시기에 등장한 그림책 작가들은 어린이 그림책에서만 있는 고유한 시각적 표현 기법이 따로 있다고 생각하지 않고, 당시의 현대 예술과 정신분석, 광고, 만화 등의 기법을 자유롭게 실험적으로 그림책에 적용하였다. 새로운 형식의 시각적 미학을 추구하면서 기존의 그림책의 틀을 뛰어넘는 색과 선의 표현을 다양하게 시도함으로써 그림책에서 그림의 영역을 확장시키고, 마침내 문자 텍스트와 그림 텍스트가 동등하게 역할을 하는 현대적 개념의 그림책을 선보였다. 즉, 그림의 기능이 한층 강화되고, 글로 서술하

기보다 시각적 이미지를 통해 서술하는 부분이 점차 확대된 그림책들이 출간 되기 시작하였다. 이 시기의 대표적인 그림책 작가로는 미국의 모리스 샌닥 (Maurice Sendak, 1928~2012), 에즈라 잭 키츠(Ezra Jack Keats, 1916~1983), 레오 리오니(Leo Lionni, 1910~1999), 에릭 칼(Eric Carle, 1929~)과 미국에서 활동하 던 프랑스 출신의 작가인 토미 웅거러(Tomi Ungerer, 1931~2019), 영국의 존 버 닝햄(John Burningham, 1937~), 헬렌 옥슨버리(Helen Oxenbury, 1938~), 앤서 니 브라운(Anthony Browne, 1946~), 배빗 콜(Babette Cole, 1950~) 등이 있다.

⑥ 웅거러

토미 웅거러(Tomi Ungerer, 1931~2019)는 어린이를 위해 애써 현실을 미화 하지 않는다. 인간의 욕심과 허영, 공포와 두려움 등 인간 사회의 어두운 면 을 고정관념 없이 독창적인 방식으로 펼쳐 보였다. 검은 망토의 무시무시한 강도가 등장하는 『세 강도(Three Robbers)』(1962)나 사람을 잡아먹는 거인이 등장하는 『제랄다와 거인(Zeralda's Ogre)』(1967) 등은 기존의 전통적인 그림책 에서의 주제와 언어 및 형식을 파괴하고 그만의 독특한 유머와 창의성이 가 득한 그림책을 선보였다.

『세 강도』(1995, 시공주니어)   『제랄다와 거인』(1996, 비룡소)

⑦ 프랑소와

프랑스의 그래픽 디자이너이자 만화가였던 프
랑소와(Francois, 1915~2005)는 『악어의 눈물(Les
Larmes de Crocodile)』(1956)을 통해 전체적인 구성과
시각적 이미지가 한층 강조된 그림책을 선보였다.
그의 그림책에 대한 여러 가지 실험적인 시도는 그
림책을 질적으로 크게 발전하게 하였다.

『악어의 눈물』

⑧ 나자

나자(Nadja, 1955~)의 『푸른 개(Chien Bleu)』(1989)
는 사를로뜨라는 여자 아이의 성장을 푸른 개에 투
영하여 보여 주고 있으며, 이를 강렬한 보색의 색채
와 간결한 선으로 표현해 주고 있다. 감정과 느낌을
색으로 표현하면서 일상이 아닌 심리적인 면을 그림
으로 보여 준다.

『푸른 개』

(2) 환상 문학의 발전

20세기 들어 환상 문학은 현대적인 특징을 갖추면서 크게 발전하였다. 즉,
환상 문학에서의 마법과 상상의 세계, 등장인물 및
주제와 소재가 다양해지고 복잡해졌으며 현실과 밀
접한 연관성을 가진 환상 문학이 나타났다.

① 배리와 트래버스

오늘날도 끊임없이 전 세계 어린들의 사랑을 꾸
준히 받고 있는 배리(Barrie, 1860~1937)의 『피터팬
(Peter Pan)』(1904)과 트래버스(Travers, 1899~1996)의

『피터팬』 1991년판

『메리 포핀스(Mary Poppins)』(1934) 시리즈는 어린이들이 꿈꾸는 상상과 풍부
한 판타지의 세계를 실감 나게 보여 주고 있으며, 어른이 되어서도 영원한 동
경으로 기억에 남아 있는 개성 있는 주인공을 탄생시켰다.

② 바움

바움(Baum, 1856~1919)의 『오즈의 마법사(Wonderful Wizard of OZ)』(1900)
는 미국적인 환상 문학을 보여 준 최초의 작품이며, 전 세계로 번역되어 널리
알려진 초기 미국 어린이 문학작품 중 하나이다. 이전의 미국 어린이 문학이
주로 실용주의에 바탕을 두고 실생활 모습을 있는 그대로 보여 주던 것에서
벗어나 『오즈의 마법사』는 도로시라는 여자 아이가 마법과 환상의 세계를 여
행하며 펼치는 다양한 모험을 통해 '미국의 환상 문학(American fairy tale)'을
보여 주었다.

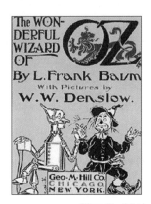

『오즈의 마법사』 초판 표지와 그림

③ 모리스 샌닥

모리스 샌닥(Maurice Sendak, 1928~2012)의 『괴물들이 사는 나라(Where the
Wild Things Are)』(1963)는 어린이의 심리를 환상의 세계를 통해 보여 줌으로
써 더욱 사실적이고 현실적인 환상 문학을 제시하였다.

『괴물들이 사는 나라』

④ 루이스, 화이트, 달

루이스(Lewis, 1898~1963)의『나니아 연대기(Chronicles of Narnia)』(1950), 화이트(White, 1899~1985)의『샬롯의 거미줄(Charlotte's Web)』(1952), 달(Dahl, 1916~1990)의『찰리와 초콜릿 공장(Charlie and the Chocolate Factory)』(1964) 은 20세기의 대표적인 환상 문학으로서 더욱 다양하고 매력적인 상상의 세계를 펼쳐 보이면서 어린이의 마음을 사로잡았다.

(3) 어린이 문학상의 제정

뛰어난 어린이 문학에 대해 수상하는 상의 제정은 어린이 문학을 질적으로 발전시키는 견인차 역할을 하였다. 상의 제정으로 인해 어린이 문학에 대한 비평도 활발해지고 우수한 작가와 그림책이 등장하였으며 여러 가지 측면에서 다양하고 새로운 시도를 하는 어린이 문학들이 나타나기 시작하였다.

① 뉴베리상

1922년 미국도서관협회(American Library Association: ALA)는 '뉴베리상(Newbery Medal)'을 제정하여 '전년도에 미국에서 출판된 어린이 문학 중 가장 우수한 작품과 작가'에 대해 상을 수여하였다. 이는 어린이 문학작품에 대해 수여하는 세계 최초의 메달이었으며, 영국의 출판업자 존 뉴베리를 기리

는 상이다. 상의 종류에는 최우수상인 뉴베리
상과 뉴베리 명예상(Newbery Honor)이 있다.
어린 유아들을 위한 그림책 중에서는 가그(Gag,
1893~1946)의『백만 마리 고양이(Millions of
Cats)』, 스타이그(Steig, 1907~2003)의『치과 의

뉴베리 메달

사 드소토 선생님(Doctor De Soto)』등이 뉴베리 명예상을 수상하였다.

② 칼데콧상

1938년부터 미국도서관협회(ALA)는 전년
도 한 해 동안 미국에서 출판된 그림책 중 가
장 뛰어난 그림에 대해서 '칼데콧상(Caldecott
Medal)'을 수상하였다. 이는 영국의 그림 작가
인 칼데콧을 기념하는 상으로, 매년 칼데콧상

칼데콧 메달

한 권과 칼데콧 명예상(Caldecott Honor) 1~5권을 선정하고 있다. 대표적인
수상 작품으로는 모리스 샌닥의『괴물들이 사는 나라』, 맥더멋(Mcdermout,
1941~2012)의『태양으로 날아간 화살(Arrow to the Sun)』, 버지니아 리 버튼
(Virginia Lee Burton, 1909~1968)의『작은 집 이야기(Little House)』, 맥클로스키
(McCloskey, 1914~2003)의『아기 오리들한테 길을 비켜 주세요(Make Way for
Ducklings)』등이 있다.

③ 케이트 그리너웨이상

1955년 영국도서관공식협회(Chartered Institute
of Library and Information Prefessionals: CILIP)에
서는 영국 어린이 문학의 대표적인 그림 작가
인 그리너웨이를 기념하여 '케이트 그리너웨이
상(Kate Greenaway Medal)'을 제정하였다. 이는

케이트 그리너웨이 메달

매년 영국에서 출판된 어린이 문학 중 가장 우수한 그림에 대해 그림 작가에게 상을 수상하고 있으며, 버닝햄(Burningham, 1936~2019)의 『검피 아저씨의 뱃놀이(Mr Gumpy's Outing)』, 앤서니 브라운의 『고릴라(Gorilla)』 등이 대표적인 수상 작품이다.

④ 국제 한스 크리스천 안데르센상

1956년 덴마크의 어린이 문학가인 안데르센을 기념하여 '국제 한스 크리스천 안데르센상(International Hans Christian Andersen Award)'이 제정되었다. 국제아동청소년도서협의회(IBBY)에서 2년에 한 번씩, 세계에서 어린이 문학에 지속적으로 가장 큰 공헌을 한 글 작가와 그림 작가 1명씩을 선정하여 상을 수상하고 있으며, 세계에서 새로이 출판된 '우수한 문학책 목록(Honor List)'을 출간하고 있다. 앤서니 브라운, 모리스 샌닥 등이 대표적인 수상가

국제 한스 크리스천 안데르센 메달

이며, 2022년에는 우리나라의 이수지가 수상하였다.

⑤ 볼로냐 라가치상

1964년부터 매년 3, 4월에 이탈리아의 볼로냐에서는 볼로냐 아동 도서전(Bologna Children's Book Fair)을 개최하여 전 세계의 우수 어린이 문학과 전문가들이 만나는 시간을 갖고 있다. 1966년부터는 '볼로냐 라가치상(Bologna Ragazzi Award)'을 제정하여 그림과 편집 디자인이 우수한 그림책에 대해서 상을 수여한다. 수상 부문은 픽션, 논픽션, 뉴 호라이즌(제3세계 국가의 그림책 대상), 오페라 프리

볼로냐 라가치상

마(신인 작가 대상), 디지털, 북스 앤 시즈(Books & Seeds)의 6개 부분에서 각각

대상 1편과 3~5편의 우수상을 시상하고 있다.

⑥ BIB상

브라티슬라바 일러스트레이션 비엔날레상(Biennial of Illustration Bratislava: BIB)은 1967년 제정된 국제적인 상이다. 슬로바키아 공화국의 수도인 브라티슬라바에서는 국제아동청소년도서협의회(IBBY)와 유네스코 후원으로 2년에 한 번씩 그림책 축제가 개최되고 있으며, 어린이 및 청소년을 위한 책의 세계 최고 일러스트레이션 비엔날레로 자리를 잡고 있다. 공모전에 참여한 그림책의 예술적 가치와 새로운 시도를 평가하여 대상, 황금사과상, 장려상, 혁신공로상, 출판공로상, 어린이심사위원상, 브라티슬라바시장상 등을 시상하고 있다. BIB는 최근 그림책의 경향을 파악할 수 있는 중요한 척도로 여겨지는 국제적인 공모전으로 자리 잡고 있다.

BIB

⑦ 아스트리드 린드그렌상

아스트리드 린드그렌상(Astrid Lindgren Memorial Award: ALMA)은 스웨덴의 아동 문학 작가 아스트리드 린드그렌(1907~2002)을 기념하고 어린이의 좋은 이야기에 대한 권리를 보호하기 위해 스웨덴 정부가 2002년 제정한 상이다.

아스트리드 린드그렌상

아스트리드 린드그렌상은 스웨덴문화위원회에서 관리하고 있으며, 작가, 삽화가, 문학 연구자, 사서, 비평가 및 아동 권리 전문가, 린드그렌의 가족 중 1명으로 구성된 12명의 배심원이 있다. 스웨덴문화위원회는 매년 전 세계 어린이와 청소년을 위한 문학에 기여한 개인이나 단체를 대상으로 작품관과 영향력, 공헌 등을 심사하여 수상자를 결정하고 상을 수여한다. 이 상은 이른바 어린이 문학의 노벨상이라 불리는 상이며, 상금도 500만 스웨덴 크로나로, 전 세계의 어린이 문학상 중에서 세계 최대 규모의 상금이다. 대표 수상가로는 2003년 1회 수상자인 모리스 샌닥과 호주의 숀 탄(Shaun Tan), 아르헨티나의 아이솔(Isol) 등이 있으며, 2020년에는 우리나라의 백희나가 수상하였다.

(4) 그림책 매체의 다양화

20세기 말 산업기술의 발달로 그림책의 형식과 디자인이 다양해지면서 입체적인 팝업북(pop-up book)과 감촉을 느낄 수 있는 펠트북(felt book), 소리가 나는 사운드북(sound book) 등 오감을 활용한 책들이 등장하였다. 이러한 그림책 매체의 다양화는 컴퓨터의 개발과 스마트 기기의 발달로 더욱 가속화되어 기존의 종이 매체 그림책을 넘어서는 디지털 미디어를 활용한 그림책이 나타나고 있다. CD-ROM, 태플릿, 앱북, 중강현실북과 같이 디지털 기술을 접목한 디지털 그림책은 음향 효과와 동영상, 이미지 효과로 유아의 흥미를 유도하고 독자가 즉각적으로 반응하고 상호작용이 가능하도록 하여 유아들에게 색다른 재미를 주며 지적 호기심을 자극하기도 한다.

알아보기

1. 현재 유아들이 즐기는 한국의 동시, 동요, 동화 중 일제강점기에 창작된 대표적인 작품을 조사해 보세요.
2. 지역사회에 있는 어린이 도서관의 문학 프로그램을 조사해 보세요.
3. 어렸을 때 읽었던 서양의 아동 문학 중 가장 기억에 남는 문학작품을 회상하고 이야기를 함께 나누어 보세요(제목, 작가, 내용, 기억에 남는 장면, 이유 등).
4. 한국 작가의 세계 주요 어린이 문학상 수상작을 볼로냐 라가치상, BIB상, 안데르센상을 중심으로 조사해서 작품의 특성을 알아보세요.
   - 한국 사이트: 그림책 박물관(http://www.picturebook-museum.com/)
   - 외국 사이트: 볼로냐 라가치상(http://www.bolognachildrensbookfair.com), BIB상 (http://www.bibiana.sk), 안데르센상(http://www.ibby.org)

참고문헌

권혜경(2021). 한국 그림책의 창작 양상 연구: 2000년대 해외 진출 작품을 중심으로. 단국대학교 대학원 박사학위논문.

김상욱(2002). 숲에서 어린이에게 길을 묻다. 창작과비평사.

김윤희(2012). 한국 근대 유년 동요·동시 연구: 1920년대~해방기까지 '유년상'을 중심으로. 춘천교육대학교 교육대학원 석사학위논문.

김자연(2003). 아동문학의 이해와 창작의 실제. 청동거울.

김지은, 이상희, 최현미, 한미화(2013). 그림책, 한국의 작가들. 시공사.

김현희, 박상희(2008). 유아문학: 이론과 적용. 학지사.

박인경(2019). 일제강점기 유치원 보모와 유년문학의 성장. 아동청소년문학연구, 24, 279-319.

방재석, 김하영(2014). 현덕 유년동화의 놀이 모티프에 나타난 현실 인식: 노마 연작을 중심으로. 동화와 번역, 30, 171-193.

서정숙, 남규(2005). 그림책으로 하는 유아문학교육. 창지사.

석용원(1992). 아동문학원론(증보판). 학연사.

신헌재, 권혁준, 곽춘옥(2007). 아동문학과 교육. 박이정.

원종찬(2008). 아동문학사의 잘못된 연표. 아동청소년문학, 2, 119-141.

원종찬(2009). 아동문학 연구의 어제와 오늘. 돈암어문학, 22, 9-27.

이미정(2017). 1930년대 유년잡지『유년중앙』과『유년』특성 연구. 아동청소년문학연구, 21, 235-266

이상금, 장영희(2001). 유아문학론. 교문사.

이상현(1987). 아동문학강의. 일지사.

이재철(2008). 한국 아동문학 100년. 아동문학평론, 33(4), 14-38.

이하나(2017). 인천대학교디지털 콘텐츠 매체 유형별 유아의 그림책 유도성 연구. 예술인문사회 융합 멀티미디어 논문지, 7(5), 73-82.

정병규(2018). 우리 그림책 작가를 만나다: 작업실에서 만난 작가 37명의 그림책 이야기. 보리.

정진헌(2015). 1930년대 유년의 발견과 '애기그림책'. 아동청소년문학연구, 16, 119-157.

정진헌(2016). 1930년대《동아일보》유년(幼年)동화 연구. 아동청소년문학연구, 19, 175-199.

정진헌(2017). 아동문학의 장르 분화와 유년문학의 등장: 1930년대 미발굴 유년문학 텍스트를 중심으로. 동화와 번역, 34, 241-273.

정진헌, 박혜숙(2013). 한국의 그림책 인식과 형성과정. 동화와 번역, 26, 291-315.

조경자, 이현숙, 이문정, 곽아정(2013). 어린이 문학교육. 학지사.

조선일보(1937. 8. 27.). 애기들의 동무가 될 그림잡지가 나왔다. https://newslibrary.chosun.com/search/search_result.html?case_num=1&sort=1&page=0&size=10&query=%EC%95%A0%EA%B8%B0%EB%93%A4%EC%9D%98+%EB%8F%99%EB

%AC%B4%EA%B0%80+%EB%90%A0+%EA%B7%B8%EB%A6%BC%EC%9E%A1
%EC%A7%80%EA%B0%80+%EB%82%98%EC%99%93%EB%8B%A4&date=date_
all&field=&type=&wrt=&set_date= (2023. 3. 24. 인출)

조성순(2015). 해방 전 그림책과 관련한 논의와 그림책의 과도기적 양상. 아동청소년문학연구, 17, 143-186.

조성순(2016). 해방 직후의 그림책『토끼와 원숭이』연구: 자유신문·아협·청구 판본을 중심으로. 아동청소년문학연구, 18, 161-206.

조성순(2019). 한국 그림책 발달 과정 연구: 삽화에서 그림책으로의 변화 과정을 중심으로. 인하대학교 대학원 박사학위논문.

조은숙(2006). 한국의 그림책 발전. 어린이 문학교육연구, 7(2), 113-151.

조은숙(2019). 그림책『백두산 이야기』의 출간 의의 고찰. 동화와 번역, 37, 171-199.

차은정(2008). 근대화와 영국 아동문학: 문학적 관점에서 아동문학 발전의 역사적 조건 재해석. 새한영어영문학, 50(1), 101-124.

현은자, 김세희, 고선주, 오연주, 이성엽, 조은숙, 마사키, 김민건(2008). 세계그림책의 역사. 학지사.

Alderson, B. (1992). Just-so pictures: Illustrated versions of just so stories for little children. *Children's Literature, 20*, 147-174.

Bedtime-story classics (2007). The background & history of Alice in Wonderland. http://www.bedtime-story.com.

DeMylius, J. (2006). *The life of Hans Christian Andersen: Day by day*. Hans Christian Andersen Center.

Engen, R. K. (1988). *Randolph Caldecott: Lord of the nursery*. Bloomsbury Pub.

Shavit, Z. (1987). Poetics of children's literature. *Poetics Today, 8*(2), 461-462.

Sommerville, C. J. (2007). 아동교육사 및 교육철학: 문화사적 관점에서 본 아동의 위상. 최기영, 유수경, 장윤정 역. 교문사.

북스타트코리아. https://bookstart.org:8000/bbs/content.php?co_id=about_bookstart

BIB. http://www.bibiana.sk

유아 문학의 장르

1. 문학의 장르와 유아 문학의 장르

문학의 장르란 작품의 형식, 제재, 내용, 표현 양식 등을 기준으로 유사한 특질을 갖는 무리로 구별 짓는 것을 뜻하며(조동일, 2005), '갈래'라고도 한다. 유아 문학의 장르 구분에 대한 학자들의 견해는 매우 다양하다. 하지만 유아 문학도 문학임을 고려하여 대체적으로 일반 문학의 장르 구분에 따르고 있다.

문학의 장르를 가장 간략하게 분류하는 방법은 산문과 운문으로 구분하는 2분법이다. 이를 유아 문학에 대입하면 운문적 장르에는 동요·동시, 산문적 장르에는 전래동화, 환상동화, 사실동화 등이 포함된다.

문학의 장르를 3분법으로 분류할 경우 서정시, 서사시, 극시로 구분하며 유아 문학도 이와 마찬가지이다. 석용원(1992)은 서사시에 해당되는 유아 문학을 동화로 보며, 이는 신화·전설·민화·우화에서 비롯된 것이라고 하였다. 서정시에 속하는 유아 문학에는 동요와 동시가 있는데, 이는 무가나 민요, 전래동요 등의 구전 문학을 기원으로 한다. 극시에 해당되는 유아 문학은 동극으로서 탈춤이나 인형극, 연극 등을 기원으로 하는 극문학에서 발전된 것이다. 신헌재, 권혁준, 곽춘옥(2009) 또한 유아 문학을 일반 문학의 3대 갈래인 서정문학, 서사문학, 희곡문학에 대응되게 구분한다. 서정문학에는 전래동요와 동시가 포함되고, 서사문학에는 옛이야기, 그림동화, 판타지 동화, 사실동화, 인물 이야기, 역사동화가 포함되며, 희곡문학으로는 동극이 포함된다.

문학의 장르를 4분법으로 분류할 때는 서정문학, 서사문학, 극문학, 교술로 구분한다. 교술을 포함하는 이유는 서구의 3분법으로는 우리나라를 비롯한 한자 문화권에서 발생한 문학들을 포함할 수 없기 때문이다. 교술은 말 그대로 알려 준다는 뜻으로 우리나라 문학의 경우 창가, 수필, 서간, 가사나 경기체가 등이 이에 속한다(김광순 외, 2003). 교술에 해당하는 유아 문학은 유아 문학평론과 유아를 대상으로 한 수필이 포함될 수 있다.

유아 문학의 장르를 분류할 때 4대 장르인 서정, 서사, 극, 교술 외에 그림책을 포함하는 기타 장르를 첨가하여 다섯 가지로 분류하기도 한다(김상욱, 2009). 즉, 서정문학(동시, 동요), 서사문학(동화), 극문학(동극), 교술(아동 수필, 아동 문학평론), 기타(그림책)의 5대 장르가 된다.

유아 문학의 장르를 구분할 때 극문학에 속하는 동극과 관련해서는 학자들 간에 논란이 있다. 우선, 문학에서 논의되는 극은 '극본'을 의미하는 것이기 때문에 동극 또한 공연으로서의 동극이 아닌, '동극본'이 되어야 한다는 입장이 있다. 그러나 일반적으로 학교 현장에서는 어린이들이 직접 하는 연극까지 포함하여 동극으로 이해한다는 점에서 동극본과 동극을 포괄하여 극문학으로 보는 아동 문학가들도 있다. 이는 어린이라는 대상의 특수성에서 비롯된 것이긴 하지만 문학의 장르 구분에 따른다면 동극은 본질적으로 동극본을 의미하는 것이다. 동극본뿐만 아니라 음악극의 대본, 애니메이션의 시나리오, 어린이를 대상으로 한 영화나 드라마의 대본 또한 극문학에 속한다(신헌재 외, 2009; 이원수, 2001; 최지훈, 2009).

이상에서 살펴본 것처럼 유아 문학의 장르 구분은 다양하게 이루어진다. 문학의 기본적인 갈래 구분에 기초하여 유아 문학을 분류하는 것은 우리나라의 아동 문학가들이 주로 사용하는 방법이며, 서구의 학자들은 장르보다는 문학의 내용과 형식에 기초하여 구분하는 경향이 있다. 두 가지 방안 모두 유아 문학의 장르 구분에 대입할 수 있으나 이 책에서는 일반 문학의 3분법에 기초하여 제시하고자 한다. 즉, 유아 문학의 장르를 [그림 3-1]처럼 서정문학으로서의 동요·동시, 서사문학으로서의 동화, 극문학으로서의 동극(본)과 영화 및 애니메이션 대본으로 구분한다. 동요는 전래동요와 창작동요(동요시)로, 동화는 전래동화와 창작동화로 구분되며, 창작동화는 다시 환상동화와 사실동화로 구분된다.

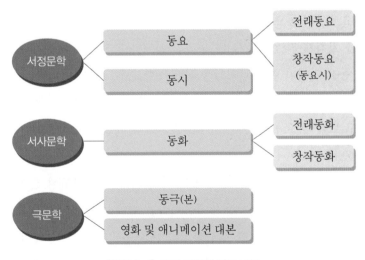

[그림 3-1] 유아 문학의 장르 구분

2. 서정문학

서정문학에 속하는 유아 문학은 동요와 동시가 대표적이다. 동요는 크게 전래동요와 창작동요(동요시)로 구분할 수 있으며, 동요는 넓은 의미에서 동시에 포함된다.

동요는 문학과 음악의 두 영역에서 모두 쓰이는 용어로서 음악에서는 '아이들의 노래'를 말하며 가사와 곡을 통틀어 동요라 한다. 반면, 문학에서는 가사만을 가지고 동요라 부른다(석용원, 1992). 유아 문학에서 동요를 문학의 장르에 포함시킨 것은 동요가 하나의 시라는 입장이기 때문이다(이원수, 2001). 오늘날의 창작동요가 생겨나기 전에는 어린이들이 전래동요를 즐겨 불렀다. 전래동요는 원래 민요의 한 부분이었는데 '창작동요'라는 말이 생기면서 민요로서의 동요는 '전래동요'라는 말로 구별하게 되었고, 동요는 창작동요만을 일컫게 되었다. 그러나 동요 가사가 문학의 장르에 포함된다고 해서 모든 동요 가사가 미학적 인식을 전제로 한 문학작품은 아니며, 시면서 음악이고 음악이면서 시였던 예술의 미분화 상태가 현재에는 더 이상 존재하지 않는다고 보아 '동요'는 '동요시'로 대체할 때 더 적절한 문학 용어가 된다(최지훈, 2009).

동요시와 전래동요의 차이점에 대해 이재복(2004)은 다음과 같이 비교한다. 동요시는 개인에 의해 창작된 작품이라는 점에서 그 이야기의 중심에 개성을 가진 어린이가 있다. 한 개인의 절실한 이야기와 감정, 상황이 녹아 있으며, 이야기의 주인공이 되는 어린이의 목소리가 생생하게 드러나게 된다. 반면, 전래동요는 여러 세대에 걸쳐 전해져 내려오면서 함께 노래를 부르고 놀이하는 과정에서 즐거움과 다양한 정서 또한 나누어 가짐으로써 내가 아닌 우리의 목소리가 담기게 된다.

동요시에 해당되는 창작동요는 일제 시대의 아동 문학가들이 우리 민족의 정서를 유지하고 나라를 되찾고자 하는 민족의 염원을 담기 위해 발흥된 것이다. 특히 광복 후에는 나라 사랑의 마음을 담은 동요가 많이 창작되었으며, 6·25 전쟁 시에는 승전 의식의 고취를 위해서도 사용되었다(국어국문학 편찬위원회, 1994). 이러한 과정에서 동요시는 차츰 문학의 영역에서 벗어나 음악의 영역으로 편입되었다. 특히 MBC 창작동요제나 일반 창작동요제 등을 통하여 어린이의 정서를 담아 부를 수 있는 노래들이 대중의 관심과 사랑을 받으면서, 문학으로서의 동요시보다는 노래로서의 창작동요가 더 많이 부각되고 있다. 따라서 이 책에서는 서정문학으로서의 동요 부분을 전래동요 중심으로 살펴볼 것이다.

1) 전래동요

(1) 전래동요의 개념

전래동요는 옛날부터 전해져 온 것으로서 누가 지은 것인지, 누가 처음 부르기 시작한 것인지 모른다. 이 노래들은 전해지는 과정에서 부르는 사람들의 마음에 맞추어 달라지고 다듬어져 왔다. 이렇게 생겨서 자라 온 어린이들의 노래가 전래동요이다(박두진, 1962).

전래동요는 모국어로서만 그 맛과 향기를 알 수 있는 살아 있는 언어로서 아이들의 삶과 놀이 속에서 자연스럽게 만들어지고 전해진 것이다. 친구들과 뛰어놀면서 부르던 노래, 엄마와 할머니의 품에서 듣던 노래, 숫자나 글자를 배우면서 부르던 노래가 바로 전래동요가 되었다.

전래동요의 소재는 놀이, 숫자, 가족, 친구, 음식, 옷, 식물, 동물, 우주, 날씨, 자장가, 충효, 우애, 사랑 등으로 매우 다양하고 광범위하다. 전래동요는 상징성이 적은 문장으로 단순하고 소박하며 직선적인 표현을 많이 쓴다. 그래서 소재가 곧 주제이며 내용인 경우가 대부분이다.

전래동요는 영어 문화권에서는 마더 구스(Mother Goose) 또는 너서리 라임

(Nursery Rhyme)으로 불린다(이상금, 장영희, 2001). 일본에서는 전승동요(傳承童謠), 프랑스에서는 비에일 샹송(Viei-lles Chonsons, 오래된 노래), 독일에서는 포크스리더(Vokslieder, 민요)라고 불린다(강문희, 이혜상, 1997). 세계 여러 나라와 민족들은 자신의 역사와 문화가 반영된 고유의 전래동요가 있으며, 이는 기본적으로 민요에 뿌리를 두고 있다.

민요는 민중의 노래로서 민족 정서를 표현한다. 민요는 향토 사회에서 자연 발생적으로 생겨나 전승되어 왔기 때문에 민중의 생생한 생활 감정이 배어 있으며, 그 지방의 향토색을 드러낸다. 따라서 민요에서 비롯된 전래동요는 어린이가 처음 접하게 되는 언어적 문화유산이며 언어 습득의 원천이 된다(석용원, 1983). 다만, 전래동요는 향유의 주체가 어린이였기 때문에 중심이 되는 내용은 놀이이며, 남녀의 구별이 없고 비교적 단형 구조를 지녀 아이들이 기억하고 노래하기 쉽게 이루어져 있다. 또한 유아기 어린이의 사고 특성과 관련하여 사물을 인격화하는 의인법의 사용이 두드러진다(전원범, 1995).

(2) 전래동요의 특징

우리나라 전래동요의 특징을 내용, 형식, 표현상으로 나누어 살펴보면 다음과 같다.

① 내용상의 특징

• 전래동요는 놀이와 관련된 것이 많다. 전래동요 중 놀이와 관련된 동요가 차지하는 비율은 전체의 약 16%에 달한다. 연날리기, 윷놀이, 어깨동무, 군사놀이, 두껍놀이, 각시놀이, 소꿉놀이 등의 여러 가지 전통놀이뿐 아니라, 그 외 많은 어린이의 놀이에는 반드시 동요가 따랐다. 이는 동요가 놀이를 시작하게 하고 흥을 돋우며 놀이 동작의 박자를 맞추었고 놀이의 종료를 알리기도 하였기 때문이다(유안진, 1990; 정미라, 1992).

• 전래동요는 부모에 대한 효도와 형제간의 우애를 강조한다. 부모에 대

한 효도, 나라에 대한 충의, 형제간의 우애 등의 가치관이 반영된 전래동
요가 많다. 이는 전래동요가 전통 사회에서 강조한 유교적 가치관 및 신
념을 민중에게 전달하고 강화하는 역할을 했음을 보여 준다.

> 우물가엔 나무형제
> 하늘에는 별이형제
> 우리집엔 나와언니
> 나무형젠 열매맺고
> 별형제는 빛을내니
> 우리형제 무얼할꼬

• 전래동요는 자연과 관련된 소재들을 많이 다룬다. 전래동요는 해, 달,
  별, 바람, 비, 눈, 나무, 꽃, 풀, 새, 곤충, 동물 등 자연과 관련된 소재를
  중심으로 하는 것이 많다. 자연은 어린이가 생활 속에서 늘 친숙하게 접
  하는 대상이면서 놀이와 생활의 중심이 된다는 점에서 어린이들의 정서
  에 잘 부합된다.

> 나비 나비 범나비
> 배추 밭에 흰 나비
> 장다리 밭에 노랑나비
> 팔랑팔랑 잘 날은다
> 팔랑팔랑 춤을 춘다

• 전래동요는 어린이뿐 아니라 모든 세대의 사람들에 의해 불렸다. 전래동
  요의 노랫말에는 정치적 · 사회적 현실에 대한 비판과 풍자, 비유가 담겨
  있어 어린이뿐 아니라 어른들 사이에서도 많이 불렸다(전원범, 1995).

> 새야 새야 파랑 새야
>
> 녹두꽃에 앉지 마라.
>
> 녹두꽃이 떨어지면
>
> 청포 장수 울고 간다.

② 형식상의 특징

- 전래동요는 음보상 4.4조와 4(3).3조가 주류를 이룬다. 이는 민요도 마찬 가지이다. 한국적 리듬이 4음보와 3음보를 기초로 하기 때문이다. 4.4조 와 4(3).3조는 전체 전래동요의 72%를 차지한다(정미라, 1992). 이러한 율조는 특별한 운율이 없어도 누구나 쉽게 읊을 수 있다.
- 전래동요는 구조상으로 병렬 구조이다. 전래동요는 동질적인 요소를 나 란히 배열하는 병렬 구조이다. 병렬 방식은 형태 병렬과 의미 병렬로 나 누어 볼 수 있는데, 형태 병렬에는 음운, 어휘, 통사, 연의 병렬이 있으 며, 의미 병렬에는 반복적 병렬, 전개적 병렬, 대립적 병렬이 있다. 병렬 구조별 예는 다음과 같다(김세희, 1994, pp. 13-25).

> 가갸 가다가
>
> 거겨 거렁에
>
> 고교 고기잡아
>
> 구규 국을 끓여 …… 음운 병렬
>
> 짱아 짱아 빨간 짱아 …… 어휘 병렬
>
> 방아야 방아야 퉁덩퉁덩 찧어라
>
> 아침먹이 찧어라 퉁덩퉁덩 찧어라 …… 통사의 병렬

어디까지 갈래

서울까지 갈래

어디까지 갈래

남산까지 갈래 …… 반복적 병렬

달아 달아 밝은 달아 …… 전개적 병렬

잠자리 꼼자리

거기가면 죽느니

이리오면 사느니 …… 대립적 병렬

③ 표현상의 특징

• 전래동요는 동식물과 사물이 인격화되어 표현되고 있다. 의인화는 어린
이들이 갖는 심리적 특성인 물활론적 사고와 상통하는 부분이기도 하다.

해야 해야 나오너라

김치물에 밥말아 먹고

장고치고 나오너라

• 전래동요는 묻고 답하는 형식이 많다. 이는 동요의 재미를 더하고 전달
하고자 하는 의미를 강조하는 효과를 갖는다(신현득, 1982). 어린이들이
편을 나누어 놀이할 때 한 쪽은 묻고 한 쪽은 대답함으로써 놀이 참여도
를 높일 뿐 아니라, 소속감과 동료 의식을 높임으로써 심리적 안정감 또
한 얻게 된다.

한 고개 넘어 갔다

두 고개 넘어 갔다

여우야 여우야 뭐하니

잠잔다

(3) 전래동요의 가치

전래동요가 지니는 가치를 구체적으로 살펴보면 다음과 같다(강문희, 이혜
상, 1997; 김세희, 2000; 서정숙, 2010; 신헌재 외, 2007).

첫째, 전래동요는 즐거움을 준다. 전래동요에 사용되는 리듬은 단순하고
경쾌하며 반복적이어서 소리 내어 부르게 되면 재미있다. 전래동요에 나타
나는 어휘 또한 반복과 대립, 병렬적 배치로 인하여 생동감을 주고 즐거움을
느끼게 한다.

가잿골 양반이

가재를 잡으러 왔는데

잡잣골 양반이 잡아서

구잣골 양반이 구웠는데

먹잣골 양반이 먹었네

전래동요의 많은 부분을 차지하는 놀이요는 노래 자체가 주는 즐거움도 크
지만 또래 친구들과 함께 놀면서 느끼는 흥겨움까지 더해져서 아이들을 신
나게 해 준다. 다음은 한 친구의 눈을 가리고 목적지까지 인도해 가며 부르는
노래이다.

어데까지 갔나

아직 아직 멀었네

어데까지 갔나

도랑 건너 갔네

어데까지 갔나

개울 건너 갔네

　둘째, 전래동요는 언어 발달을 돕는다. 전래동요가 지니는 음악성과 가락,
내용이 지니는 흥미로움은 어린이들이 쉽게 따라 하고 외워서 부를 수 있게
한다. 이러한 과정에서 어린이들은 새로운 어휘를 배우고 다양한 표현법을
익히며, 언어의 미묘한 뉘앙스와 문맥상의 의미를 체험하게 된다. 특별히 모
국어가 가지는 아름다움을 음미할 수 있으며, 정선된 시어를 통하여 언어의
신비로운 기능을 체득하게 된다.

파리 동동 잠자리 동동

거미 동동 잠자리 동동

메뚜기 동동 잠자리 동동

나비 동동 잠자리 동동

서울자리 좋다 시골자리 좋다

저리가면 죽―고 이리오면 산―다

　셋째, 전래동요는 심리적인 안정감을 주며 정서 발달에 도움이 된다. 우리
의 가락과 장단으로 듣는 전래동요는 편안함과 안정감을 준다.

멍멍개야 짖지마라 꼬꼬닭아 울지마라

우리아기 잘도잔다 자장자장 우리아가

엄마품에 폭안겨서 칭얼칭얼 잠노래를

그쳤다가 또하면서 쌔근쌔근 잘도잔다

넷째, 전래동요는 의미 있는 문학적 체험을 제공한다. 전래동요는 어린이가 가장 일찍 접하는 문학의 형태로서 생활 속에서 친근하게 경험할 수 있는 문학이다. 전래동요를 부르다 보면 비유법, 열거법, 대조법과 같은 수사법을 자연스럽게 익히게 되고(신헌재 외, 2009), 시적 표현과 감수성을 경험하게 된다.

> 호박꽃을 따서는
> 무얼 만드나
> 우리 아기 조고만
> 촛불 켜주지

다섯째, 전래동요는 우리 민족의 정서와 문화를 경험하게 한다. 전래동요 속에는 우리 민족만이 가진 역사와 생활방식, 가치관과 윤리관, 삶의 지혜와 체험, 가락과 장단이 녹아 있다. 전래동요를 통해 어린이들은 무의식적으로 우리 민족의 정서와 문화를 체험하게 되고 내면화하게 된다. 다음은 방아깨비를 잡아 뒷다리를 잡고 부르는 노래이다.

> 방아야 방아야
> 퉁덩퉁덩 찧어라
> 아침먹이 찧어라
> 퉁덩퉁덩 찧어라
> 저녁먹이 찧어라
> 퉁덩퉁덩 찧어라

다음은 한 손은 아이 두 발을 받쳐들고, 다른 한 손은 아이의 등을 잡고 손을 오르내리며 부르던 노래이다.

둥개둥개 둥개야

먹으나 굶으나 둥-둥

입으나 벗으나 둥-둥

둥개둥개 둥개야

(4) 전래동요의 유형

전래동요의 유형 분류는 주로 소재에 따라 많이 이루어진다. 김소운(1933)은 전래동요를 천체·기상, 새노래, 고기·벌레, 식물, 부모·형제, 풍소·해학, 유희, 잡요, 동녀, 자장가의 10가지로 나누었으며, 박두진(1962) 또한 자연, 더위·추위, 나무, 풀, 나물, 꽃, 새, 곤충, 짐승, 어류, 자장, 사랑, 가족, 유희, 놀려 주기, 기타로 분류하였다.

전원범(1995)은 전래동요를 기능요와 비기능요로 크게 분류하였다. 기능요에는 놀이동요, 말놀이동요, 놀림동요, 일동요, 주술동요, 예언동요가 포함되며, 비기능요에는 자연현상 동요, 사물동요, 동물동요, 식물동요, 인간동요가 포함된다. 반면, 전래동요에 있어서 비기능요란 존재하지 않는다(편해문, 2002)는 반론도 있다. 전래동요를 기능요와 비기능요로 분류하는 것은 전래동요가 민요의 한 갈래라는 점에서는 의미가 있지만, 동요를 부르는 어린이의 입장에서는 놀이 자체가 이미 하나의 기능이라는 점에서 놀이요도 기능요라고 할 수 있기 때문이다. 김세희(2000)는 전래동요를 세 가지 유형으로 분류하여 언어 자체의 재미를 위해 부르는 동요(언어놀이 노래), 신체를 움직이면서 부르는 동요(동작놀이 노래), 인물이나 대상에 대해 부르는 동요(대상놀이 노래)로 나눈다.

2) 동시

(1) 동시의 개념

동시란 어린이를 독자로 예상하고 성인이 쓴 시로서 어린이다운 심리와 정서로 쓰여 어린이가 감상할 수 있는 시이다. 동시의 범주에 어린이가 지은 시를 포함시키기도 하지만, 엄격한 의미에서 동시는 성인이 쓴 것만을 의미한다(국어국문학 편찬위원회, 1994).

어린이가 지은 시를 동시로 보느냐에 대해서는 입장의 차이가 있다. 이원수(2001)는 어린이가 느끼고 어린이가 쓰는 시야말로 어른들의 전용어나 어른들의 감정으로 된 시보다 더 어린이들의 마음을 움직이게 할 수 있을 것으로 본다.

그러나 이오덕(1974)은 유아 문학 장르로서의 동시는 어른이 쓰는 것으로 규정한다. 그는 글짓기와 문학작품을 구별하면서 어린이가 쓰는 것도 동시라든가 혹은 어린이가 쓴 것이야말로 순수한 동시라고 하는 것은 유아 문학에 대한 오해와 편견이라 지적한다. 이에 어른이 쓴 시는 동시, 어린이가 쓴 시는 어린이시로 구별한다.

시에 여성시 · 청년시 등의 분류가 없는데 동시라는 구별된 명칭을 붙이는 것은 어린이들의 감수성 및 시에 대한 이해가 성인과 다르기 때문이다. 이로 인해 성인시와 어린이시는 그 소재나 용어, 표현 형식이 다를 수밖에 없지만 근본적인 의미에서 볼 때 '시'는 나이에 관계없이 모두가 느낄 수 있어야 한다(이원수, 2001). 이러한 점에서 일반 시인들의 시 중에서 어린이들이 이해할 만한 작품을 찾아내어 보여 주는 것 또한 추천할 만하다. 어린이는 인지 발달 특성상 자신이 표현하는 것보다 더 많은 것을 이해할 수 있다는 점과 어린이의 풍부한 상상력이 부족한 경험을 채워 줄 수 있기 때문이다.

이와 같은 맥락에서 동시를 평가하는 기준은 성인시를 평가하는 기준과 동일해야 한다. 동시라고 해서 아이들의 귀여운 모습만을 그린 것이나 말장

난으로 생각하는 것은 명백한 오류다. 이러한 오류는 어린이에 대한 무시를
전제로 한다는 점에서 동시 자체의 의미를 부정하는 것이 된다(이오덕, 2005;
Giorgis & Glazer, 2009).

우리나라의 동시는 어린이의 지위가 바로잡히고 어린이의 인격이 인정된
결과물이다. 동시 운동은 색동회가 아동 잡지『어린이』를 창간하면서부터 시
작되었으며, 노래를 부르기 위한 동요가 아닌 자유시로서의 동시가 나오기까
지는 동요 발흥 후 약 10년의 시간이 필요했다(이원수, 2001).

(2) 동시의 가치

시는 리듬을 가지고 있다는 점에서 문학의 다른 장르들과 구별된다. 리듬
은 인간의 삶이나 자연의 순환 원리에도 적용된다는 점에서 시는 문학의 언
어이면서 생활의 언어가 된다(김대행 외, 2000). 동시에 포함되어 있는 내재율
은 어린이들에게 언어의 향기, 기품, 음영, 색채 등이 교묘하게 생동하는 것
을 음미하게 해 준다(이재철, 1983). 동시가 어린이들에게 갖는 가치를 구체적
으로 살펴보면 다음과 같다.

첫째, 동시는 삶의 본질을 파악하는 직관력을 길러 준다. 동시는 압축된 언
어로 묘사하고 서술하는 문학 장르이다. 삶과 사물의 본질이 정제된 언어로
드러난다는 점에서 동시를 경험하는 어린이들은 일찍부터 직관력을 기를 수
있다.

고 짧은 동안에

공재동

장맛비 그치고
잠시
햇살이 빛나는 동안

바람은

나뭇가지를 흔들어

잎사귀에 고인

빗물을 쓸어내리고

새들은

포르르 몸을 떨며

젖은 날개를 말린다.

해님이

구름 사이로

반짝 얼굴 내민

고 짧은 동안에

　　동시가 아름답고 명랑한 '착한 아기'식 이야기나 '딸랑 딸랑 방울이 딸랑'식의 이야기만 들려주어야 하는 것은 아니다(이오덕, 1974). 우리나라 유아 문학을 상당 기간 지배해 온 동심천사주의는 동시의 본질을 왜곡시킨 면이 있다. 홍사중(1963)은 어린이의 마음을 꿈의 세계에만 묶어 놓음으로써 아동 문학이 인간 사회를 정직하게 가르쳐 주는 참된 문학이 되지 못하였다고 비판하였다. 동시에는 어린이가 경험하는 삶의 모습과 그들의 생각, 관심사, 감정이 반영되어야 한다.

흔들리는 마음
　　　　　　임길택

공부를 않고

놀기만 한다고

아버지한테 매를 맞았다.

잠을 자려는데
아버지가 슬그머니
문을 열고 들어왔다.

자는 척
눈을 감고 있으니
아버지가
내 눈물을 닦아 주었다.

미워서
말 안 하려고 했는데
맘이 자꾸 흔들렸다.

　둘째, 동시는 모국어의 아름다움을 느끼게 한다. 동시는 선별된 언어의 집약체라는 점에서 어린이들이 모국어의 아름다움을 가장 잘 경험할 수 있다. 동시가 갖고 있는 리듬과 운율, 소리 내어 읽을 때 전해지는 감각적 유희는 그 언어를 모국어로서 사용하는 사람만이 진정으로 누릴 수 있다. 다음의 동시는 단어가 가지는 느낌이 의성어와 의태어로 연결된 예이다.

송사리
이상교

송사리 눈
땡글땡글

송사리 지느러미
한들한들

송사리 비늘
반짝반짝

손에 잡히자
파닥파닥 파다닥!

셋째, 동시는 리듬과 운율을 통하여 감각적인 즐거움을 경험하게 한다. 동
시는 소리 내어 읊을 때 그 가치를 진정으로 느낄 수 있다. 다음의 동시는 언
어의 유희가 느껴지는 동시에 그 운율로 인해 혀와 귀의 감각적인 즐거움을
느끼게 한다.

코뿔소
최승호

그렇소
나는 코뿔소
코에 뿔이 났소
창 같지 않소
멋지지 않소
그렇소
나는 코뿔소
내 가죽은 갑옷처럼 튼튼하오
무장한 무사 같지 않소

무섭지 않소

얼른 길을 비키시오

넷째, 동시는 어린이들의 정서를 보다 풍부하게 한다. 동시는 어린이의 감수성을 자극하여 정서를 깊이 있고 풍부하게 할 수 있다. 이는 동시를 포함한 문학이 갖는 대표적인 가치이기도 하다.

비 그친 하늘

김영일

소낙비 그쳤다.

하늘에

세수하고 싶다.

다섯째, 동시는 감정을 자연스럽게 표현할 수 있는 능력을 길러 준다. 동시를 통해 어린이들은 사물과 주변 세계의 본질에 가까이 접근함으로써 감정의 울림에 솔직히 반응하고, 이를 자연스럽고 아름답게 표현할 수 있게 된다. 동시는 어린이들이 자신의 마음속에 품고 있는 소망, 꿈, 질투, 원망, 기대, 환상 등을 자유롭게 표현할 가능성을 열어 준다.

언니의 언니

윤석중

난 밤낮 울 언니 입고 난

헌툴뱅이 찌께기 옷만 입는 답니다.

아, 이, 죄끼두 그러쵸,

아, 이, 바지두 그러쵸,

그리구, 이 책두 언니 다 배구 난 책이죠,

이 모자두 언니가, 작아 못 쓰게 된 모자죠.

어떻게 언니의 언니가 될 순 없나요?

(3) 동시의 유형

동시의 유형은 기본적으로 시의 구분 기준에 근거하여 살펴볼 수 있다. 시의 유형은 형태와 내용으로 구분할 수 있는데, 형태에 따라 정형시, 자유시, 산문시로 나누고, 내용에 따라 서정시, 서사시, 극시로 나눈다(구인환, 구창환, 2003).

동시를 이러한 형태상의 분류 기준에 대입하면 정형동시, 자유동시, 산문동시로 나눌 수 있다. 산문동시는 일정한 음수율을 따르지 않는다는 점에서 자유동시에 포함되는 것으로 볼 수 있다. 동시를 내용에 따라 분류하면 크게 서정 동시와 이야기시(동화시)로 나눈다. 극시를 제외하는 것에 대해 신헌재 등(2009)은 동시의 경우 극시는 거의 창작되지 않기 때문이며, 성인 문학의 서사시에 해당하는 동시는 '이야기시'로 하는 것이 타당하다고 본다. 이것은 동시 분야에서 '이야기시'라는 이름으로 시가 발표되고 있을 뿐 아니라, '이야기시'는 성인 문학에서의 서사시와는 그 성격이 다르기 때문이다.

① 형태에 따른 분류

정형동시는 일정한 형식과 규칙에 맞추어 지은 동시이다. 외재율을 따르는 동시이기에 음악성이 강하여 동요로도 많이 불린다.

닭

　강소천

물 한 모금 입에 물고
하늘 한 번 쳐다보고

또 한 모금 입에 물고
구름 한 번 쳐다보고

　자유동시는 형식적인 제약에서 벗어나 내재율을 갖는 동시이다. 자유로
운 글자 수와 행수, 운율을 취하는 동시이지만, 정형시의 외형률에서 벗어났
다고 해서 리듬에서 완전히 떠난 것은 아니다(구인환, 구창환, 2003). 조지훈
(1953, pp. 193-194)은 자유시의 특성을 설명하면서 '형식에 있어서 산문적 자
유성을 얻고 내용에 있어서 운문적 율조를 얻어 이 양자를 조화하는 곳에 자
유시가 위치한다.'고 보았다. 동시의 내용과 관련하여 자유율의 동시는 거의
모든 것을 포함할 수 있다. 어린이의 일상생활을 그린 시, 신비와 환상의 세
계를 그린 시도 가능한데, 이는 운율의 자유로움이 내용의 제한을 없애고 그
범위를 무한대로 확장시켜 주기 때문이다(이원수, 2001).

매미

　김영일

맴
　맴
　　맴
　　　맴
　　　　맴

맴

맴

쓰

으

으

으

머언 산에 바람 온다.

② 내용에 따른 분류

서정동시는 개인의 감정이나 정서를 주관적으로 표현한 시로서 시인의 감정이나 생각을 진술하며 감각적이고 구체적인 표현을 통해 공감을 추구한다(서울대학교 국어교육연구소, 1999).

산울림

윤동주

까치가 울어서

산울림

아무도 못 들은

산울림

까치가 들었다.

산울림

저 혼자 들었다

산울림

　　이야기시는 성인 문학의 서사시에 해당하는 것으로 유아 문학에서는 '이야
기시' 또는 '동화시'라는 용어를 사용한다. 이야기시(동화시)는 시 속에 이야
기가 들어 있는 것이다. 이야기를 가지고 있다는 점에서 보면 동화의 성격을
갖고 있지만 운율과 같은 형식적 관점에서 보면 동시다(신헌재 외, 2009). 즉,
이야기시는 시의 형식과 동화의 내용을 한데 아우른 것으로서, 형식 면에서
는 시적인 짜임새를 가지고 있으면서 동화적인 내용을 담은 시를 말한다(이
재철, 1983).

　　이야기시는 영웅적인 인물이나 줄거리, 사건이 많이 등장하며 짤막하고
재미있는 동화 같은 이야기가 많다. 이야기시의 최초 작품은 윤석중의『잃어
버린 댕기』로 보며,『넉 점 반』은 대표적인 이야기시 또는 동화시라고 할 수
있다.

　　　　　　넉 점 반
　　　　　　　　윤석중

아기가 아기가
가겟집에 가서
"영감님 영감님
엄마가 시방
몇 시냐구요."
"넉 점 반이다."

"넉점반
넉점반."
아기는 오다가 물 먹는 닭
한참 서서 구경하고.

"넉점반

넉점반."

아기는 오다가 개미거둥

한참 앉아 구경하고.

"넉점반

넉점반."

아기는 오다가 잠자리 따라

한참 돌아다니고.

"넉점반

넉점반."

분꽃 따 물고 니나니 나니나

해가 꼴딱 져 돌아왔다.

"엄마

시방 넉점반이래."

3. 서사문학

1) 전래동화

(1) 전래동화의 개념

전래동화란 동심을 바탕으로 전개되는 옛이야기이다. 전래동화는 신화, 전설, 민담 등의 민간 설화에서 비롯되었는데, 특히 민담에서 비롯된 것이 많다. 본래 설화는 입에서 입으로 전해 내려온 구비 문학이기 때문에 세대 간의 구분 없이 즐기던 이야기였다. 그렇기 때문에 이야기의 내용 중에는 폭력적이고 잔인하거나 비윤리적이며 외설적인 요소들도 포함되어 있다. 따라서 전래동화라 지칭할 때에는 그 기원이 신화이든, 전설이든, 민담이든, 반드시 동심을 바탕으로 한 것이어야 한다(김현희, 박상희, 1999; 이지호, 2006; 최운식, 김기창, 1988).

근래에 들어 전래동화는 '옛이야기'로 불리기도 한다. 이는 우리나라 유아문학계에서 1990년대 중반부터 나타난 현상이다(김환희, 2007). '옛이야기'라는 용어를 선호하는 이유는 기존의 전래동화가 원전이 되는 옛이야기의 내용을 축소, 생략, 수정한 것이 많으며, 옛이야기가 전래동화로 개작되면서 어른이 아이에게 주고자 하는 교훈이 노골적으로 반영된 사례가 많기 때문이다. 문체 또한 구어에서 문어로 전환되면서 옛이야기의 본질적인 성격에서 멀어진 것이 많다. 그래서 어린이들이 향유할 수 있는 이야기를 더 많이 포함시키기 위해 옛이야기라는 용어를 사용하는 추세이다(서정숙, 남규, 2009; 신헌재 외, 2009).

(2) 전래동화의 기원

전래동화의 기원이 되는 신화, 전설, 민담은 각각 다음과 같은 장르적 특징이 있다(장덕순, 조동일, 서대석, 조희웅, 1971).

신화(myth)는 설화 중에서 신성성이 있는 이야기이다. 모든 신화는 신성시되고, 신성시되지 않는 이야기는 신화가 아니다. 대개의 경우 특정한 저자 없이 입에서 입으로 전해 내려왔으며, 전승자들은 신화의 신성함과 진실함을 믿었다.

이야기의 배경은 태초의 신성한 공간이다. 신화는 증거물이 포괄적이고 주인공이 보통 사람의 능력을 넘어서는 탁월한 행위를 보인다. 또한 전승 범위가 민족적이라는 특징을 갖는데, 신화는 그것을 신성하다고 믿는 집단의 것이므로 다른 집단에게는 신화가 될 수 없기 때문이다. 우리 민족이 다른 민족의 신화를 믿지 않는 것이 바로 그런 이유이며, 이런 점에서 신화의 전승 집단은 민족 단위를 넘어서지 않는다. 신화는 그 신화를 전승하는 집단의 내적 통합과 자긍심을 높이는 기능을 갖는다(김광순 외, 2003; 서울대학교 국어교육연구소, 1999, p. 481).

신화는 인류가 자연현상과 인간의 행동, 도덕, 가치, 역사 등을 해석하고자 시도하면서 발달한 이야기이기 때문에(Galda, Cullinan, & Sipe, 2010), 신화는 태초에 세상이 어떻게 생겨났는지, 그 세계는 어떻게 움직여 가고 있으며 어떠한 원칙의 지배를 받는지, 인간 문명의 시작은 어떠했는지, 사물의 근원은 무엇인지 등을 그 내용으로 다룬다.

신화는 옛이야기의 한 종류로서 그것이 사실인지 아닌지가 중요한 것이 아니라 신화 속에 민족의 가치관과 신념이 상징화되어 담겨 있다는 점에서 의미가 있다. 한국의 신화는 건국신화, 각 성씨의 시조신화인 씨족신화, 여러 마을의 수호신에 관한 마을신화, 무당 사회에 전승된 무속신화 등을 들 수 있다(국어국문학 편찬위원회, 1994). 우리나라의 대표적인 신화는 단군신화, 주몽신화, 박혁거세신화, 수로왕신화, 제주도의 삼성혈신화 등이 있다.

전설(legend)은 전승자가 진실되다고 믿으면서 실제 있었다고 주장하는 이야기이다. 구체적인 시간과 공간이 제시되고 구체적 증거물이 있다. 전설은 증거물에 대한 설명만 있으면 성립된다는 점에서 단순 설명에서부터 짜임새를 갖춘 허구적 서사에 이르기까지 다양한 양상을 보인다. 하지만 허구적인 이야기라 해도 특정 증거물과의 관련성이 있어야 하기 때문에 내용상 무한한 확장은 불가능하며 이야기의 길이는 길지 않은 편이다(김광순 외, 2003). 전설에는 인간 대 인간, 인간 대 사물의 관계를 설명하는 이야기가 많으며, 인간의 좌절된 의지나 비극적 상황을 말해 주는 경우가 많다(최운식, 김기창, 1988).

민담(folktale)은 민간에 전승되는 민중들의 이야기이다. 민담은 시간과 공

 신화, 전설, 민담의 특징

구분	전승자의 태도	시간과 공간	증거물	주인공 및 그 행위	전승의 범위
신화	진실성과 신성성	태초의 신성 장소	포괄적 증거물	신의 행위	민족적 범위
전설	진실성	구체적인 시간과 공간	구체적 증거물	다양한 인간의 예기치 않은 행위	지역적 범위
민담	흥미성	옛날 옛적의 어느 곳	없음	일상적인 인간의 운명 개척	세계적 범위

간에 제한을 받지 않으며 주인공이 평범한 인물이면서 구체적 증거물도 필요하지 않다. 민담은 신성한 이야기도 아니고 사실 전달을 목적으로 하는 것도 아니며, 오직 흥미를 위한 이야기라는 점에서 본질적으로 오락성을 지닌다. 이러한 점에서 민담은 이야기의 진실성은 문제가 되지 않고 그저 즐길 수 있으면 된다. 그러나 이러한 민담이 동화로 전환될 때에는 교훈성이 첨가된다. 민담은 과거 언제 어디서나 몇 번이고 일어날 수 있는 전형적인 사건을 그린다는 점에서 가장 시적이고 공상적인 허구이다. 민담은 지역적인 전형이나 민족적 전형이 있기는 하지만 약간의 수정이 거쳐진 상태에서 다른 지역과 민족에서도 공통적으로 발견된다(국어국문학 편찬위원회, 1994; 김광순 외, 2003; 한선아, 2005).

(3) 전래동화의 특징

전래동화는 신화, 전설, 민담 중에서 민담에 뿌리를 두고 있는 것이 가장 많다. 따라서 민담이 갖는 특징의 대부분이 전래동화의 특징으로 연결된다. 민담의 표현 형식에 대해서 올릭(Olrik, 1909)은 다음과 같은 서사 법칙을 제시하였다(국어국문학 편찬위원회, 1994, p. 1101).

- 시작과 결말의 법칙: 민담은 갑자기 시작되어 갑자기 끝나지 않는다. 주인 공의 결혼 같은 것으로 갑자기 끝나지 않으며 적어도 주인공과 그의 아내가 '행복하게 살다가 죽었다'는 것으로 끝난다.
- 반복의 법칙: 화자가 강조하고 싶은 것은 거듭 이야기한다. 민담의 진행 형식 중 누적적 형식, 연쇄적 형식, 회귀적 형식 등이 반복의 법칙과 관련된다.
- 숫자 3의 법칙: 반복은 흔히 숫자 3과 결합되어 세 번 반복되는 방법으로 나타난다. 이때 사건의 강도는 점점 강해진다.
- 한 장면에 둘의 법칙: 한 장면에 두 인물밖에 등장하지 않는다. 그 이상의 인물이 등장하더라도 동시에 행동하고 있는 것은 두 사람뿐이다.
- 대조의 법칙: 민담의 인물은 노인과 젊은이, 대(大)와 소(小), 부자와 가난한 자, 거인과 인간, 선과 악, 현명함과 어리석음 등이 대립되어 나타난다.
- 쌍둥이의 법칙: 두 사람이 똑같은 역할을 나타낼 경우, 그 두 사람은 작고 약한 존재이다(일원적). 이때 두 사람은 쌍둥이인 경우가 많다. 두 사람이 힘을 얻게 되면 두 삶은 적대하는 관계로 된다.
- 처음과 끝 위치의 중요성: 사람이나 사물의 차례 중 순서상으로 우선시되는 것은 제일 앞의 것이지만, 최종적으로 중시되는 것은 제일 마지막의 것이다. 주요 등장인물이 3인으로 되어 있는 경우 최초는 가장 어리고, 작고, 약한 것이 오고, 최후에는 가장 나이가 많고, 크며, 강한 자가 온다.
- 단선화: 줄거리는 늘 단순하며 직선적이다.
- 유형화: 똑같은 종류의 상황은 될 수 있는 한 거의 똑같이 묘사되고 변화를 생기게 하는 어떠한 시도도 하지 않는다. 우리가 어떤 민담을 처음만 듣고도 그 이야기가 어떻게 진행될 것인가를 미리 알 수 있는 것도 이에 근거한다.
- 구성의 일관성: 예를 들어, 주인공이 세 가지 예언을 받았다면 이야기의 줄거리는 끝까지 예언의 실현에 대하여 이야기하고, 죽을 운명의 주인

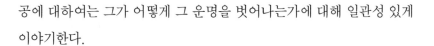

공에 대하여는 그가 어떻게 그 운명을 벗어나는가에 대해 일관성 있게
이야기한다.

이를 기반으로 하여 전래동화의 특징을 형식과 내용 면으로 나누어서 살
펴보면 다음과 같다(김광순 외, 2003; 장덕순 외, 1971; 최운식, 김기창, 1988; 한상
수, 1972).

① 형식상의 특징

첫째, 서두 · 전개 · 결말의 관용적 표현이 있다. 대개의 전래동화는 이야
기를 시작할 때에 '옛날 옛적에' '아주 아주 오래전에' '옛날 옛적 갓날 갓적 호
랑이 담배 먹던 시절에' '커다란 숲속에 있는 어느 오래된 성에서' 등으로 시
작한다. 이는 앞으로 일어날 사건들이 우리가 살고 있는 현실에 속해 있지 않
음을 암시하는 것이다(Bettelheim, 1998). 오히려 '옛날'은 옛이야기의 향유자
가 살았던 바로 그 당대를 해체하여 재구성한 것으로 볼 수 있다. 장소와 시
간을 구체적으로 제시하지 않고 막연히 '옛날 옛적에'로 시작하는 전래동화
의 서두는 듣는 이를 자연스럽게 환상세계로 끌어들이는 장치가 된다(이지
호, 2006).

이야기를 전개할 때에는 '그러던 어느 날'이라는 관용적 표현이 자주 사용
되며, 전래동화가 끝날 때에는 '그래서' '행복하게 살았답니다' '오래오래 살았
습니다' 등의 관용적인 표현이 나타난다. 이는 이야기가 끝난 다음 환상세계
에서 다시 현실세계로 돌아오는 서사적 장치가 된다.

둘째, 대립과 반복의 형식이 나타난다. 대립과 반복의 형식은 인물이나 상
황을 설명할 때 흔히 사용되며 전래동화의 구연을 쉽게 하는 역할을 한다. 만
약 대립과 반복이 없고 모든 인물과 상황이 특수하다면 구전이 거의 불가능
할 것이다. 청중의 입장에서도 이런 형식을 미리 알고 있기 때문에 전래동화
를 쉽게 이해하며 즐길 수 있게 된다.

대립은 자세한 묘사를 하지 않고도 상황을 간결하고 설득력 있게 보여 주는 방식이다. 주로 선과 악, 힘과 꾀, 아름다움과 추함을 대립시킨다(장덕순 외, 1971). 인물의 성격은 악하거나 선하며 그 중간은 없다. 선한 사람은 처음에는 어려움을 겪고 곤경에 처하지만 결국은 악한 사람을 이기게 된다. 전래동화에서 선은 평민으로, 악은 양반으로 나타나기도 하고(『우렁이 처녀』), 선함은 인간으로, 악함은 괴물로 상징된다(『땅속나라의 괴물 물리치기』). 힘과 꾀의 대립에서는 강한 자의 힘에 대항하여 약한 자가 꾀를 내어 승리를 거둔다(『호랑이와 토끼』; 최운식, 김기창, 1988). 아름다움과 추함의 대립이 드러나는 대표적인 전래동화는 『콩쥐 팥쥐』를 들 수 있으며, 모든 대립의 형식에는 선과 악의 대립이 공통적으로 나타난다.

반복은 비슷한 내용을 되풀이하는 것으로 자세한 묘사나 서술을 생략하고서도 효과를 올릴 수 있는 강조의 수단이다(『해와 달이 된 오누이』중 "떡 하나 주면 안 잡아먹지."). 전래동화에 나타나는 반복은 대개의 경우 세 번이 가장 흔하다(세 가지 소원, 세 가지 과업, 세 가지 보물, 삼 형제 등). 세 가지 중에서는 마지막 것이 가장 지혜롭거나, 가장 소중하거나, 가장 강하다. 세 번 이상의 반복이 이루어지는 경우에서도 마지막의 것에 역점을 두는 것이 보통이다.

셋째, 진행의 형식이 있는데, 전래동화의 이야기 전개 형식은 단선적 형식, 누적적 형식, 연쇄적 형식, 회귀적 형식으로 구분한다.

단선적 형식을 보이는 전래동화는 정경이나 심리 묘사는 거의 없이 사건의 진행에 중점을 둔다(이원수, 2001). 따라서 진행 형식의 가장 큰 특징은 시간의 흐름에 따라 이야기가 전개된다는 점이다. 그래야만 이야기의 기억과 이해가 쉬워져서 구전이 수월하기 때문이다. 두 인물이 대립되는 경우[예: 『혹부리 영감』(2007, 비룡소), 『흥부 놀부』(2014, 보리)]에는 먼저 한 인물의 행동을 따라 이야기하고, 다음에 다른 인물의 행동을 따라 이야기하는 형식을 취한다. 만일 인물이 3~4명으로 나뉘어 있을 경우(예: 『아버지의 유물과 삼 형제』)에는 이야기의 중간 부분에서 병렬적인 형식을 취하게 된다.

『혹부리 영감』

『흥부 놀부』

　누적적 형식은 유사한 사건들의 반복으로 이루어지되, 하나의 행위가 원인이 되어 다음 행위의 결과로 이어지는 것이 계속된다. 이는 더 큰 기대를 실현시키는 방향으로 누적된다. 누적적 형식에서는 중간의 어느 사건을 빼면 이야기가 성립되지 않는다. 『좁쌀 한 톨로 장가든 총각』(1997, 보림)이 대표적인 이야기이다.

『좁쌀 한 톨로 장가든 총각』

　연쇄적 형식은 서로 인과관계가 없는 사건들이 반복되는 형식이다. 중간의 어느 사건을 빼도 사건의 진행에는 큰 지장이 없다. 『팥죽 할멈과 호랑이』(2006, 시공주니어)가 대표적인 전래동화이다.

회귀적 형식은 유사한 사건들이 반복되다가 다시 제자리로 돌아가는 형식이다. 『사윗감 찾아 나선 두더지』(1997, 보림)가 대표적인 이야기이다.

『팥죽 할멈과 호랑이』

『사윗감 찾아 나선 두더지』

② 내용상의 특징

전래동화는 여러 세대에 걸쳐 재화·각색된 집단 창작물이라는 점에서 민중의 가치관이나 의식이 반영된 민중 문학이다. 현실세계에서 해결할 수 없고 충족할 수 없는 민중의 소망은 풍자와 해학을 통해 대리만족을 하게 된다. 힘없는 자가 꾀를 발휘하여 강자를 골탕 먹이고, 선이 악을 이기고 승리하게 되어 결국 착한 사람이 복을 누리게 된다는 내용은 가난하고 힘들게 살아가던 민중의 억울함과 분노를 풀어 준다.

대개의 전래동화가 권선징악, 인과응보의 교훈적인 내용을 담고 있다는 것은 유교적 사상의 영향을 받은 것이며, 전래동화를 통해서 민중에게 윤리적 가치관을 가르치고자 한 잠재적 목적의 결과이기도 하다. 또한 부지런하고 진실한 사람은 하늘이 돕는다는 가치관이 나타나기도 한다. 이는 행복은 저절로 얻어지는 것이 아니라 쟁취하는 것이라는 의식이기도 하다. 이는 근본

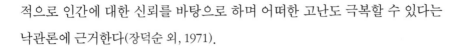

적으로 인간에 대한 신뢰를 바탕으로 하며 어떠한 고난도 극복할 수 있다는 낙관론에 근거한다(장덕순 외, 1971).

(4) 전래동화의 가치

전래동화는 이야기 중의 이야기이다. 오랜 세월에 걸쳐 수많은 사람이 다듬고 정리하여 완성된 결정체이기 때문이다. 전래동화는 사람들이 갖는 원형적인 욕망과 두려움, 즐거움과 슬픔, 질투와 복수 등 인간 무의식의 전형이 상징화된 문학이라는 점에서 어린이뿐 아니라 성인들에게까지 매력을 가진 문학의 장르이다. 특별히 눈으로 문학을 읽기보다는 성인이 들려주는 문학을 즐기는 어린이들에게 구전 문학인 전래동화는 매우 적절한 문학의 장르이다.

전래동화의 가치를 구체적으로 살펴보면 다음과 같다(공인숙, 김영주, 최나야, 한유진, 2009; 신헌재 외, 2009; Bettelheim, 1998).

- 전래동화는 구어적 가치를 지닌다. 전래동화는 전승자들이 재화와 각색을 통해 재구성한 집단 창작품이라는 점에서 구어적 측면의 가치가 있다. 또한 구비 전승의 과정에서 서민의 소박하고 정감 나는 묘사가 돋보인다.
- 전래동화는 사회문화적 가치를 지닌다. 전래동화는 사회의 결속제 역할을 한다(이상금, 장영희, 2001). 즉, 전래동화는 그 시대와 그 문화권에서 살아온 사람들의 느낌, 감정, 신념, 가치관 등이 담겨 있는 것으로서 그 사회 구성원들의 도덕과 양심, 사회적으로 용인되는 문제 해결 방식과 가치관을 전달하는 도구이기 때문이다. 또한 세대에서 세대로 전해지면서 내면화된 정신은 그 민족 구성원의 공감대를 형성하여 새로운 문화를 창조하는 구심점이 되었다(Bettelheim, 1998).
- 전래동화는 심리적 가치를 지닌다. 전래동화는 여러 세대에 걸쳐 많은

사람의 갈등과 욕망, 근원적 공포와 소망이 상징적으로 표현되었다는 점에서 심리적 가치를 찾을 수 있다. 베텔하임(Bettelheim, 1998)은 전래동화가 애정에 대한 욕구, 자신의 가치에 대한 불안감, 삶에 대한 애착이나 죽음의 공포 등을 매우 진지하게 다루면서, 어린이의 이해 수준에 맞는 해결책도 제시해 준다고 본다. 따라서 어린이들은 전래동화를 통하여 성장 과정에서 겪게 되는 여러 가지 심리적 어려움을 해소하게 된다. 전래동화는 어린이가 발달 과정에서 직면하는 애착 형성과 분리불안[『헨젤과 그레텔』(2005, 비룡소)], 부모를 떠나 펼치는 모험과 성장[『재주 많은 다섯 친구』(1996, 보림)], 부모─자녀 간의 갈등[『콩쥐 팥쥐』(2010, 웅진주니어), 『장화홍련전』(2014, 알라딘북스)], 형제 관계에서의 우애와 경쟁[『반쪽이』(2010, 비룡소), 『흥부 놀부』(2014, 보리)], 또래 관계에서의 우정과 투쟁 등 인간의 보편적인 어려움을 '옛날'이라는 안전한 시공간에 펼쳐 놓고, 의식적 혹은 무의식적으로 아동 발달상의 다양한 문제를 다루고 있기 때문이다(공인숙, 김영주, 최나야, 한유진, 2009). 바로 이러한 측면에서 전래동화는 심리치료적인 가치를 지닌다.

• 전래동화는 교육적 가치를 지닌다. 전래동화는 어린이에게 인생을 살아가는 방식과 삶의 의미를 가르쳐 준다는 점에서 교육적 가치가 있다. 전래동화는 삶을 살아가면서 겪는 어려움에 대처하는 마음가짐과 이를 슬기롭게 넘기는 방식을 제시해 주기 때문이다. 전래동화는 인생이 갖는 고통과 슬픔, 권선징악, 죽음마저도 자연스럽고 흥미 있는 이야기 속에서 받아들이게 한다는 점에서 그 의미를 찾을 수 있다. 또 전래동화가 갖는 교육적 가치를 다문화 교육의 차원에서도 찾을 수 있다. 모든 문화는 각기 고유한 전래동화를 갖고 있다는 점에서 다양한 나라와 문화권의 작품을 접함으로써 다양한 삶의 양식, 정서, 가치관 등을 경험하고 이해하게 된다.

『헨젤과 그레텔』

『재주 많은 다섯 친구』

『콩쥐 팥쥐』

『장화홍련전』

『반쪽이』

『흥부 놀부』

2) 창작동화

창작동화는 내용의 현실성 여부에 따라 환상동화와 사실동화로 나눌 수 있다.

(1) 환상동화

① 환상동화의 개념

환상동화란 환상성이 중심이 된 동화로서 자연의 법칙과 과학적 설명에서 벗어나 현실세계에서는 존재하지 않는 사건, 인물, 배경이 중심이 된다. 환

상적인 시공간 안에서 초자연적인 소재나 사건이 도깨비와 요정, 마법사 등
과 같은 비현실적 캐릭터에 의해 진행되는 이야기이다(이상금, 장영희, 2001;
Galda et al., 2010).

'환상(fantasy, 판타지)'이란 용어는 그리스어에서 유래한 것으로 '눈에 보이
도록 하는 것'을 말한다. 이는 직접 눈으로 볼 수 없는 어떠한 것을 판타지를
통하여 볼 수 있게 한다는 의미로서, 지각의 대상을 심적으로 이해하는 일이
다. 스미스(Smith, 1998)는 판타지란 추상의 세계에 생명을 불어넣는 힘이라
고 본다. 작가는 환상이라는 기법을 통해서 일반 사람들이 들여다볼 수 없는
아주 깊은 곳에까지 들어가 신비한 것을 끌어내어 사람들이 이해할 수 있게
보여 준다. 따라서 환상이라는 장치는 현실을 확장하고 초월하게 한다.

환상 문학이란 현실에서는 있을 수 없는 공상의 세계를 구현하기 위해 면
밀한 계산과 완벽한 규칙에 근거하여 흡사 있었던 것처럼 리얼하게 그린 문
학이다(이오덕, 1984). 환상동화의 환상성으로 말미암아 비현실적인 사건이
가능해지고 시공간의 제약에서 자유로워진다고 해서 이야기의 전개가 비논
리적이어서는 문학작품이 될 수 없다. 독자들은 환상세계 내에 존재하는 논

리가 일관적이어서 환상성 내의 현실성을 감지할 때 문
학작품과 교류하게 되고 문학적인 감동 또한 느끼게 되기
때문이다. 따라서 환상동화도 나름대로의 논리와 질서가
유지되어야 한다(김요섭, 1986). 톨킨(Tolkien) 또한 성공
적인 환상이 이루어지려면 작가가 창조한 세계인 2차 세
계가 내적 리얼리티를 가지고 있어야 한다고 본다(황병하,
1997에서 재인용). 즉, 2차 세계는 현실세계인 1차 세계가
그렇듯, 그 나름의 작동원리를 가져야 하기 때문이다. 결

톨킨

국 환상동화의 환상성은 허무맹랑한 상상의 이야기가 아닌 치밀하게 짜인 문
학적 구조 속에서 완성된다.

환상동화는 유아 문학의 장르 중에서 어린이의 심리적 특성에 가장 부합하

는 문학일 수 있다. 모든 문학이 현실의 제약과 한계에서 벗어나 심리적인 대리 만족과 자유로움을 만끽하는 것을 본질적으로 추구하지만, 특별히 상상력의 발달이 최고조에 달하는 유아기 어린이들을 대상으로 한 환상 문학은 어린이의 끊임없는 호기심과 가능성을 확장시킨다. 내적 구조가 탄탄하고 환상의 리얼리티를 갖춘 수준 높은 환상동화는 어린이들의 문학적 감수성을 높이고 문학에 대한 선호도를 증가시킬 수 있는 중요한 문학 장르이다.

② 환상동화의 특징

• 등불로서의 문학이다. 환상동화는 인간 내부의 소망과 갈등을 투사하면서 환상 기법을 통해 표현하기 때문에 '등불로서의 문학'으로 불린다(한국어린이문학교육연구회, 1999). 이는 사실문학이 현실 속 우리의 모습을 그대로 비추는 '거울로서의 문학'에 대비되는 특징이다.

• 환상으로 들어가는 통로가 존재한다. 현실세계에서 환상세계로 진입하기 위해서는 환상으로의 전환 통로가 필요하다(김현희, 박상희, 1999). 주문이나 마술, 요정, 도깨비 등 초자연적인 도구를 활용하여 환상세계로 진입하기도 하며[예:『마녀 위니』(1996, 비룡소)], 일상적이고 일반적인 상

『마녀 위니』

『바바빠빠』

황 속에서 자연스럽게 전환되기도 한다[예:『괴물들이 사는 나라』『바바빠빠』(1994, 시공주니어)]. 이처럼 환상으로 들어가는 통로가 다양한 것은 환상동화가 추구하는 판타지의 세계가 별도의 공간에서만 존재하는 것이 아니라 현실 내의 공간으로도 존재하기 때문이다.

- 현실세계의 논리는 비현실세계 안에서도 존재한다. 톨킨은 판타지에 대해 논의하면서 현실세계인 '1차 세계'와 비현실세계인 '2차 세계'로 구분한다. 판타지는 1차 세계와 2차 세계가 공존하는 이야기이고 성공적인 환상이 이루어지려면 2차 세계가 내적 리얼리티를 가지고 있어야 한다. 즉, 2차 세계 안에서 존재하는 법칙과 진실이 독자들에게 공감을 얻어야 하며 의심이 일어나는 순간 환상동화는 문학으로 성립되지 못한다(황병하, 1997에서 재인용).

③ 환상동화의 가치

- 환상동화는 해방감과 카타르시스를 제공한다. 환상동화는 어린이들이 현실세계에서 맞닥뜨리는 스트레스와 불안, 고민과 갈등에서 벗어나 자유와 해방감을 누리게 도와준다. 환상동화는 19세기 중반 유럽의 어린이들에게 강요되었던 가혹한 노동으로 인한 어두운 현실에서 탈출하고 싶은 욕구에 의해 발전하였음을 고려하면(Galda et al., 2010) 더욱 그러하다. 환상동화는 어린이들에게 해방감을 통한 심리적 카타르시스를 제공한다.
- 환상동화는 상상과 환상이 주는 즐거움이 크다. 환상동화의 환상성과 풍부한 상상력은 어린이들에게 즐거움과 재미를 준다. 이는 문학이 궁극적으로 지향하는 가치이기도 하다. 특히 유아의 발달 특성상 활발히 나타나는 상상놀이와 물활론적 사고는 어린이에게 환상동화에 내재된 환상성을 마음껏 즐기게 한다.
- 환상동화는 대리 만족을 제공한다. 어린이들이 현실세계에서 직면하는

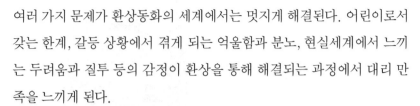

여러 가지 문제가 환상동화의 세계에서는 멋지게 해결된다. 어린이로서 갖는 한계, 갈등 상황에서 겪게 되는 억울함과 분노, 현실세계에서 느끼는 두려움과 질투 등의 감정이 환상을 통해 해결되는 과정에서 대리 만족을 느끼게 된다.

- 환상동화는 현실세계의 이해를 돕는다. 환상동화는 현실과 동떨어진 문학으로 여기기 쉬우나 현실을 정확히 보는 안목을 기르는 데 도움이 된다. 환상성을 이해하는 과정은 현실의 인과법칙을 재음미하는 기회가 되기 때문이다(신헌재, 안현진, 2009). 또한 환상을 통해 문제 상황을 해결해 나가는 과정은 어린이에게 타인과 세상을 새롭게 바라보고 다양한 대안을 탐색하는 기회를 제공한다. 어린이들은 환상동화를 통해서 현실세계를 새롭게 이해하는 통찰력을 갖게 된다.

④ 환상동화의 유형

환상동화의 유형은 그 분류 기준에 따라 여러 가지로 나눌 수 있다. 환상성의 정도에 따라 분류할 경우 '유사 판타지'와 '본격 판타지'로 나누는데 옛이야기, 우화, 의인동화, 꿈 이야기, 공상과학 이야기가 유사 판타지에 포함된다(신헌재 외, 2009). 조하르스키와 보이어(Zoharski & Boyer, 1982)는 상위환상(high fantasy)과 하위환상(low fantasy)으로 환상동화를 구분한다. 현실세계와 비현실세계의 존재 방식을 기준으로 할 경우 교통형 판타지, 1차 세계형 판타지, 2차 세계형 판타지로 분류할 수 있다(Schlobin, 1982).

이 책에서는 환상동화의 유형을 1차 세계와 2차 세계의 존재 방식에 근거하여 구분한 신헌재 등(2009)의 분류 기준에 따라 다음과 같이 구분한다.

- 교통형 판타지-현실세계와 비현실세계가 같이 존재하는 판타지: 현실세계와 비현실세계가 같이 제시되면서 주인공이 두 세계를 왕래하는 환상동화의 유형이다. 교통형 판타지의 경우 1차 세계에서 2차 세계로 들어가기 위해

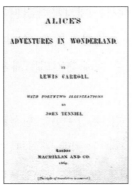
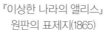

『이상한 나라의 앨리스』
원판의 표제지(1865)

『이상한 나라의 앨리스』

서는 거울이나 문, 굴 따위의 특수한 장치를 설정하는 경우가 많다.『이
상한 나라의 앨리스』(루이스 캐럴 글, 앤서니 브라운 그림, 2009, 살림어린이)
가 대표적이다.

- 1차 세계형 판타지-현실세계 속에서 비현실적 사건이 벌어지는 판타지: 합리
적이고 자연적인 법칙이 지배하는 현실세계를 배경으로 어떤 이상한 나
라나 공간으로 이동하지 않으면서도 비현실적 사건이 벌어지는 환상동
화이다. 이런 작품에서는 초자연적 인물이 등장하거나 마법의 도구를 사
용하여 이상한 일이 벌어져 환상이 성립되는 경우가 많다. 그 외에도 장
난감이나 인형이 생명을 얻어 인간과 어울리는 이야기, 마녀나 유령이
현실세계에 등장하여 사람들에게 놀라움을 주는 이야기, 말하는 동물이
나 환상적 동물에 관한 이야기도 이 유형에 포함된다.『괴물들이 사는 나
라』(모리스 샌닥 글·그림, 2000, 시공주니어),『야, 우리 기차에서 내려!』(존
버닝햄 글·그림, 1995, 비룡소)가 대표적이다.

『괴물들이 사는 나라』   『야, 우리 기차에서 내려!』

- 2차 세계형 판타지—비현실세계만 존재하는 판타지: 동화 속에 제시되는 세계 자체가 현실세계와는 전혀 다른 비현실세계만 존재하는 동화이다. 비현실세계인 2차 세계에서만 통용되는 질서와 법칙이 존재해야 하기에 고도의 상상력과 치밀한 전개가 요구된다. 『마녀 위니』(밸러리 토머스 글, 코키폴 그림, 1996, 2003, 2014, 비룡소) 시리즈가 대표적이다.

『마녀 위니』   『마녀 위니와 심술쟁이 로봇』   『마녀 위니, 다시 날다』

(2) 사실동화

① 사실동화의 개념

사실동화는 어린이의 삶을 중심으로 현실세계에서 일어날 수 있는 모든 이
야기를 다룬 동화다. 환상성이나 초자연적인 요소를 배제하고 사실적인 이
야기를 다룬다는 점에서 환상동화와는 대립되는 장르이다.

사실동화에서 '사실'이란 용어는 이야기가 사실(nonfiction)이라는 것을 뜻
하는 것이 아니라 실제로 일어날 수 있는 이야기임을 의미한다(이성은, 2003).
즉, 현실에서 충분히 일어날 수 있는 개연성을 근거로 하여 현실적인 논리에
맞게 구성된 창작동화로서 허구적인 작품이다.

사실동화는 생활동화와 혼용되어 왔으나 최근에는 일반적으로 사실동화
라는 용어를 사용한다. '생활동화'라는 용어는 1930년대 일본에서 계급주의
아동 문학 운동이 본격화되던 때 주로 사용되었고, 이의 영향으로 한때 우리
나라에서도 사용되었다(신헌재 외, 2009).

② 사실동화의 특징
- 사실동화는 폭넓은 소재와 주제를 다룬다. 사실동화는 인간의 삶을 소
  재로 하여 인간의 삶을 반영하는 '거울로서의 문학'이라는 점에서 다른
  장르에 비해 매우 폭넓은 소재와 주제를 다룬다. 어린이가 생활 속에서
  겪는 일상적이고 사소한 문제들, 기쁨과 슬픔, 갈등과 고민, 질투와 분
  노, 경쟁심과 죄책감, 상실감과 자부심, 인간관계, 사회적 변화에 따른
  새로운 이슈 등 많은 것이 포함된다.
- 사실동화에는 실제적인 인물이 등장한다. 사실동화에 등장하는 인물들
  은 매우 실제적이다. 주인공은 강점과 약점을 동시에 지닌 인간이기 때
  문에 반드시 아름답거나 힘이 세거나 할 필요는 없다. 동식물이나 주변
  사물도 의인화되지 않으며 항상 동물, 식물, 사물처럼 행동한다(김현희,

박상희, 2008).

• 사실동화의 배경은 사실적이다. 사실동화는 그 배경 또한 사실적이어야
  한다. 이를 위해 이야기가 전개되는 시간과 장소, 구체적 소품과 분위기
  는 사실적으로 제시되어야 한다. 예를 들어, 1990년대의 서울은 1990년
  대라는 시간 속에서 존재했던 구체적 공간으로 표현되어야 하며, 이를
  무시하고 상상적으로 표현하면 사실동화의 범주에 들어가지 못한다.

1990년대 서울을 표현한 『만희네 집』

③ 사실동화의 가치

사실동화는 어린이의 현실세계에서 일어날 수 있는 내용을 담고 있다는 점
에서 다음과 같은 가치가 있다.

• 사실동화는 인간에 대한 이해를 도와준다. 사실동화 속에 등장하는 인
  물들은 특별한 권위와 능력을 가진 인물이기보다는 우리 주변에서 자연
  스럽게 만날 수 있는 현실적인 사람들이다. 위대한 인물이라 할지라도
  자신만의 고민과 약점을 지닌 인간이라는 시각으로 접근하기 때문에 어
  린이들은 사실동화 속에서 사람들의 실제적인 모습과 그들이 이루어 가

는 삶에 대해 이해하고 공감한다.

- 사실동화는 심리적 안정감을 제공한다. 사실동화의 등장인물들은 독자인 어린이가 현실에서 부딪히는 갈등과 문제, 심리적 위협과 과업들을 동일하게 겪는다. 이로 인해 어린이들은 등장인물에 대해 감정이입과 동일시를 수월하게 하며, 그 결과 심리적인 위안과 안정감을 얻게 된다.

- 사실동화는 간접 체험의 기회를 제공한다. 사실동화는 현실에서 일어날 법한 이야기들로 구성되기 때문에 어린이들은 자신이 직접 체험하고 직면하지 않더라도 이야기를 통해서 간접 체험을 할 수 있다. 특히 자신이 처한 현실 속에서는 경험하기 어려운 상황(예: 전쟁, 자연재해, 질병 등)에 대한 이야기도 동화를 통하여 접함으로써 폭넓은 간접 체험의 기회를 갖게 된다.

- 사실동화는 어린이들의 심리적 발달과업을 성취하는 데 도움이 된다. 어린이들은 동화 속 주인공이 문제 상황에 직면하여 이를 극복해 나가는 모습을 통해 자신감과 성취감을 느끼게 된다. 이는 어린이들의 심리적 성장으로 이어져 발달상의 심리적 과업을 완수하는 데 도움이 된다.

『엄마가 사라졌어요』

『이슬이의 첫 심부름』

- 사실동화는 사회적 문제에 대한 인식을 형성하도록 도와준다. 사실동화 는 문학의 장르 중에서 사회적 변화를 가장 민감하고 풍부하게 다룰 수 있다. 급속히 변화하는 사회 속에서 새롭게 등장하는 다양한 사회적 이 슈—가정의 해체와 변화, 편견과 불평등, 신체 및 능력의 다양함, 빈곤, 폭력, 전쟁, 환경문제, 질병, 노화 등—를 사실동화에서 다룸으로써 사 회적 문제에 대한 새롭고 폭넓은 시각을 가질 수 있게 도와준다.

④ 사실동화의 종류

사실동화의 종류를 구분하는 기준은 여러 가지가 있을 수 있다. 연령 및 발 달적 특성에 따라 구분할 수도 있고, 주제에 따라 구분할 수도 있다. 여기서 는 주제에 따라 사실동화의 종류를 구분하고자 한다. 사실동화의 주제 및 주 제에 따른 동화의 예는 〈표 3-2〉와 같다.

표 3-2 주제에 따른 사실동화의 종류

주제	서명	겉표지	작가(옮긴이)	출판사
가족 간의 사랑	우리 아빠가 최고야		앤서니 브라운 글·그림 (최윤정)	킨더랜드
	언제까지나 너를 사랑해		로버트 먼치 글, 안토니 루이스 그림 (김숙)	북뱅크
	할머니의 사랑		제인 테너 글·그림 (김경애)	을파소

우정	나랑 친구할래?		아순 발솔라 글 · 그림 (김미화)	풀빛
	친구랑 싸운 날		다그마 H. 뮐러 글, 하이케 헤롤드 그림 (최용주)	큰나
죽음	할머니가 남긴 선물		마거릿 와일드 글, 론 브룩스 그림 (최순희)	시공 주니어
	이럴 수 있는 거야??!		페터 쉐소우 글 · 그림 (한미희)	비룡소
	우리 할아버지		릴리스 노만 글, 노엘라 영 그림 (최정희)	미래 M&B
	우리 할아버지		존 버닝햄 글 · 그림 (박상희)	비룡소
전쟁과 평화	전쟁		아나이스 보즐라드 글 · 그림 (최윤정)	비룡소
	여섯 사람		데이비드 매키 글 · 그림 (김종철)	비룡소
	왜?		니콜라이 포포프 그림	현암사

다문화 반편견	꽃밭의 장군		재닛 차터스 글, 마이클 포먼 그림 (김혜진)	뜨인돌 어린이
	따로 따로 행복하게		배빗 콜 글 · 그림 (고정아)	보림
	특별한 손님		안나레나 맥아피 글, 앤서니 브라운 그림 (허은미)	베틀북
	새 아빠 구함!		다비드칼리 글, 안나 라우라 칸토네 그림 (허지연)	미세기
	이모의 결혼식		선현경 글 · 그림	비룡소
신체 및 능력의 다양화	색깔 있는 사람		아프리카 민화, 제롬 뤼이에 그림	한국 글렌도만
	괜찮아		최숙희 글 · 그림	웅진 주니어
	내 귀는 짝짝이		히도 반 헤네흐텐 글 · 그림 (장미란)	웅진출판

정치, 사회	오리, 대통령이 되다!		도린 크로닌 글, 베시 루윈 그림 (이상희)	주니어 랜덤
	탁탁 톡톡 음매~ 젖소가 편지를 쓴대요		도린 크로닌 글, 베시 루윈 그림 (이상희)	주니어 랜덤
세대 간 이해	우리 가족입니다		이혜란 글 · 그림	보림
	할머니의 기억은 어디로 갔을까?		멤 폭스 글, 줄리 비바스 그림 (조경란)	키득키득
	우리 할머니는 나를 모릅니다		자크 드레이선 글, 안느 베스테르다인 그림 (이상희)	웅진 주니어

사실동화가 다룰 수 있는 주제는 무궁무진하다. 일상적인 우리 삶의 내용이 모두 동화의 주제가 될 수 있기 때문이다. 동화 작가들은 작품 속에 삶을 바라보는 태도와 시각, 가치관과 꿈을 투영한다는 점에서 어떠한 주제를 가지고 동화를 구성할 것인지는 매우 중요한 의미를 갖는다. 시대, 문화적 흐름, 사회적 이슈, 정치적 상황에 따라 어린이를 포함한 우리 삶의 모습이 변할 수밖에 없고 또 끊임없이 변화해야 한다는 사실에 비추어 볼 때 사실동화가 어린이들에 주는 의미는 매우 크다.

어린이 또한 사회 구성원의 일부이며 공동체의 일원으로서 사회문화적 영향으로부터 예외일 수 없다. 따라서 어린이의 이해 수준에 맞고 심리적 측면에서 수용 가능한 범주 안에서 우리 삶의 모습을 반영하는 다양한 사실동화가 필요하다.

4. 극문학

1) 동극의 개념

일반적으로 유아 문학에서 아동극을 지칭할 때는 아동극 작가에 의해 집필된 희곡이나 각본을 말한다. 희곡은 기본적으로 공연을 전제로 하며, 문학의 범주 안에서 희곡이라는 별도의 장르로 구분된다. 반면, 아동극을 포함한 모든 극 자체는 문학이 아니며 시간적·공간적인 종합예술이다.

아동극은 연극의 한 부분이라는 점에서 아동극의 발달은 일반 연극과 밀접한 관련이 있다. 동화극은 고대 연극에서 그 기원을 찾을 수 있으며 낭만주의 문학으로 인해 동화가 주목받게 되면서 등장하였다. 독일의 작가 티크(Tieck)가 쓴 동화극『장화 신은 고양이』(1797),『푸른 수염의 기사』(1797) 등이 아동

『장화 신은 고양이』
원판의 표제지(1797)

『파랑새』

『노래주머니』

극의 효시이며, 이후 마테를링크(Maeterlinck)의 『파랑새』(2015, 시공주니어)로 동화극의 맥이 이어진다. 우리나라 아동극 또한 낭만적인 동화극으로 시작되었는데, 방정환의 『노래주머니』(2002, 우리교육), 정인섭의 『허수아비와 맹꽁이』 등이 그 대표작이다(이원수, 2001, p. 115; 이재철, 1983).

이원수는 아동극과 동극을 동일한 개념으로 사용하였고 아동극의 하위 장르에 대한 논의를 시작하였다(심상교, 2009). 이재철(1983)은 희곡을 아동극과 아동 시나리오로 분류하였고, 아동을 주체로 하여 상연되는 교육적인 연극과 희곡을 통틀어 아동극으로 정의하였다.

실제 교육 현장에서 이해되는 아동극은 어린이들에 의한 혹은 어린이를 대상으로 하는 연극의 형태를 모두 포함하는 경우가 많다. 이에 기초하여 연극으로서의 동극과 희곡으로서의 동극본을 모두 포함하여 아동극으로 보는 입장(서울대학교 국어교육연구소, 1999; 신헌재 외, 2009; 이원수, 2001; 이재철, 1983)이 있다.

반면, 최지훈(2009)은 극과 희곡을 같은 것으로 착각하는 문제를 지적한다. 동극본 또는 동희곡은 문학이며, 동극 또는 아동극은 공연예술이다. 더욱이 공연예술과 매체예술이 양식상 다양하게 분기되면서 종래의 희곡과 시나리오만이 아닌, 음악극 대본, 드라마 대본, 인형극 또는 애니메이션 대본, 만화 대본까지도 문학작품으로 간주한다.

2) 동극의 유형

이재철(1983)은 동극을 크게 두 가지 차원에서 분류한다. 하나는 생활극과 동화극으로 분류하는 것이고 다른 하나는 연기자, 내용, 형태, 소재, 장소, 아동연극사에 따라 여섯 가지로 분류하는 것이다. 생활극이란 어린이들의 일상생활을 소재로 하여 현실 감각을 살린 극으로서 사실극과 상황극이 포함된다. 동화극은 환상적인 내용이 중심이 된 극으로서 생활극의 성격과는 대조적이다. 이후 우리나라 어린이 문학가들이 분류한 동극의 유형은 이재철의 구분과 거의 비슷하여 이상현(1987)도 내용, 형태, 소재, 공연 공간, 출연자에 따라 분류하였다. 심상교(2009)는 재현의 대상, 재현의 수단, 재현의 방식으로 아동극의 장르를 분류한다.

이 책에서는 선행 연구자들의 분류를 참고하여 동극의 유형을 내용, 재현 수단, 창작 형태로 구분하여 살펴본다.

(1) 내용에 따른 분류

- **생활극**: 어린이들의 일상생활을 소재로 한 극이다.
- **동화극**: 환상적인 내용을 다룬 극이다.
- **사극**: 역사적 사실이나 위인들의 생애를 내용으로 한 극이다.

(2) 재현 수단에 따른 분류

- **대사극**: 보통의 극 형식에 해당한다. 등장인물들의 대사를 중심으로 진행되는 극이다.
- **음악극(무용극)**: 음악이나 무용으로 이루어진 극이다.
- **가면극**: 가면을 쓰고 진행하는 극이다.
- **인형극**: 여러 가지 인형을 만들어 대본에 맞추어 움직이는 극이다.
- **그림자극**: 인형의 그림자를 막에다 비추어 상연하는 극이다.
- **무언극**: 대사를 전혀 사용하지 않고 동작만으로 생각과 감정과 심리를 표현하는 극이다.
- **즉흥극**: 사전 준비 없이 무대에서 즉흥적으로 엮는 극이다.

(3) 창작 형태에 따른 분류

- **창작극**: 작가가 처음부터 공연을 목적으로 순수하게 창작한 극본에 의해 연출하는 극이다.

- 번역극: 해외의 희곡을 번역하여 공연하는 극이다.
- 각색극: 원작을 공연에 알맞도록 변형시킨 극이다.

3) 동극의 특징

- 동극은 공연을 전제로 하는 문학이다. 동극은 무대에서의 공연을 전제로 한다. 특히 어린이를 대상으로 하는 동극은 각본의 형태보다는 연기를 통해 의미와 감정을 전달하는 만큼 '하는 것'으로서의 문학적 특징을 가진다.
- 동극의 대본은 해설, 대사, 지문의 조화로 이루어진다. 동극이 이루어지기 위해서는 동극 대본의 해설, 대사, 지문의 요소가 조화롭게 구성되어야 한다. 글을 읽는 것이 익숙하지 않은 유아들에게 각본의 형태로 제시되지는 않더라도 교사는 이러한 세 가지 요소를 적절히 아울러 동극이 진행되도록 해야 한다. 이를 위해서 적절한 해설과 간결한 대사 그리고 명료한 지문은 동극의 필수 요소이자 다른 문학 장르와 구별되는 주요한 특징이다.

알아보기

1. 영유아가 즐길 수 있는 전래동요를 조사해 보고, 그중 놀이와 관련된 동요 목록을 만들어 보세요.
2. 우리나라 전래동화의 내용과 비슷한 다른 지역·민족의 이야기를 찾아보고 유사점과 차이점을 이야기해 보세요.
3. 유아가 동극하기에 적합한 동화를 찾아보고 그 이유를 이야기해 보세요.

참고문헌

강문희, 이혜상(1997). 아동문학교육. 학지사.

공인숙, 김영주, 최나야, 한유진(2009). 아동문학. 양서원.

구인환, 구창환(2003). 문학개론. 삼영사.

국어국문학 편찬위원회(1994). 국어국문학 자료사전. 한국사전연구사.

김광순, 김대행, 김문기, 김진영, 김혜숙, 김화경, 설성경, 성기옥, 양민정, 양희철, 윤
　　덕진, 이임수, 이현수, 조규익, 최동국, 한태문(2003). 국문학개론. 새문사.

김대행, 우한용, 정병헌, 윤여탁, 김종철, 김중신, 김동환, 정재찬(2000). 문학교육원론.
　　서울대학교출판부.

김상욱(2009). 아동문학의 장르와 용어. 아동청소년문학연구, 4, 7-29.

김세희(1994). 한국 전래 동요에 대한 유아의 선호도 분석. 이화여자대학교 대학원 박
　　사학위논문.

김세희(2000). 유아문학교육. 양서원.

김소운(1933). 조선동요선(朝鮮童謠選). 암파서점(岩波書店).

김수경(2006). 근대초기 창작동요의 미학적 특징-'동심'의 발현을 중심으로. 동화와 번
　　역, 11, 63-100.

김요섭(1986). 현대동화의 환상적 탐험. 한국문연.

김이구(2005). 어린이문학을 보는 시각. 창비.

김현희, 박상희(1999). 유아문학교육. 학지사.

김현희, 박상희(2008). 유아문학: 이론과 적용. 학지사.

김환희(2007). 옛이야기의 발견. 우리교육.

박두진(1962). 한국 전래 동요 독본. 이희승, 피천득, 송동인, 안수길, 박목월, 홍웅선,
　　김동리, 이상노, 박두진(1962). 한국아동문학독본. 을유문화사.

박목월(2009). 동시의 세계. 서정시학.

박혜성(1997). 한국 전래 동화에 나타난 도덕성 분석. 이화여자대학교 대학원 석사학
　　위논문.

서울대학교 국어교육연구소(1999). 국어교육학 사전. 대교출판.

서정숙(2010). 유아문학교육. 창지사.

서정숙, 남규(2010). 유아문학교육. 창지사.

석용원(1983). 아동문학원론. 학연사.

석용원(1992). 아동문학원론(증보판). 학연사.

선주원(2009). 아동문학 서정 장르의 구분과 용어에 대한 고찰. 한국아동문학연구, 17, 22-41.

신헌재, 권혁준, 곽춘옥(2007). 아동문학과 교육. 박이정.

신헌재, 권혁준, 곽춘옥(2009). 아동문학의 이해. 박이정.

신헌재, 안현진(2009). 환상 동화의 특성과 감상 지도 방법 연구. 국어교육, 130, 1-27.

신현득(1982). 한국 동요문학의 연구. 단국대학교 대학원 석사학위논문.

심상교(2009). 아동극 및 그림책 분야의 장르 구분과 용어에 대한 고찰. 한국아동문학연구, 17, 56-88.

유안진(1990). 한국 전통 사회의 유아교육. 서울대학교출판부.

이상금, 장영희(2001). 유아문학론(개정판). 교문사.

이상현(1987). 아동문학강의. 일지사.

이성은(2003). 아동문학교육. 교육과학사.

이오덕(1974). 동시란 무엇인가. 창작과 비평, 34.

이오덕(1984). 판타지와 리얼리티. 어린이를 지키는 문학. 백산서당.

이오덕(2005). 시정신과 유희정신: 어린이문학의 여러 문제. 도서출판 굴렁쇠.

이원수(2001). 아동문학입문. 소년한길.

이재복(2004). 우리 동요 동시 이야기. 우리교육.

이재철(1983). 아동문학개론. 서문당.

이지호(2006). 옛이야기와 어린이 문학. 집문당.

장덕순, 조동일, 서대석, 조희웅(1971). 구비문학 개설. 일조각.

전원범(1995). 한국 전래 동요 연구. 바들산.

정미라(1992). 유치원 교육활동에서의 한국 전래 동요 활용을 위한 기초 연구. 이화여자대학교 대학원 석사학위논문.

조동일(1992). 한국문학의 갈래 이론. 집문당.

조동일(2004). 한국소설의 이론. 지식산업사.

조동일(2005). 한국문학통사. 지식산업사.

조지훈(1953). 시의 원리. 산호장.

최운식, 김기창(1988). 전래동화 교육론. 집문당.

최지훈(2009). 아동문학 장르, 다시 생각한다. 아동문학 평론, 34(3), 123-151.

편해문(2002). 옛아이들의 노래와 놀이 읽기. 박이정.

한국어린이문학교육연구회(1999). 환상그림책으로의 여행. 다음세대.

한상수(1972). 전래동화의 민중의식과 형식. 김요섭 편. 전래동화의 세계(pp. 34-44). 보진재.

한선아(2005). 한국전래동화에 대한 해석학적 이해. 한국학술정보.

홍사중(1963). 아동문학의 비평기준. 아동문학, 5.

황병하(1997). 환상 문학과 한국 문학. 세계의 문학, 여름호.

Bettelheim, B. (1998). 옛이야기의 매력 1. 김옥순, 주옥 역. 시공주니어.

Galda, L., Cullinan, B. E., & Sipe, L. R. (2010). *Literature and the child.* Cengage Learning.

Giorgis, C., & Glazer, J. I. (2009). *Literature for young children: Supporting emergent literacy ages 0-8* (6th ed.). Pearson Education Inc.

Lukens, R. J. (2003). *A critical handbook of children's literature* (7th ed.). Allyn & Bacon.

Schlobin, R. C. (1982). *The aesthetics of fantasy literature and art.* University of Notre Dame Press.

Smith, L. H. (1998). 아동문학론. 김요섭 역. 교학연구사.

Sutherland, Z. (1997). *Children and books* (9th ed.). Addison Wesley Longman Inc.

Todorov, T. (2005). 덧없는 행복: 루소론 환상문학 서설. 이기우 역. 한국문화사.

Zoharski, K. J., & Boyer, R. H. (1982). The secondary worlds of high fantasy. In R. C. Schlobin (Ed.), *The aesthetics of fantasy literature and art.* University of Notre Dame Press.

제4장

그림책의 정의 및 구성

1. 그림책의 개념

그림책(picture book)은 글과 그림으로 구성된 책이며 주로 어린이들이 보는 책을 일컫는다. 그림책은 기본적으로 문학이므로 글로써 작가의 생각이나 주제를 표현해야 하지만 한정된 지면과 글자의 제한으로 글이 모두 표현하지 못하는 부분을 그림이 채워 준다. 그림책에서 그림과 글은 서로 상호작용의 관계를 갖는다. 이때 상호작용에는 두 가지 형태가 있다. 하나는 대칭적인 상호작용(symmetrical interaction)이며, 다른 하나는 가치 향상적인 상호작용(enhancing interaction)이다(Nikolajeva & Scott, 2011).

대칭적인 상호작용은 글과 그림이 같은 내용을 이야기하는 형태로, 글에서 표현된 것을 그대로 복재하여 그림으로 표현한다. 이처럼 그림이 단순히 글(text)을 보조해 주는 장식적인 의미로 들어간 책을 그림책과 구별하여 삽화책(illustrated book)이라고 부른다. 삽화책은 어린이의 흥미와 이해를 돕기 위해 글에서 표현된 장면이나 사건을 그림으로 묘사하여 삽입한다. 따라서 삽

삽화책인 『죽음의 기술』(1466)

화책에서의 그림은 보조적인 기능을 할 뿐이며 그림이 없이 글만으로도 이야기의 내용을 충분히 전달할 수 있다.

　두 번째의 가치 향상적인 상호작용에서의 그림은 단순히 글의 내용을 복재하는 것에 그치지 않는다. 글 이상의 깊이와 상세함을 가지고 글에서 표현되지 않는 것을 그림에서 보여 줄 뿐만 아니라, 그림에서만 말하고자 하는 새로운 것을 창조하여 표현하기도 한다. 따라서 이러한 그림책에서는 그림을 빼고는 이야기가 완성되지 않으며, 글과 그림이 조화를 이루면서 동등하게 본질적인 위치를 갖는다.

　오늘날의 현대적 의미에서의 그림책은 책 속에 단순히 글과 그림이 포함되어 있다고 해서 모두 그림책이라고 말하지 않는다. 그림책이란 글과 그림이 함께 어우러져 이야기를 전달하는, 글과 함께 그림이 동등하게 의미를 전달하는 책이다(Jalongo, 2004). 그러므로 그림책에서는 글과 함께 그림도 말을 한다. 그림의 언어는 글에서 보여 주지 않는 그림만의 언어로 이야기를 전달하고 글을 시각적으로 확장시켜 줌으로써 독자들이 전체 스토리를 볼 수 있게 한다. 이것이 그림책에서 그림의 힘이며 그림책의 매력이기도 하다. 이러한 그림책의 글과 그림의 조화는 어린이들의 시선을 한눈에 사로잡고 책에 대한 흥미를 이끌어 낸다. 글 읽기에 익숙하지 않은 어린 유아들은 시각적인 그림에 먼저 관심을 가지게 되고 그림을 통해서 책의 내용을 파악하게 된다.

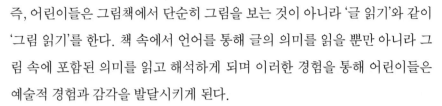

즉, 어린이들은 그림책에서 단순히 그림을 보는 것이 아니라 '글 읽기'와 같이 '그림 읽기'를 한다. 책 속에서 언어를 통해 글의 의미를 읽을 뿐만 아니라 그림 속에 포함된 의미를 읽고 해석하게 되며 이러한 경험을 통해 어린이들은 예술적 경험과 감각을 발달시키게 된다.

그림책에는 글과 그림 이외에 또 하나의 공간이 있다. 바로 '상상의 공간'이다. 독자들이 상상할 수 있는 공간이다. 좋은 그림책은 글과 그림이 모든 것을 다 표현하기보다는 책장 너머에서 무엇인가를 찾고, 생각하며 탐험하는 기회를 독자에게 남겨 놓는다.

그림책은 어린이가 만나는 첫 번째 책이다. 그림책은 어린이에게 특별한 경험을 준다. 그림책의 글은 독자가 이야기를 상상하고 해석할 수 있게 해 주고, 그림은 독자의 상상력에 활력을 불어넣어 준다. 그림책 속에서 어린이는 꿈과 상상의 세계를 경험하며 신비롭고 아름다운 세상으로의 여행을 떠나게 된다. 그림책을 보면서 어린이는 새로운 지식과 정보를 얻고 세상을 배우며, 울고 웃으면서 다양한 삶을 경험하게 된다.

2. 그림책의 구성

그림책은 기본적으로 글과 그림으로 구성된다. 그러나 글과 그림 이외에도 그림책의 표지와 면지, 글자체와 판형 등, 편집의 영역에 속하는 주변 텍스트에 따라서 그림책의 느낌과 질이 달라진다. 따라서 이 장에서는 그림책의 구성을 글과 그림, 주변 텍스트(paratext)로 구분하여 살펴보고자 한다.

1) 글

글은 '책'을 구성하는 가장 근본적인 요인이며, 글이 없는 책을 만들 수

가 없다. 그림책에서는 글이 주로 가상의 이야기(story)를 담고 있는 문학이
된다. 글이 없는 그림책이라 하더라도 그림책에는 기본적으로 이야기가 있
고 문학의 요소를 포함하고 있다. 그러므로 그림책에서의 글은 문학의 요소
인 주제와 소재, 구성, 등장인물, 문체, 배경을 살펴봄으로써 더 잘 이해될 수
있다.

(1) 주제와 소재

주제란 이야기 속에 담겨 있는 작가의 독자적인 생각이나 의식의 세계를
말한다(이상금, 장영희, 2001). 작가는 인간, 사회, 자연 등에 관하여 자신의 생
각이나 메시지를 이야기에 담아 독자에게 말하는데, 이것이 곧 주제이다. 일
반 문학에는 주제에 제한이 없다. 하지만 어린이를 위한 그림책에서는 인간
의 가장 기본적이고 보편타당한 진리를 담고 있으면서 유아의 이해와 공감
을 불러일으킬 수 있는 주제가 적절하다. 그림책의 독자인 어린이는 아직 세
상을 알아 가는 과정 중에 있기 때문에 특정 소수 사람의 특별한 생각이나 감
정을 알려 주는 것은 적절하지 않다. 어린이들을 위한 그림책에서는 사랑, 가
족, 우정, 생명, 자연, 다문화 등과 같이 가장 기본적이고 보편적인 가치를 다
루면서, 그 안에 담겨 있는 삶에 대한 새로운 시각이나 태도, 통찰을 발견하
도록 하여야 한다. 이때 어린이에게 주제를 좀 더 명확하게 전달하기 위해서
는 하나의 그림책에서 하나의 주제만을 담고 있어야 한다. 한 이야기에서 동
시에 여러 가지 주제를 다루는 이야기는 어린이의 이해를 어렵게 한다. 그러
므로 복잡한 이야기보다는 한 가지 단일한 주제를 단순하게 제시하는 것이
더 효과적이다.

그림책의 주제는 평범하고 일반적이고 보편타당하지만 작가는 흥미진진
한 소재나 사건, 등장인물을 통해 이야기에 활력을 불러넣어야 한다. 소재란
글의 주제를 전달하기 위해 사용되는 일종의 재료이며, 같은 소재도 이야기
에 따라 다르게 사용될 수 있다. 그림책에서는 어린이들에게 친숙한 소재들

이 주로 반복해서 사용되기도 한다. 예를 들어, 마녀, 왕, 도깨비, 형제자매 등은 옛이야기 그림책에서 주로 사용되는 소재이다. 그림책에서 다루는 소재는 어린이의 일상생활이나 경험과 관련이 있는 것이 좋다. 어린이는 자신이 경험해 보지 못한 낯선 것보다는 익숙한 것에 더 쉽게 관심과 흥미를 보이기 때문이다.『안녕, 우리 집』(스테파니 파슬리 레디어드 글, 크리스 사사키 그림, 비룡소)에서도 가족과 함께 생활하는 터전

『안녕, 우리 집』

인 집과 이사라는 사건을 소재로 가족과 이웃의 의미를 생각해 보게 한다.

(2) 구성

구성(plot)은 이야기가 전개되는 방식이며, 작가가 자신의 생각을 전달하는 방식을 말한다(Lynch-Brown & Tomlinson, 2005). 똑같은 주제의 이야기라도 어떠한 구성으로 이야기를 전개해 나가는지에 따라 그림책의 재미와 긴장감이 달라진다. 잘 짜인 구성은 인물, 배경, 사건, 갈등 등을 가장 효과적인 방법으로 제시하여 이야기에 생명과 활력을 불러일으키며 어린이들이 몰입할 수 있도록 한다. 어린이를 위한 그림책은 복잡하고 어려운 구성보다는 어린이들이 이해하기 쉬운, 단순하고 반복적인 구성이 적합하다. 어린이들이 이해하기 어려운 난해한 구성은 오히려 어린이들의 흥미를 떨어뜨리기 때문이다. 따라서 그림책의 구성은 주로 어린이에게 익숙한 전래동화의 이야기 전개 형식을 빌려와서 사용하며, 나열식(단선적) 구성, 연쇄적 구성, 누적적 구성, 순환식(회귀적) 구성이 있다(제3장 '전래동화의 특징' 중 120쪽 참조). 그 밖의 구성으로는 삽화식 구성이 있다. 삽화식 구성은 동일한 등장인물이 엮어 가는 여러 가지 사건과 일화를 모아 하나의 이야기를 구성하는 형식이다. 따라서 사건들 간에는 관련성이 없어 하나의 사건이 빠져도 이야기 전개에

나열식 구성인 『세상
에서 제일 힘센 수탉』

연쇄적 구성인
『누가 내 머리에 똥 쌌어?』

누적적 구성인 『커다란 순무』

순환식 구성인
『곰 사냥을 떠나자』

삽화식 구성인
『곰돌이 푸우는 아무도 못 말려』

는 영향을 주지 않는다.

(3) 등장인물

그림책에서의 등장인물(주인공)은 주로 어린이이다. 등장인물로는 반드시 사람만이 아니라 의인화된 동물, 장난감, 사물 등이 나오기도 하지만, 이들은 모두 어린이다운 성격을 가진 인물로 의인화되어 있다. 등장인물의 성격은 매력적이고 실제적일수록 기억에 오래 남으며, 어린이들로 하여금 자신의 경험이나 감정과 등장인물을 동일시하여 쉽게 공감하고 감동을 받아들이게 한다.

등장인물의 성격에는 판에 박힌 전형적인 성격 유형과 독특하고 생동감이 있는 사실적인 유형이 있다. 민담과 같은 옛이야기에 나오는 주인공들은 주

『괴물들이 사는 나라』

영화 〈슈렉〉

『피노키오』

로 전형적이고 평면적인 성격을 가지고 있어서『신데렐라』나『백설공주』의 주인공들은 예쁘고, 착하고, 얌전한 전형적인 공주의 모습으로 묘사되고 있다. 반면,『괴물들이 사는 나라』(모리스 샌닥 글·그림, 시공사)의 맥스나『피노키오』(카를로 콜로디 글, 로버트 잉펜 그림, 파랑새)의 피노키오는 개성이 뚜렷하고 살아 있는 듯, 성격의 장단점을 가진 입체적인 인물이다.

또한 등장인물의 성격은 처음부터 끝까지 변함이 없는 한결같은 정적인 성격과 이야기의 전개에 따라 점차 성장하고 변화하는 역동적인 성격으로 나누어 볼 수 있다. 예를 들어,『신데렐라』는 이야기의 시작부터 끝까지 착하고 순종적인 성격이 변하지 않고 계속되는 인물로, 대표적인 정적 성격이다. 반면,『헨젤과 그레텔』에서 그레텔은 이야기의 시작에서는 오빠에게 의존하는 나약한 모습이었지만 점차 오빠의 도움이 없이도 마녀를 물리칠 수 있는 독립적이고 강인한 성격으로 변화하는 역동적인 인물로 묘사되고 있다.

(4) 언어적 표현

작가는 저마다의 독특한 언어적 표현과 문체로 글을 쓴다. 그림책에서의 언어적 표현은 문장이 짧고 간결하면서도 의미가 충분히 전달되는 동시에 소박하면서도 아름다워야 한다.

그림책은 주로 어린이들에게 소리 내어 읽어 주는 경우가 많기 때문에 눈

나는 혼자 논다. 혼자 노는 것도 나쁘지 않다. 친구들은 구슬치기가 얼마나 재미있는지 모른다. 만날 자기들끼리만 논다. 그래서 그냥 혼자 놀기로 했다.

『알사탕』

으로 보았을 때 즐거울 뿐만 아니라 귀로 들었을 때도 즐거운 글이어야 한다. 그러므로 산문이라도 리듬이 있어야 한다. 글의 리듬감을 살리기 위해 그림책에서는 주로 단어나 구절, 문장, 사건 등을 반복하거나 후렴구를 사용하는 방법을 많이 활용한다. 『알사탕』(백희나 글·그림, 책읽는곰)에서는 '혼자 논다'라는 표현을 문장마다 반복하여 사용함으로써 산문이지만 리듬감을 살려준다.

『데굴데굴 굴러가네!』

또한 의성어나 의태어를 사용하는 방법도 글의 리듬감을 더해 준다. 『데굴데굴 굴러가네!』(허은미 글, 이혜리 그림, 웅진주니어)에서 '데굴데굴 덱데굴 커다란 밤송이가 데굴데굴'과 같은 표현은 밤송이가 굴러가는 모습을 마치 머릿속에 그림이 그려지듯 생동감 있게 묘사해 주며 읽었을 때 소리가 즐겁고 경쾌하다(김현희, 박상희, 2008). 특히 우리나라 말에는 재미있고 아름다운 의성어와 의태어가 많이 발달되어 있으므로 이를 통해 우리나라 말의 아름다움을 느낄 수 있다.

(5) 배경

　배경은 이야기 속의 사건이 일어나는 시간과 장소를 말한다. 그림책에서의 배경은 이야기에 따라 더 중요할 수도 있고 그렇지 않을 수도 있다. 예를 들어, 역사적인 사건이나 인물을 다루는 그림책에서는 정확한 배경 묘사가 있어야 한다. 이야기의 내용을 이해하기 위해서는 그 사건의 배경이 되는 특정 시간과 장소에 대한 자세한 정보가 있어야 하기 때문이다. 그러나 옛이야기 그림책과 같이 언제, 어느 장소에서 일어난 사건이든지 이야기를 이해하는 데 크게 영향을 미치지 않는 경우에는 '옛날 옛적 어느 마을에……'와 같은 일반적인 배경 묘사를 한다.

　그림책에서 공간적인 배경과 시간적인 배경은 글과 그림을 통해 효율적으로 묘사한다. 예를 들어, 글이 동물원이라는 그림책의 배경을 알려 주면 그림은 더 세밀하게 시각적으로 동물원이라는 공간적 배경을 묘사해 준다.

『동물원』　　　　　　　　『동물원』　　　　　　『우리 여기 있어요,
동물원』

2) 그림

　그림책에서의 그림(미술)은 등장인물의 성격이나 행동, 배경, 분위기 등 글로는 다 표현하지 못하는 것을 시각적으로 묘사해 줄 뿐만 아니라 작가가 전달하고자 하는 메시지를 더 풍부하고 직관적으로 전달해 준다.

또한 그림 작가가 독창적인 표현 방식으로 표현한 개성 있고 아름다운 그림은 어린이들에게 심미적인 즐거움을 경험하게 해 주며 예술가적인 안목과 기술을 길러 주기도 한다. 하지만 그림책에서의 그림은 그림 자체의 예술성도 중요하지만 무엇보다도 그림의 특징이 글과 얼마나 잘 조화를 이루는지가 중요하다. 그러므로 그림책은 글과 그림이 하나로 융합된 예술 형식이라고 할 수 있다.

그림이 보여 주고 있는 확장된 의미를 좀 더 잘 이해하고 관찰하기 위해서 그림 요소인 선, 색, 모양, 질감, 구도 및 그림의 표현 양식, 그림의 기법에 대해 알아보도록 하겠다.

(1) 그림의 요소

① 선

그림 속에서 선은 주로 물체와 물체의 경계를 지어 주며 선을 통해서 물체의 구체적인 모양이나 질감을 표현하기도 한다. 선은 직선과 곡선, 진한 선과 엷은 선, 굵은 선과 가는 선 등 선의 종류에 따라 갖가지 다양한 분위기와 느낌을 전달한다.

직선은 날카로움과 예리함, 흥분, 빠른 움직임을 나타내고 곡선은 따뜻함과 귀여움, 아늑함, 안정감을 느끼게 해 준다. 예를 들어, 앤서니 브라운 (Anthony Browne)의 『고릴라』(앤서니 브라운 글 · 그림, 비룡소)에서 아버지와 한나가 식사하는 장면은 식탁과 부엌가구, 신문을 날카로운 직선으로 그림으로써 두 사람의 단절된 관계와 냉랭한 분위기를 더욱 강렬하게 표현하고 있다. 이와 대조적으로 『피터래빗 이야기』(베아트릭스 포터 글 · 그림, 소와다리)에서는 부드러운 곡선을 사용하여 친근하고 따뜻한 가족의 분위기를 자아내며 가늘고 짧은 선으로 폭신한 토끼털의 질감을 표현해 준다.

또한 선에는 방향성이 있어서 직선에도 대각선, 수평선, 수직선이 있다. 수

『고릴라』

『피터래빗 이야기』

평선은 바다나 넓은 풀밭과 같이 조용하고 평온한 느낌을 주며 수직선은 긴
장되고 엄격함, 강한 느낌을 준다. 사선은 독자의 시선을 가로질러 움직이도
록 하여 불균형과 긴장감을 느끼게 한다(현은자, 강은진, 변윤희, 심향분, 2004).
이처럼 선은 다양한 선의 사용에 따라 감정과 생각, 느낌을 전달할 수 있다.

② 색

색은 그림의 가장 기본적인 요소로서 그림의 전체적
인 분위기에 가장 큰 영향을 미치는 요소 중 하나이다.
색의 스펙트럼에서 따뜻한 계열의 색인 빨강, 주황, 노
랑 등은 따뜻함, 애정, 열정, 흥분을 표현하고 차가운 색
계열의 파랑, 초록 등은 시원함, 차분함, 조용함을 나타
낸다. 이처럼 색은 독자에게 강한 정서적 반응을 불러
일으키는데, 색에 대한 심리적 · 정서적 반응은 그 사회
의 문화, 심리, 관습적인 특성과 관련되어 있으며 이로

『소피가 화나면, 정말 정말 화나면』

인해 작가의 상상력을 제한하기도 한다. 『소피가 화나면, 정말 정말 화나면』
(몰리 뱅 글 · 그림, 책읽는곰)에서는 주인공 소피의 감정을 그림의 배경색과 연
결하여 표현함으로써 소피의 감정 변화에 더 몰입할 수 있게 해 준다.

『빨간 모자』 1852년판

『빨간 모자』 1883년판

『빨간 모자』 1927년판

색은 명도와 채도에 따라서도 다른 분위기를 전달한다. 명도는 색의 밝거나 어두운 정도이며 채도는 색의 맑고 투명한 정도를 말한다. 색의 명도가 낮을 경우에는 우울하고 어두운 느낌을, 명도가 높을 때는 밝고 행복한 느낌을 준다. 채도도 채도가 높을수록 더 활발하고 경쾌해 보이며 채도가 낮을수록 부드럽고 편안한 느낌을 준다. 예를 들어, 똑같은 『빨간 모자』의 이야기도 그림의 색, 채도, 명도에 따라 경쾌하고 가벼운 분위기, 무섭고 섬뜩한 이미지 등 전혀 다른 분위기와 느낌을 전달할 수 있다.

③ 모양과 형태

사물이나 인물의 윤곽을 모양과 형태라고 한다. 주로 선, 색, 질감을 사용하여 배경과의 경계를 표현해 줌으로써 모양과 형태를 나타낸다. 모양은 이차원적인 평면 형상을 뜻하며, 형태는 삼차원적인 입체 형상을 말한다. 콜라주 기법을 활용한 평면적인 모양의 악어와 개구리, 그리고 입체적인 알의 대조를 보여 주는 레오 리오니(Leo Lionni)의 『아주 신기한 알』(레오 리오니 글·그림, 마루벌)과 입체적이고 환상적인 기차 형태를 보여 주는 크리스 반 알스버그(Chris Van Allsburg)의 『북극으로 가는 기차』(크리스 반 알스버그 글·그림, 한국프뢰벨)는 모양과 형태가 이야기와 조화를 이룬 좋은 예이다.

『아주 신기한 알』

『북극으로 가는 기차』

④ 질감

질감은 실제로 만졌을 때 촉각으로 느껴지는 표면의 느낌을 시각적 인상으로 표현한 것이다. 질감은 수채화, 유화, 아크릴 물감 등의 재료와 도구, 기법에 따라 다양하게 표현될 수도 있고 점, 선, 형태를 통해서도 표현될 수 있다.

동물의 털과 깃털, 모래, 물고기 비늘과 같은 질감의 표현[『무지개 물고기』(마르쿠스 피스터 글·그림, 시공주니어)]은 그림의 실제감을 살려 줌으로써 생동감을 준다. 그림의 질감을 표현하기 위하여 실, 천, 나무 등 다양한 재료를 사용하기도 하고 전래동화의 분위기를 살리기 위하여 먹물과 한지[『한지돌이』

『무지개 물고기』

『한지돌이』

(이종철 글, 이춘길 그림, 보림)]를 사용하기도 한다.

⑤ 구도

구도란 선, 색, 공간 등 그림의 요소를 조화롭게 화면에 배치하는 것을 말한다. 즉, 전체적인 윤곽, 사물과 사건의 배열, 세부 묘사의 배경 상태를 의미한다. 그림책에서의 구도는 글의 성격에 맞게 균형, 통일, 변화를 갖도록 하여 책장을 넘길 때마다 독자로 하여금 화면 속으로 빠져들도록 한다.

구도의 중요한 특징은 각도 또는 조망이다(채종옥, 이경화, 김소양, 2006). 장면마다 인물, 사건과 조망자의 시각 간의 관계를 어떻게 설정하느냐에 따라 변화와 역동성이 살아난다.

류재수의 『노란 우산』(류재수 저, 보림)은 비오는 날, 학교 가는 길에 노란 우산과 파란 우산, 빨간 우산이 만나고 점점 더 다양한 색깔의 많은 우산이 모여서 학교로 향하는 모습을 위에서 내려다보는 구도로 재미있게 표현해 주고 있다. 사람들의 모습은 보이지 않고 위에서 내려다본 우산들의 모습만을 그림으로써 전체적인 통일감을 주면서도 색깔과 공간 등으로 변화를 주어 리듬감을 살려 준다.

기본적인 구도에는 수평구도, 수직구도, 원환구도가 있다. 수평구도는 안

『노란 우산』

『작은 집 이야기』

정적이고 평안한 느낌을 주며, 수직구도는 긴박한 긴장감을, 원환구도는 생동감을 준다. 버지니아 리 버튼(Virginia Lee Burton)의『작은 집 이야기』(버지니아 리 버튼 글·그림, 시공주니어)는 전체적으로 원환구도를 유지하면서 글과 그림의 배치에 변화를 주었는데, 이로 인해 정적이고 움직임이 없는 집이 주인공인 이야기에 동적인 생동감이 살아난다.

(2) 그림의 표현 양식

그림의 표현 양식은 어떠한 사물이나 사건을 작가 나름대로의 관념과 지각으로 표현하는 스타일을 말하며, 구도, 색, 원근과 같은 여러 가지 그림의 요소와 원리가 종합적으로 나타나는 모양이라고 할 수 있다. 그림책에서 주로 많이 활용되는 표현 양식으로는 재현주의, 인상주의, 표현주의, 만화, 민속주의 그림이 있으며, 이러한 표현 양식은 글의 내용에 맞게 사용되어야 효과적이다(Lynch-Brown & Tomlinson, 2005). 그림의 표현 양식의 종류와 특징은 〈표 4-1〉과 같다.

표 4-1 그림의 표현 양식의 종류와 특징

표현 양식의 종류	특징	예
재현주의	인물이나 사물, 사건 등을 상상 없이 사실적이고 실재적으로 묘사하는 방법이다.	『이슬이의 첫 심부름』
인상주의	색과 빛의 상호작용을 강조하면서 사물에 대한 순간의 시각적 인상을 표현한다. 꿈이나 환상 이야기, 조용한 이야기에 적절하다.	『새벽』

표현주의	사물의 외적인 형태를 왜곡시킴으로써 예술가의 내적인 정서적 반응, 주관적 느낌을 표현하며, 과장법, 확대법을 주로 사용한다.	 『마고할미』
추상주의	사물의 실제적인 형태나 모양은 거의 묘사되지 않으며, 느낌과 분위기만을 표현한다.	 『나무가 된 꼬마 씨앗』
초현실주의	전혀 어울리지 않는 색과 꿈, 사물을 대조하여 작가의 무의식의 세계, 내면의 세계를 표현한다.	 『이상한 화요일』
만화	풍자나 유머의 효과를 내기 위해 과장과 왜곡을 하며, 형태를 둥근 선으로 표현하고 배경을 생략하는 것이 특징이다. 동적이고 사건 위주의 그림으로 어린이의 흥미를 끈다.	 『깊은 밤 부엌에서』
민속주의	어떤 특유한 문화에 속하는 디자인과 형상에 기초하여 표현한다.	 『까막나라에서 온 삽사리』

(3) 그림의 기법

그림의 기법이란 그림을 그릴 때 사용한 재료와 기술을 말한다. 그림책에서는 채색기법, 그리기 기법, 필사기법, 사진, 콜라주의 방법을 많이 사용하는데, 이야기의 내용과 소재에 따라 적절한 기법을 활용하여야 한다(Lynch-Brown & Tomlinson, 2005). 그림책에서 주로 사용되는 미술적 기법은 〈표 4-2〉와 같다.

표 4-2　그림책에서 주로 사용되는 미술적 기법

미술적 기법	특징	예
채색기법	그림물감, 유화물감, 아크릴, 템페라 등을 사용하여 선보다 색을 강조	『마를린느의 크리스마스』
그리기 기법	펜, 잉크, 연필, 크레용, 파스텔, 목탄, 분필그림으로 선을 강조	『검피 아저씨의 뱃놀이』
필사기법	나무나 금속판화를 사용하여 찍어 내는 기법	『이야기 이야기』 『으뜸 헤엄이』
사진	흑백과 컬러 사진을 이용하여 사실적이고 실제적인 내용을 표현	『구름 나라』
콜라주	신문, 조각, 끈, 단추 등의 실제 물건을 사용한 그림	『눈 오는 날』

3) 파라텍스트

그림책의 독자에게 의미를 전달하는 텍스트에는 글 텍스트, 그림 텍스트 이외에 파라텍스트(paratext)가 있다. 파라텍스트는 그림책의 본문 이외에 편집자나 인쇄업자, 출판사 혹은 저자가 제공하는 자료이며, 글과 그림 이외의 본문을 둘러싼 자료이기 때문에 '주변 텍스트' 또는 '곁 텍스트'라고도 한다. 파라텍스트는 표지, 면지, 속표지 등과 같이 책의 내부 구조를 이루는 텍스트와 판형, 제본, 종이 등과 같이 책의 외부 구조를 이루는 물성으로서의 텍스트가 있다.

(1) 책의 내부 구조

책의 내부 구조를 이루는 텍스트를 책을 펼쳐 보았을 때의 순서에 따라 살펴보면 다음과 같다.

- 앞표지(front cover): 그림책의 제일 앞 장이다. 표지는 앞표지와 뒤표지로 이루어지는데 앞쪽에 있는 표지가 앞표지이다. 앞표지에는 제목과 표지 그림이 있다. 앞표지의 제목과 그림은 어린이들이 책을 읽도록 만드는 결정적인 요인이 되므로 책에 대한 정보와 매력을 최대한 담는다.
- 덧싸개(dusk jacket) 또는 띠지(belly band): 덧싸개는 표지를 덮어 싼 종이이며, 띠지는 책의 겉장을 둘러싼 띠 모양의 종이를 말한다. 덧싸개나 띠지는 홍보나 광고를 위하여 책에 대한 간략한 소개나 정보, 추천사 등을 담는다. 최근에는 덧싸개의 그림을 표지의 그림과 달리하여 연속적인 효과나 반전의 효과를 내면서 책의 주제를 전달하기도 한다.

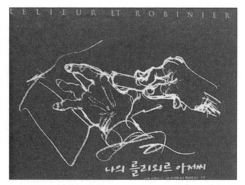

『나의 를리외르 아저씨』의 덧싸개, 띠지 및 앞표지

- **책등(spine):** 책의 정보를 가장 밀도 있게 집약하여 모아 놓은 곳으로 책
  꽂이에 책을 꽂았을 때 보이는 옆면이다.
- **면지(inside front):** 표지를 넘기면 표지 뒤쪽에 붙어 있는 종이가 왼쪽 면
  지(end paper), 그다음 페이지가 오른쪽 면지(fly leaf)이다. 면지는 그냥
  하얀 종이를 붙여 놓기도 하지만 요즘의 잘 만들어진 그림책은 본격적
  으로 그림책을 읽기 전에 분위기를 잡고 호기심을 일으키도록 활용한
  다. 그림책의 분위기에 맞는 색이나 어린이들의 반응과 호기심을 이끄
  는 그림을 넣기도 한다. 예를 들어, 존 버닝햄의 『지각대장 존』(존 버닝햄
  글·그림, 비룡소)에는 면지에 존이 쓴 반성문이 있다. 면지의 기능은 책
  의 본체와 표지를 이어 주는 것이다. 책이 두껍고 판형이 클수록 면지의
  두께도 두꺼워진다.
- **반표지(half title):** 책을 펼쳤을 때 제목만 인쇄되어 있는 페이지이다. 외부
  구조와 본체를 연결하는 기능을 한다.
- **머리 그림(frontis piece):** 반표지 뒤 짝수 페이지에 놓이는 이미지이다. 책
  의 상징적이고 대표적인 이미지가 들어간다. 혹은 저자의 출판 목록이
  나 시리즈 목록을 넣기도 하고 비워 놓기도 한다.
- **속표지(title page):** 속표지는 본격적으로 이야기가 시작되기 전에 그림책

의 여러 가지 정보를 제공하는 면이다. 속표지에는 책의 제목이나 소제목(부제)이 적혀 있으며 글 작가, 그림 작가, 출판사에 대한 정보가 담겨 있다. 속표지에는 그림이나 이미지가 들어간다. 주로 책의 내용을 가장 잘 나타내 주거나 이야기가 시작됨을 예고해 주는 이미지가 들어간다.

- **뒤표지(back cover):** 뒤표지는 그림책의 제일 마지막 장이다. 뒤표지에는 주로 이야기를 마무리하는 그림이 들어가는데, 앞표지와 이어지는 하나의 그림이 들어가기도 하고, 주인공의 뒷모습, 이야기의 여운을 남기는 그림을 넣기도 한다. 뒤표지에는 그림과 함께 책에 대한 평론이나 독자 반응, 짧은 소개글 등이 들어가는 경우도 있다.

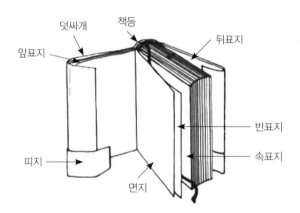

(2) 책의 외부 구조

책의 외부 구조는 책의 물체로서의 특성을 의미하며 책의 세 번째 텍스트라고도 한다. 이는 작가보다는 편집의 영역이라고 할 수 있다.

- **판형:** 책의 규격을 말한다. 그림책의 내용이 완성되면 책으로 출판하기 위해서 판형을 선택하여야 한다. 그림책의 판형은 주로 사각형으로, 가로 판형과 세로 판형이 있으며 그림책의 내용에 따라 결정한다. 예를 들어, 넓은 바다 이야기는 가로 판형, 높은 산 이야기는 세로 판형이 적절하다.

그러나 때로는 이야기 내용에 따라 규격화되지 않은 비율의 판형으로 비율의 변화를 가져올 수 있다. 즉, 기본 규격보다 크거나 작은 책이 있으며, 또는 정형화된 사각형 판형이 아니라 물체의 형태를 그대로 본 뜬 도상형의 판형이 있다. 예를 들어, 『트럭』(도널드 크루즈 글·그림, 1996, 시공주니어, 1981 칼데콧 아너상 수상)은 커다란 트럭의 거대함을 물성으로 전달하기 위해 가로 46cm, 세로 92cm 사이즈의 큰 책으로 만들어졌다.

큰 사이즈의 책인 『트럭』

• 페이지: 페이지 크기나 모양은 판형에 따라 거의 고정된다. 그러나 그림을 한 페이지에 하나씩 배치하는 한 페이지 프레임인지 양면의 펼친 그림으로 배치하는 두 페이지 전면 프레임인지에 따라 변화를 줄 수 있다. 양면 그림일 경우에는 독자들이 더 몰입하고 큰 화면에서 오는 개방감을 느낀다. 반면, 한쪽 면씩 배치한 그림은 한 장면에서 다음 장면으로 이어지는 파노라마 같은 연속감을 느낄 수 있다. 또한 그림을 액자와 같이 틀에 넣어 배치하는 경우도 있는데, 이때 독자는 이야기 속에 몰입하기보다는 객관적이고 한 걸음 떨어진 차원에서 이야기를 이해할 수 있다. 하나의 그림책 내에서 반드시 고정된 프레임을 유지하지 않고 이야기 구성에 따라 유동적으로 페이지 프레임의 변화를 줄 수도 있다.

반투명지를 사용하여 안개 낀 새벽의 모습을 표현한 『까만 밤에 무슨 일이 일어났을까?』

• 종이: 그림책의 종이 재질이나 두께도 다양하게 선택된다. 그림책의 대상 연령에 따라 쉽게 찢어지지 않는 두꺼운 재질의 종이를 사용할 수 있고, 『까만 밤에 무슨 일이 일어났을까?』(브루노 무나리 글·그림, 비룡소)처럼 안개 낀 까만 밤의 흐릿한

병풍책인 『밤을 깨우는 동물들』

시야를 표현하기 위하여 반투명지를 사용할 수도 있다.

• 제본: 그림책의 종이들을 순서에 따라 엮는 방법이다. 가장 일반적인 형
태의 제본은 네모난 모양의 종이를 묶어서 표지로 싸는 코덱스(codex)
제본이다. 그 밖에 스프링 제본, 종이를 묶지 않는 병풍책(fold book), 부
채책(fan book) 등이 있다. 제본은 그림책의 페이지들이 순차적으로 보
이게 하는지, 한눈에 모든 페이지를 볼 수 있게 하는지 등과 같이 페이지
들이 어떻게 보이는가를 결정하고, 독자의 읽는 행위에 영향을 준다.

그 밖에 활자체, 페이지 수, 책의 크기, 책의 묶음 방식도 다양하다. 활자체
는 독자의 연령에 따라 활자의 모양과 크기를 적절하게 선택하여야 하며, '쉬
운 책'인지, '큰 책'인지, 강조되는 글자가 있는지에 따라서도 달라져야 한다.
페이지의 지면 수 또한 대상 독자의 연령층을 고려해야 한다.

문학 이론가인 제라드 주네트(Gerard Genette, 1997)에 의하면 파라텍스트
가 없는 책은 없으며, 파라텍스트는 책을 읽기 위한 '문턱(threshold)'이라고
하였다. 파라텍스트는 책의 내부(peritext)뿐만 아니라 외부(epitext)에도 존재
하는데, 책에 대한 광고 문구, 인터뷰, 비평가의 리뷰, 저자 및 편집자 토론 등
이 이에 해당된다. 그림책은 단순히 글과 그림만 있으면 만들어지는 것이 아

니며, 파라텍스트에 따라 그림책의 완성도가 달라지고 독자의 해석에도 영향
을 준다.

1. 좋은 그림책을 한 권 선정하여 그림책의 글, 그림, 파라텍스트를 자세히 분석해 보고
   그 그림책이 왜 좋은 그림책인지 정리해 보세요.
2. 그림책 한 권을 선정하여 그림책의 간략한 소개, 추천사, 디자인을 삽입한 띠지를 만
   들어 보세요.

 참고문헌

김현희, 박상희(2008). 유아문학: 이론과 적용. 학지사.

이상금, 장영희(2001). 유아문학론(개정판). 교문사.

현은자, 강은진, 변윤희, 심향분(2004). 그림책과 예술교육. 학지사.

Genette, G. (1997). *Paratexts: Thresholds of interpretation.* Cambridge University
　　Press.

Jalongo, M. R. (2004). *Young children and picture book.* National Association for
　　the Education of Young Children.

Lynch-Brown, C., & Tomlinson, C. M. (2005). *Essentials of children's literature.*
　　Allyn & Bacon

Nikolajeva, M., & Scott, C. (2011). 그림책을 보는 눈: 그림책의 분석과 비평. 서정숙 외
　　역. 마루벌.

제5장

그림책의 유형

1. 내용에 따른 그림책의 유형

그림책의 유형은 그림책의 특성에 따라 다양하게 분류해 볼 수 있다. 컬리넌과 갈다(Cullinan & Galda, 2002)는 발달별 특징에 따라 보드북(board books), 참여책(participation books), 이야기와 시 그림책(storybooks and poems)으로 분류하였다. 로버트(Roberts, 2011)는 내용에 따라 옛이야기 그림책, 알파벳책, 수세기 책, 개념책, 정보 그림책, 가족 이야기책, 전기책(biographies), 유머 이야기책(funnybone books), 기본생활 이야기책(how to do it books), 환상 이야기책(magic stories)으로 구별하였다. 우리나라의 현은 자와 김세희(2005)는 연령과 내용 및 장르를 혼합하여 판타지 그림책, 사실주의 그림책, 옛이야기 그림책, 정보 그림책, 운문 그림책, 영아 그림책, 성경 그림책, 알파벳 그림책으로 구분하였다.

이 책에서는 그림책의 가장 기본적인 특징인 그림책의 형태와 내용에 따라 그림책의 유형을 분류하고자 한다. 즉, 그림책이 그림과 글로 구성되었는지,

그림으로만 구성되었는지에 따라 형태를 구분하고, 그림과 글로 구성된 그림
책을 다시 내용이 이야기인지, 정보인지에 따라 나누었다. 이를 '그림 이야기
책' '정보 그림책' '글 없는 그림책' 순으로 살펴보겠다.

1) 그림 이야기책

그림 이야기책(picture storybooks)은 줄거리가 있고, 글과 그림으로 구성되
어 있으며, 두 가지 요소가 조화롭게 이야기를 전달하는 책이다. 시는 줄거리
가 있는 이야기는 아니지만 기본적으로 그림과 글로 구성이 되어 있는 문학
이라는 점에서 그림 이야기책이라고 할 수 있다. 따라서 대부분의 그림책이
그림 이야기책에 속하며 옛이야기 그림책, 사실 그림책, 환상 그림책, 시 그
림책이 여기에 속한다.

『사과 먹는 법』   『소르르 잠이 오면』

2) 정보 그림책

정보 그림책(informational picture books)은 어린이들이 살고 있는 세상에
대한 여러 가지 지식을 알려 주는 책으로서 아주 어린 영아기부터 폭넓게 읽
히고 있다. 정보 그림책은 어린이들에게 세상에 대한 지식과 정보를 알려 줄

뿐만 아니라 호기심과 흥미를 키워 주고 질문에 대한 해답을 찾도록 도와준다(Jalongo, 2004). 따라서 정보 그림책은 다른 유형의 그림책과 달리 정확성과 적시성을 갖추어야 한다. 즉, 담고 있는 정보가 정확한지, 시대적으로 유용하며 시기적절한 최신의 정보인지를 확인해야 한다. 정보 그림책은 자연과학, 사회과학, 응용과학, 인문학 등 그 범위와 종류가 다양하고 무궁무진하여 어린이들이 가장 많이 접하는 그림책의 유형 중 하나이다. 특히 유아를 위한 정보 그림책에는 개념책, 수세기 책, 말놀이 책, 글자책 등이 있으며 그 특징과 예는 〈표 4-3〉과 같다.

표 4-3 정보 그림책 예

분류	정보 그림책의 예	
개념책	『우리 엄마 어디 있어요?』	『자전거 타고 로켓 타고』
수세기 책	『열 배가 훨씬 더 좋아』	『10까지 셀 줄 아는 아기염소』
말놀이 책	『무엇이 무엇이 똑같을까?』	

글자책		
	『기역은 공』	『기차 ㄱㄴㄷ』

3) 글 없는 그림책

글 없는 그림책(wordless picture books)은 말 그대로 글이 없이 그림으로만 구성된 그림책을 말한다. 글 없는 그림책은 글은 없으나 이야기는 있다. 다만, 이야기가 글로 표현되지 않았을 뿐 그림으로 이야기를 말해 준다. 그러므로 그림은 글이 있을 때보다 더욱 탄탄하게 이야기를 구성해야 하고 더욱 세밀하게 묘사해야 한다. 독자는 글을 읽는 대신 '그림 읽기'를 하기 때문이다. 글 없는 그림책은 어린이에게 스스로 이야기를 구성하고 자신의 말로 이야기를 꾸며 보게 하여 이야기의 개념 및 구성, 언어 발달에도 도움을 주며 상상력을 키워 준다.

글 없는 그림책으로는『눈사람 아저씨』(레이먼드 브리그스 그림, 마루벌),『이상한 화요일』(데이비드 위즈너 그림, 비룡소),『나의 빨강 책』(바바라 리만 그림, 아이즐북스),『작은 기적』(피터 콜링턴 그림, 문학동네어린이) 등이 있다.

『눈사람 아저씨』

『이상한 화요일』

『나의 빨강 책』

『작은 기적』

2. 매체에 따른 그림책의 유형

그림책의 종류는 그림책의 매체가 무엇인지에 따라 크게 종이 그림책과 디지털 그림책으로 분류할 수 있다. 정보화 시대의 미디어 발달은 책을 읽는 독서의 형태에도 변화를 가져왔다. 아마존 '킨들'의 개발자 제이슨 머코스키 (Merkoski, 2016)는 현재를 '리딩 2.0' 시대라고 선언하였는데, 첫 페이지부터 마지막 페이지까지 한 방향으로 책을 읽는 기존의 독서 형태를 '리딩 1.0'이라고 한다면, 이제는 시·공간을 초월하여 상호 교류하는 형태의 독서인 '리딩 2.0' 시대가 도래하였다고 주장하였다. 디지털 책의 편의성과 간편함으로 인해 독서 문화도 급격하게 변화하였지만, 종이책도 종이책만의 고유한 장점을 확장하면서 다양한 형태로 발전하고 있다. 종이 그림책은 디지털 그림책과는 다른 감성과 장점이 존재하기 때문이다.

1) 종이 그림책

종이 그림책은 종이에 글이나 그림을 인쇄하여 만든, 물리적인 실체가 있는 책이다. 종이 그림책은 독자의 흥미를 불러일으키고 더 적극적인 상호작용을 하기 위하여 장난감 그림책(toy book), 보드북(board book), 팝업북(pop up book) 등 다양한 형태로 발전하였다.

- 장난감 그림책: 단순히 읽기만 하는 그림책이 아니라 장난감처럼 놀이를 할 수 있는 그림책이다. 주로 오감각을 활용하며 헝겊이나 비닐 등의 재질로 된 촉감책(touch & feel book)이나 소리가 나는 사운드 책(sound book), 움직임을 보여 주는 시각책, 냄새를 맡을 수 있는 책 등이 있다.

토끼의 귀가 헝겊으로 되어 있어
부드러운 촉감을 느낄 수 있는 장난감
그림책인 『자장자장 아기 토끼』

줄무늬 필름지를 그림 위에 올려놓고 옆으로 밀면
움직이는 그림이 나타나는, 시각을 활용한 장난감
그림책인 『꽃들의 시간』

또한 『불을 꺼 봐요!』(리처드 파울러 글·그림, 보림)와 같이 그림자 놀이를 하거나 『암탉과 여우』(클라우디오 리폴·양연주 글·그림, 키즈엠), 『사막여행』(손소영 글·그림, 고래뱃속)과 같이 책을 펼치고 조작하면서 다양한 놀이를 할 수 있는 그림책이 있다.

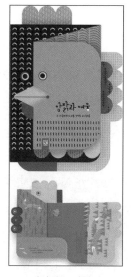

예술 놀이 그림책 아티비티
(art+activity=artivity) 북인 『불을 꺼 봐요!』

장난감 그림책인
『암탉과 여우』

아코디언 그림책인
『사막여행』

- **보드북**: 표지에서 내지까지 그림책 전체가 단단한 합지로 만들어진 책이다. 보드북은 쉽게 망가지지 않으면서 손가락으로 페이지를 넘기기가 쉽다.

앞과 뒤, 어느 쪽으로 펼쳐도
이어지는 감각적인 보드북인 『길』

손으로 놀이를 할 수 있는 보드북인
『손이 필요해』

- **팝업북**: 책장을 펼쳤을 때 그림이 입체 조형물처럼 튀어나오는 그림책이다. 2차원의 평면적인 그림책에 종이 공예를 접목하여 3차원의 입체로 표현하는 그림책이다. 단순히 입체 그림이 튀어나오는 기법 이외에 돌아가는 판이나 당기는 손잡이를 이용하여 그림이 변하게 하거나 종이를 들어 올리면 숨은 그림이 튀어나오는 등의 다양한 기법을 사용하여 생동감을 준다. 따라서 팝업북은 다양한 기술과 예술이 종합된 아트북이라고 할 수 있다.

우리에 갇힌 동물들의 모습이 입체적으로
표현되어 있는 팝업북인 『이상한 동물원』

팝업북인 『동물, 원』

2) 디지털 그림책

디지털 그림책은 디지털 미디어를 활용한 그림책을 일컫는다. 디지털 그
림책은 종이책에 디지털 미디어 기술을 활용한 음향이나 시각적 효과를 접
목한 그림책에서부터 이야기 자체가 일반적인 종이 형태가 아닌 디지털로
변형하여 제공되는 그림책까지 그 종류가 매우 다양하다. 유비쿼터스 망과
3D 입체 영상 기술력이 향상됨에 따라 디지털 그림책의 형태는 점차 전자 공
간이나 가상 공간으로 이동하고 있다(엄인영, 2016). 디지털 그림책에는 오디
오북(audio book), 전자 그림책(electronic book: e-book), 증강현실 그림책이
있다.

• 오디오북: 책의 내용을 귀로 들을 수 있도록 전문 성우가 소리를 내어 녹
  음한 형태의 책이다. 즉, 독자가 책을 읽는 것이 아니라 들을 수 있도록

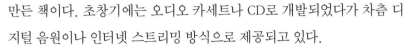

만든 책이다. 초창기에는 오디오 카세트나 CD로 개발되었다가 차츰 디지털 음원이나 인터넷 스트리밍 방식으로 제공되고 있다.

- 전자 그림책: 책의 내용을 종이로 인쇄하지 않고 디지털 정보로 가공하여 저장한 책이다. CD-ROM을 사용하거나 파일을 전송받아 모니터를 통해 책을 볼 수 있다. 파일 전송은 전자책 전용으로 나온 단말기를 이용하는 방식과 PC나 스마트폰, 태블릿 컴퓨터 등의 범용 IT 기기에 애플리케이션을 설치하여 이용하는 방식이 있다. 그림책의 저장 방식에 따라 멀티미디어 동화, 웹북, 앱북으로 분류된다.

  - 멀티미디어 동화: CD-ROM을 사용하여 그림책을 보거나 들을 수 있고, 게임 기능 등을 더한 책의 형태이다. 주로 기존의 그림책과 함께 CD-ROM를 제시한다.

『사물놀이 이야기』

『낱말 소리 그림책』

  - 웹북: 인터넷만 연결되어 있으면 컴퓨터나 스마트 기기를 사용하여 볼 수 있는 형태의 그림책이다. 흔히 e-book의 형태로 판매되기도 하고 각종 도서관의 전자 도서관을 이용할 수도 있다. 또한 네이버의 쥬니버 동화여행과 같은 포털 사이트에서도 다양한 서비스를 제공하고 있다.

－앱북: 스마트폰이나 스마트 기기에 그림책 애플리케이션을 설치하여
볼 수 있는 형태이다. 앱을 통해 동화책을 들을 수 있을 뿐만 아니라
유아가 스스로 녹음을 하거나 그림책을 만들 수도 있다(BookTraps, 아
이윙).

BookTraps   아이윙

• 증강현실 그림책: 증강현실(Augmented Reality: AR) 기술을 활용하여 종이
그림책의 그림을 3차원 입체 영상으로 볼 수 있는 형태의 그림책이다.
증강현실 그림책은 컴퓨터에 설치된 웹 카메라에 책의 표시를 비추면
종이책의 그림 위로 3D 이미지가 나타나고, 소리도 구현되는 그림책이

『깜깜한 게   『아기 올빼미』   『친구 할까?』   『꼬마 곰 무르』
무섭다고, 내가?』

다. 즉, 종이책과 전자 그림책의 장점을 살려서 결합시킨 책이며, 기존의 팝업북과 애니메이션 기술이 융합되었다고 할 수 있다(김영옥, 2010).

디지털 그림책은 종이 그림책보다 실감 나는 영상과 생생한 성우의 목소리로 생동감을 더해 주어 유아들의 흥미와 이해를 도울 수 있다는 장점이 있다. 하지만 종이 그림책이 가지고 있는 상상력의 여백이 부족하며, 읽어 주는 사람과의 정서적인 교류로서의 매력이 부족하다는 단점도 있다. 그러므로 유아들이 어린이 문학을 종이 그림책과 디지털 그림책으로 균형되고 다양하게 접할 수 있도록 지도할 필요가 있다(이하나, 2017).

알아보기

1. 글 없는 그림책 한 권을 선정하여 이야기를 만들어 읽어 보세요.
2. 좋은 정보 그림책의 조건이 무엇인지 생각해 보고 그에 맞는 정보 그림책을 찾아보세요.
3. 최근에 출판된 다양한 형태의 디지털 그림책을 찾아보세요.

 참고문헌

김영옥(2010). 증강현실 기술이 접목된 그림책으로 보는 상상력의 진화. 인문콘텐츠, 19, 465-489.

엄인영(2016). 파라텍스트 개념 확장을 통한 북 디자인의 발전 가능성 연구. 커뮤니케이션디자인학연구, 55, 67-78.

이하나(2017). 디지털 콘텐츠의 유형이 그림책 유도성에 미치는 영향에 관한 연구: 만 3세 유아를 대상으로. 인천대학교 대학원 석사학위논문.

현은자, 김세희(2005). 그림책의 이해 I. 사계절.

Cullinan, B. E., & Galda, L. (2002). *Literature and child*. Harcourt Brace & Company.

Jalongo, M. R. (2004). *Young children and picture book*. National Association for the Education of Young Children.

Merkoski, J. (2016). *Chronicles of nowhere*. Oscura Press.

Roberts, E. E. (2011). How picture books build better brains in children. 2011 한국어린이 문학교육학회 국제학술대회 자료집, 1-45.

유아를 위한 그림책

1. 연령별 발달 특성과 문학작품

이 절에서는 0~8세까지의 유아기 어린이를 중심으로 이들의 발달 특성에 따른 문학작품에 대해 기술하고자 한다. 유아기는 여러 가지 발달적 측면에서 급격한 변화와 성장이 이루어지는 매우 중요하고 의미 있는 시기이다. 유아기에 이루어지는 발달적 변화와 의미를 살펴보면 다음과 같다.

유아기는 언어를 습득하는 중요한 시기이다. 어린이는 스스로 모국어의 규칙과 문법을 이해하고 자신의 것으로 만들어 간다. 이를 위해 어린이는 일상생활에서 풍부한 언어를 접해야 하며, 이때 좋은 문학작품은 언어 학습을 위한 중요한 매개체가 된다.

특히 그림책은 어린이가 언어의 문장 구조를 이해하고 사용하는 데 도움이 되며, 창의적이고 심미적인 언어를 즐기고 활용할 수 있는 기회를 제공한다(Giorgis & Glazer, 2009). 부모나 교사가 그림책을 소리 내어 읽어 주는 경험을 가진 어린이는 듣기 능력이 향상되고 자연스럽게 읽기를 배울 수 있는 가능성 또한 증가한다. 어린이들은 좋은 그림책을 보고 듣고 읽는 경험을 통하여 자신의 생각과 감정을 효과적으로 의사소통할 수 있는 기초 능력을 갖게 된다.

인지 발달적 측면에서 유아기는 지속적으로 새로운 개념을 획득하고 이미 습득한 개념들을 정교화하는 단계이다. 또한 다양한 사고 과정 기술을 발전시키고, 논리적 추론 능력을 확장하는 시기이기도 하다. 이 시기의 어린이는 문제 해결 과정에 적극적으로 참여하여 성공하는 경험이 필요하다(Giorgis & Glazer, 2009). 좋은 문학작품은 어린이들에게 이러한 인지 발달의 기회를 제공한다. 어린이들은 그림책을 통해 새로운 정보와 개념을 습득하고 이야기를 듣고 이해하는 과정에서 추론 능력을 키울 수 있으며, 관찰, 비교, 분류, 예측 등 다양한 사고 과정 기술을 활용할 수 있게 된다.

유아기는 사회적 관계의 확장을 통하여 자기 세계를 넓혀 가는 시기이다. 이를 위해 사회성 발달은 매우 중요하다. 어린이들은 또래와의 놀이나 갈등 상황을 통해 다른 사람의 감정과 의도가 나와 다름을 인식하고 이를 추론해 낼 수 있게 된다. 그림책 속의 등장인물에게 공감하는 과정에서 어린이는 이러한 기회를 자연스럽게 접하게 되며, 자신과 다른 사람들에 대해 배우게 되고 다양함을 가치 있게 여기게 된다.

정서적으로 유아기는 자기 인식과 이해를 바탕으로 긍정적인 자아 개념을 발달시키는 중요한 시기이다. 어린이들은 자신의 감정을 이해하기 시작하며 사회적으로 인정되는 방식으로 자신의 감정을 표현하는 방법을 배우게 된다. 작품 속 주인공의 감정을 이해하며 공유하는 과정을 통해 타인의 감정에 대해 공감하는 능력을 기르게 되며, 두려움·공포·불안·초조·죄책감·질투심 등의 감정 또한 등장인물들을 통해 간접적으로 경험함으로써 정서적으로 위로받고 갈등을 해소하게 된다.

유아기 어린이의 연령별 발달 특성을 고려한 문학작품은 다음과 같다.

1) 0~2세

영아기는 감각 기관과 신체 운동을 통하여 인지 발달이 이루어지는 시기이다. 따라서 오감각을 적극적으로 활용할 수 있어야 하며 대·소근육 운동을 통한 발달이 활발하게 이루어져야 한다.

출생 후 5개월이 되면 엎드려 있는 동안 머리를 들 수 있으며 기대어 앉아 있을 수 있는 시간 또한 길어진다. 고정된 물체는 거의 정확하게 볼 수 있고 색상의 강한 대비가 있는 물체를 선호하는 시기이다. 이 시기에는 양손을 사용해서 물체를 쥘 수 있기 때문에 천으로 된 책이나 흔들면 소리가 나는 책이 적합하다. 엎드려서 쳐다볼 수 있는 거리에 병풍처럼 생긴 책을 놓아 줄 수도 있다(예: 『무엇일까?』 『공룡꼬리』 『아기 초점책』).

  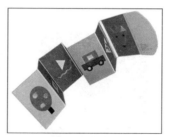

『무엇일까?』　　　『공룡꼬리』　　　『아기 초점책』

영아기 어린이를 위한 책은 만지고 흔들고 눌러 보고 입에 넣어 보는 등 탐색하고 놀 수 있는 놀잇감의 특성을 가지고 있어야 한다. 손가락을 집어넣어 장난감처럼 놀이할 수 있는 『잡아 봐!』(고미 타로 글·그림, 문학동네어린이), 종이를 펼치면 기다란 그림이 나타나는 『기차』(한국어린이육영회) 등이 그 예이다. 그림책은 다양한 재질과 촉감을 가진 재료를 사용해야 하며, 입에 넣고 빨아도 안전한 재질과 염료를 사용해야 한다. 또한 세척이 용이하고 책의 무게나 크기, 제본, 모서리 등도 영아기 어린이에게 알맞게 제작되어야 한다.

『잡아 봐!』   『기차』

혼자서 걷고 밥을 먹고 옷을 입고 벗는 등의 자조 기술과 관련된 그림책 또
한 걸음마기 영아에게 적절하다. 혼자서 일상적인 일들을 해내기 위해 여러
번의 반복과 시행착오를 하는 모습을 담은 그림책들은 영아에게 위로와 격려
가 되며 동기 부여가 된다(예: 『구두구두 걸어라』 『싹싹싹』 『손이 나왔네』).

『구두구두 걸어라』   『싹싹싹』   『손이 나왔네』

2) 3~5세

이 시기는 장 피아제(Jean Piaget)의 발달 단계 중 전조작기에 해당하는 시
기로서, 눈에 보이는 지각적 속성에 기초해 판단하는 시기이다. 전조작기 유
아는 상징적 사고가 활발해지고 표현 능력 또한 증가하지만 아직 논리적 사
고를 하지 못하는 단계이다. 자기중심적 사고, 물활론적 사고, 실재론적 사고

가 주가 되며 상상놀이가 가장 활발한 시기이다.

물활론적 사고는 생명이 없는 대상이나 현상에 생명을 부여하는 사고로서, 어린이가 동물이나 장난감이 의인화된 환상동화나 전래동화를 좋아하는 이유가 된다(예:『장갑』『바무와 게로의 하늘 여행』『팥죽 할머니와 호랑이』).

『장갑』   『바무와 게로의 하늘 여행』   『팥죽 할머니와 호랑이』

이 시기는 또한 어린이의 언어 능력이 급격히 발전하는 단계로서, 어휘력이 급증하고 글자에 대한 관심이 증가한다. 따라서 감각적이고 재미있는 방식으로 어휘를 소개하는 그림책(예:『말놀이 동시집』)이나 반복과 리듬을 통해 일정 어휘가 반복되는 그림책(예:『새는 새는 나무 자고』『잭이 지은 집에서 도대체 무슨 일이 일어났을까?』)은 이 시기 어린이들의 언어적 감각을 높이고 언어 유희를 즐길 수 있게 도와준다.

『말놀이 동시집 2』   『새는 새는 나무 자고』   『잭이 지은 집에서 도대체
                                                            무슨 일이 일어났을까?』

유아가 흥미 있게 탐구할 수 있는 주제와 관련된 정보 그림책은 깊이 있는 탐구학습으로 확장될 수 있고 어린이의 호기심을 해소할 수 있는 좋은 기회가 된다. 질문의 폭발 시대라고 할 만큼 궁금한 점이 많은 이 시기에 아름다운 그림과 흥미 있는 줄거리를 가진 수준 높은 정보 그림책을 제공할 필요가 있다(예: 『지렁이가 흙똥을 누었어』 『도도새는 왜 사라졌을까요?』 『짚』).

『지렁이가 흙똥을 누었어』

『도도새는 왜 사라졌을까요?』

『짚』

유아기는 긍정적인 자아 개념 형성에 결정적인 시기라는 점에서 자아 형성을 돕는 그림책을 소개하는 것이 바람직하다. 신체 운동 능력이 발달해 가는 단계에서 유아가 느낄 수 있는 좌절감이나 형제와 또래 관계에서 발생하는 갈등으로 인한 어려움 등이 유아에게 친숙한 소재와 환경을 중심으로 펼쳐지는 그림책 속 이야기는 독자인 유아에게 위안과 안정감을 느끼게 하는 동시에 긍정적인 자아 개념을 형성하는 데 도움이 된다.

또한 이 시기의 어린이들은 사회의 편견에 동화되지 않으면서 다양한 가치에 대한 존중을 생활 속에서 자연스럽게 익힐 수 있어야 한다. 이를 위해 성, 인종, 종교, 문화, 전쟁과 폭력, 장애, 개인차 등을 다룬 문학작품을 경험할 수 있는 기회를 충분히 제공해야 한다(예: 『뒷집 준범이』 『종이 봉지 공주』 『전학 온 친구』).

『뒷집 준범이』

『종이 봉지 공주』

『전학 온 친구』

3) 6~8세

이 시기는 전조작기에서 구체적 조작기로 전이되는 시기로서 인지 능력이
확장된다. 그러나 여전히 자기중심적 사고, 물활론적 사고, 실재론적 사고를
하는 단계이기도 하다. 어린이의 성장에 따라 활동 반경이 확대되어 사회적 관
계의 폭이 넓어지면서 이로 인한 어려움(우정, 질투, 경쟁 등) 또한 증가한다. 인
지 능력이 높아지면서 유머를 이해하고 사회적 관계 속의 여러 가지 다양한 측
면을 바라볼 수 있는 시각 또한 발달한다. 따라서 이 시기에는 사회적 문제나
다양한 가치관이 주제로 등장하는 문학작품도 소개할 수 있다(예:『이웃사촌』
『안 돼!』『내게는 소리를 듣지 못하는 여동생이 있습니다』『깃털 없는 기러기 보르카』).

『이웃사촌』

『안 돼!』

『내게는 소리를
듣지 못하는 여동생이
있습니다』

『깃털 없는 기러기
보르카』

2. 어린이의 욕구와 문학작품

어린이의 기본적인 욕구는 적절한 문학작품을 선택하는 데 중요한 참조 체제가 될 수 있다. 왜냐하면 좋은 그림책은 어린이 자신의 잠재적 욕구와 갈등을 투영하고, 작품 속 주인공의 행동과 느낌에 대한 동일시와 감정이입의 기회를 제공하기 때문이다. 문학작품이 어린이에게 제공하는 심리적ㆍ정서적 지원은 좋은 문학작품을 통한 교육이 지속적으로 주목받는 이유이기도 하다.

매슬로(Maslow, 2009)는 인간의 성장 발달과 기본적인 욕구 충족 과정과 관련하여 결핍 욕구(생리적 욕구, 안전에 대한 욕구, 소속감과 사랑의 욕구, 자기존중의 욕구)와 성장 욕구(자아실현의 욕구)를 구분한다. 이러한 욕구는 모든 사람이 지닌 보편적인 것으로서 인간의 행동을 유발시킨다.

매슬로가 언급한 기본적인 욕구들은 문학작품을 통해 간접적으로 충족, 해소될 수 있다는 점에서 다음과 같이 문학작품의 구체적 내용과 연결지어 생각해 볼 수 있다.

1) 생리적 욕구

생리적 욕구는 기본적으로 먹는 것, 잠자는 것, 배설하는 것, 옷 입는 것 등과 관련된 것으로서 다른 모든 욕구 중에서 가장 강력하다. 삶에서 모든 것이 극단적으로 결핍되어 있는 사람은 다른 어떤 욕구보다도 생리적 욕구에 따라 동기화될 가능성이 가장 높다. 예를 들어, 음식, 안전, 사랑, 존중이 모두 결핍되어 있는 사람은 다른 무엇보다도 음식을 더 강하게 원할 것이다.

생리적 욕구가 반영된 그림책으로는 잠자기, 식사, 배변 훈련과 관련된 작품으로서, 『잘 자요, 달님』(마가릿 와이즈 브라운 글, 클레먼트 허드 그림, 시공주니어), 『난 토마토 절대 안 먹어』(로렌 차이드 글ㆍ그림, 국민서관), 『똥이 풍덩』

『잘 자요, 달님』   『똥이 풍덩!』

(알로나 프랑켈 글·그림, 비룡소) 등이 있다.

2) 안전에 대한 욕구

『겁쟁이 빌리』

생리적 욕구가 어느 정도 충족되면 새로운 욕구인 안
전 욕구가 생긴다. 안전·안정·의존·보호의 욕구, 두
려움과 불안, 혼돈으로부터 해방되려는 욕구 등이 안전
욕구의 예이다. 낯선 대상보다 익숙한 대상을, 모르는 것
보다 아는 것을 선호하는 일반적인 성향 또한 안전과 안
정을 추구하는 욕구라고 할 수 있다. 이 외에도 안전 욕
구는 전쟁, 질병, 자연재해, 범죄의 급증, 사회해체, 만성
적으로 열악한 환경처럼 위급 상황에서 절박해진다.

안전 욕구가 반영된 그림책으로는 『겁쟁이 빌리』(앤서니 브라운 글·그림,
비룡소), 『엄마가 사라졌어요』(이정희 글·그림, 문학동네) 등이 있다.

3) 소속감과 사랑의 욕구

생리적 욕구와 안전에 대한 욕구가 어느 정도 충족되면 사랑과 애정, 소속
감의 욕구가 생긴다. 사랑의 욕구에는 애정을 주는 것과 받는 것 모두 포함된

『그래도 엄마는 너를 사랑한단다』   『우린 정말 친한 단짝 친구!』

다. 이런 욕구의 좌절은 부적응이나 보다 심각한 병리 상태로 이어질 수 있다.

소속감과 사랑의 욕구와 관련된 그림책으로는 『그래도 엄마는 너를 사랑
한단다』(이언 포크너 글·그림, 중앙출판사), 『언제까지나 너를 사랑해』(로버트
먼치 글, 안토니 루이스 그림, 북뱅크), 『우린 정말 친한 단짝 친구!』(로렌 차일드
글·그림, 국민서관) 등이 있다.

4) 자기존중의 욕구

모든 사람은 자신에 대해 안정적이고 호의적인 평가를 받고 싶은 욕구, 자
기존중 또는 자부심을 유지하고 싶은 욕구, 다른 사람들에게 존중받고 싶은
욕구를 가지고 있다. 자존감의 욕구가 충족되면 자신감이 생기고 자신이 세
상에서 필요하고 가치 있는 유용한 존재라고 느낀다. 자기존중의 욕구를 충
족하지 못하면 열등감이나 무력함, 나약함을 느끼게 되어 실의 또는 신경증
으로 이어질 수 있다.

자기존중의 욕구와 관련된 그림책으로는 『내가 정말?』(최숙희 글·그림, 웅
진주니어), 『다 이유가 있어!』(캐롤라인 제인 처치 글·그림, 좋은책어린이), 『강아
지똥』(권정생 글, 정승각 그림, 길벗어린이) 등이 있다.

『내가 정말?』　　　　　　　　　　『다 이유가 있어』

5) 자아실현의 욕구

이상의 모든 욕구가 충족되어도 사람들은 자신에게 만족스러운 일을 하고
있지 않는 한 새로운 불만족과 불안감을 느낀다. 이런 욕구를 자아실현의 욕
구라고 부른다. 이는 사람들이 자신을 완성하려는 욕구, 즉 자신의 잠재성을
실현하려는 성향을 의미한다.

자아실현의 욕구와 관련된 그림책으로는 『이슬이의 첫 심부름』(쓰쓰이 요
리코 글, 하야시 아키코 그림, 한림출판사), 『으뜸 헤엄이』(레오 리오니 글·그림,
마루벌), 『엠마』(웬디 케셀만 글, 바바라 쿠니 그림, 느림보) 등이 있다.

『이슬이의 첫 심부름』　　　　　　　『으뜸 헤엄이』

알아보기

1. 북스타트 프로그램에서 영유아에게 제공하는 도서 관련 프로그램을 조사해 보세요.

2. 영아를 위한 그림책을 조사해 보고 영아의 어떠한 욕구를 담고 있는지 생각해 보세요.

 참고문헌

Giorgis, C., & Glazer, J. I. (2009). *Literature for young children: Supporting emergent literacy, ages 0-8* (6th ed). Pearson.

Maslow, A. H. (2009). 동기와 성격. 오혜경 역. 21세기북스.

제7장

유아 문학교육의 이해

1. 유아 문학교육의 의미

1) 문학과 문학교육

문학교육은 문학을 가르치고 배우는 것이다. 그러나 '문학을 가르칠 수 있는가? 본질적으로 주관적인 문학이 교수ㆍ학습의 대상이 될 수 있는가?'(Nodelman, 2001)라는 문제는 계속 제기되어 왔다.

문학은 음악, 미술 등과 함께 하나의 예술이다. 예술은 대상, 경험, 사고 등을 미적으로 표현하는 것이며, 사람들은 예술작품을 감상하거나 창작하면서 즐긴다. 그러므로 예술은 지극히 감성적이고 개인적인 작업이라 할 수 있다. 문학도 인간의 감정, 생각, 상상력을 언어라는 매개체를 통하여 표현하는 예술이며, 사람들은 문학작품을 읽고 감상하며 더 나아가 창작 활동을 하며 즐긴다. 문학의 감상과 창작은 본질적으로 주관적인 것이다. 같은 문학작품을 읽더라도 읽는 사람의 개인적 경험과 상황에 따라 이해와 감동이 다르고 동일한 주제에 대한 글도 글쓴이의 사상과 생각에 따라 다르게 표현된다.

그러므로 이러한 문학을 즐기고 감상하며 창작하는 법을 어떻게 가르치며 배울 것인지, 그리고 꼭 가르쳐야 하는지, 문학을 향유하고 경험한다는 말은 성립이 되지만 과연 '가르친다'는 말 자체가 타당한지 의문이 제기된다. 예술적 감지력과 표현력은 배우는 것이 아니라 터득하는 것이므로 문학교육은 사실상 저절로 가정이나 학교에서 혼자서 이루어지고 있다는 주장도 있다. 즉, 문학교육은 현상으로 존재하고 활동으로 시행되며, 가르치는 사람은 없고 행위자만 있다는 것이다(윤희원, 1996).

그러나 미술교육, 음악교육, 문학교육과 같은 예술교육은 이미 오래전부터 학교 교육의 한 부분으로 이루어져 왔다. 그리스 로마 시대의 예술교육은 수학과 같이 이성적인 학문이었지만 중세 이후부터 19세기까지는 직업적인 전문가들을 위한 도제식 교육이었다. 19세기 말, 20세기에 이르러 창조와 생산, 자아 표현의 수단으로서의 예술교육이 나타났고 인간교육, 전인교육으로의 예술교육이 정립되었다(Read, 1943). 우리나라에서도 예술교육은 하나의 인간교육으로 이루어져 왔으며, 조선시대 선비들은 인격 도야를 위해 시화를 즐기기도 하였다. 이에 오늘날의 예술교육은 창작과 표현을 통해 인간의 예술적 소양을 육성하는 교육으로 발전하였다. 즉, 개인의 잠재된 예술적 능력을 계발하고 예술적 감성을 기르는 것이다.

문학교육은 문학을 읽고 감상하고 표현할 수 있는 능력과 문학적인 자질 및 감성을 지닐 수 있는 문학적 소양을 기르는 것이어야 한다. 학교에서의 문학교육이 주로 문학작품에 대한 해석과 지식 위주의 인지적 영역만을 강조해 왔기 때문에 문학교육에 대한 부정적인 시각이 있기도 하다. 그러나 문학은 이미 교육에서 중요한 영역으로 자리 잡고 있으며, 문학적 소양은 스스로의 경험을 통하여 길러지기도 하지만 적절한 교육 원리와 계획, 방법에 따라 가르치고 배우는 것을 통하여 더 쉽게 길러질 수 있다. 그러므로 문학교육은 감성적 인식, 정서적 체험, 아름답고 풍부한 정신적 기능 등을 위주로 언어로서

의 문학을 체험시키는 것에서부터 접근하여야 할 것이다. 어린이들은 문학
작품 속에서 즐거움을 함께 나누고 그 속에 담긴 의미를 깨닫는 과정을 통해
정신적 감수성과 정서적 민감성, 상상력과 사고력, 창의력을 풍부하게 키우
고 전인적인 어린이로 성장할 수 있다(조경자 외, 2013, p. 23).

2) 유아 문학교육의 의미 및 가치

문학교육이 필요한 것은 문학이 인간의 삶에 대한 통찰력을 길러 주고 삶
에 대한 총체적인 이해를 돕기 때문이다. 문학은 어린이들에게 상상의 즐거
움, 앎의 즐거움, 자아 발견의 즐거움 등을 주며, 온전한 인간으로서 자신을
형성해 나가도록 도움을 준다. 유아 문학교육은 이러한 문학을 즐기도록 도
와주는 것이다(조경자 외, 2013, p. 23).

유아 문학교육은 어린이에게 문학작품을 경험하게 하기 위한 일련의 교육
체계이다(서정숙, 남규, 2010). 어린이들에게 문학을 소중히 다루고 즐기는 분
위기를 만들어 주고, 좋은 문학을 다양하게 만나 볼 수 있도록 선택하여 주
며, 내용의 이해와 감상을 도와주고 문학을 비교, 분석, 비평해 보는 경험을
제공해 주는 교육 활동이다. 문학적 경험 없이 문학을 즐길 수 없으며, 문학
에 대한 경험과 이해가 많을수록 문학의 즐거움은 배가된다. 적절한 교육 목
표하에 의도적으로 좋은 문학 경험을 제공해 줌으로써 어린이들이 스스로 문
학을 즐기고 감상하도록 해 주는 것이 문학교육이다. 이러한 유아 문학교육
의 가치를 보다 구체적으로 정리해 보면 다음과 같다(구인환, 구창환, 1995; 윤
희원, 1996).

첫째, 문학의 즐거움이다. 문학은 본래 미적인 쾌감을 위해 창작된 것이
다. 그러나 좋은 문학이 주는 즐거움은 즉각적이고 감각적인 즐거움이 아니
므로 어린이들이 책을 보자마자 곧바로 그 맛을 알고 빠져들기는 힘들다. 마
치 좋은 음식은 오래 씹어야 풍미를 알 수 있듯이 문학도 좋은 문학작품을 많

이 접하고 즐거운 경험이 반복될수록 기쁨을 느낄 수 있으며 문학교육은 어린이들이 문학의 즐거움을 알 수 있도록 도와준다.

둘째, 문학의 감상과 감동이다. 어린이들은 문학교육을 통해 작품을 스스로 감상할 수 있는 능력을 갖게 되고 그로부터 많은 감동을 얻을 수 있다.

셋째, 문학의 내면화이다. 문학교육을 통해 작품을 더 잘 이해하고 감동을 받음으로써 가치관의 변화와 행동의 변화를 가져올 수 있다. 이때 가치관의 변화는 강제적인 설교나 암기된 지식에 의한 것이 아니며 감동에 바탕을 둔 것이다.

넷째, 문학 장르의 체험이다. 다양한 장르의 문학작품을 경험하는 것은 각 장르의 특성에 따른 문학교육이 이루어질 수 있는 기회가 된다. 따라서 문학교육에서는 어린이들이 다양한 장르의 문학을 골고루 체험할 수 있도록 계획되어야 하며 장르의 특성에 따라 작품을 이해할 수 있도록 해 주어야 한다.

다섯째, 문학 비평이다. 문학 비평은 작품에 대한 자신의 입장을 형성해 나아가는 일련의 작업이다. 문학교육은 교사가 일방적으로 작품에 대한 교사의 반응을 전달하는 것이 아니라 교사와 어린이들의 상호작용을 통하여 어린이들의 반응을 이끌어 내는 것이다.

여섯째, 문학의 창조이다. 문학교육을 통해 어린이들은 문학을 창조하는 주체로서의 경험을 하게 되며 표현과 창작의 즐거움을 느끼게 된다.

이상의 문학교육의 가치를 종합하면, 문학교육은 어린이들이 문학을 접하면서 문학을 이해하고 활용할 수 있도록 도와주는 문학 능력의 향상 측면, 그리고 어린이들이 때와 장소에 따라 보고 느끼고 생각하는 방법과 인생을 진실하게 살아가는 삶의 방법 등을 체득할 수 있도록 해 주는 인간 형성의 교육적 측면이 있다(최경희, 1993). 따라서 유아 문학교육의 가치는 문학작품을 보다 잘 이해하고 감상, 비평할 수 있는 능력과 문학적 감수성을 키워 줌으로써 풍요롭고 가치 있는 삶을 살도록 도와주는 데 있다(조경자 외, 2013, pp. 23-25).

2. 유아 문학교육의 목표와 내용

1) 유아 문학교육의 목표

유아 문학교육의 목적은 궁극적으로 어린이의 성장을 돕는 것이다. 즉, 문학을 통해 인간의 삶을 탐구하고 이해함으로써 어린이들이 성숙한 인간으로 성장하도록 하는 것이다.

이를 위한 구체적인 목표에는 두 가지 측면이 있다. 하나는 문학에 대한 태도와 감수성을 길러 주는 것이며, 다른 하나는 문학을 잘 이해하고 감상할 수 있도록 문학적 능력을 키워 주는 것이다(조경자 외, 2013, p. 191).

유아 문학교육의 진정한 가치는 문학적 태도와 능력을 모두 길러 주어 어린이들에게 각 작품이 갖고 있는 다양한 즐거움을 누리고, 작품과의 경험을 의미 있게 받아들여 인격체로 성장하는 데 밑거름이 되도록 하는 데 있다(서정숙, 김정원, 남규, 2006).

유아기는 문학을 처음 접하는 시기이며 문학적 경험을 쌓아 가는 과정 중에 있다. 문학에 대한 선호와 취향이 생겨나므로 이 시기에 문학을 즐기고 좋아하는 태도를 형성하는 것이 무엇보다 중요하다. 따라서 유아 문학교육은 문학작품을 아는 것보다는 그것을 좋아하고 즐기는 것이 우선시되어야 하며, 문학에 대한 능력과 지식, 기술을 얻게 하는 것도 중요하지만 태도와 감상에 보다 초점을 둘 필요가 있다(김중신, 2004; 이상금, 장영희, 1986). 즉, 유아 문학교육의 목표는 '문학을 즐기는 태도와 감수성 형성' 및 '문학적 소양을 배양'하는 것 그리고 문학을 감상하고 이해하며 표현할 수 있는 문학적 능력을 형성하는 것이다. 이를 통해 문학적 소양과 문학적 사고를 계발하여 궁극적으로 유아의 삶을 풍부하게 하고 보다 성숙한 인간으로 성장하도록 도울 수 있다.

2) 유아 문학교육의 내용

유아 문학교육의 내용은 문학교육의 목표에 따라 구성된다. 앞에서 제시한 바와 같이 유아 문학교육의 목표는 문학적 태도 형성과 문학적 소양과 능력 배양에 있다. 이에 따라 문학교육의 내용은 문학작품을 다양하고 즐겁게 경험하고 이해하며, 문학을 경험하는 태도를 형성하는 것, 그리고 자신이 감상한 것 및 자신의 경험을 문학적으로 표현하는 것을 포함한다.

유아기 문학교육에 대한 내용으로 서정숙(2001) 및 서정숙, 김정원(2008)은 이해 및 감상, 창작, 비평을 제안하였고, 강문희와 이혜상(2008)은 유치원 교육과정과 표준보육과정을 기초로 하고 초등학교 1학년 교육과정을 참고하여 문학 감상, 문학 구성 이해하기, 등장인물 이해하기, 문학 양식 이해하기, 문학에 대한 평가 및 반응하기의 다섯 가지로 제안하였다. 또한 이대균, 백경순, 송정원, 이현정(2006)은 문학적 감수성, 문학에 대한 태도, 문학적 경험의

표 7-1 유아 문학교육의 내용

범주	내용
문학적 태도 및 경험	• 개인적 삶에 대한 긍정적인 태도 가지기 • 문학작품에 관심 가지기 • 올바른 독서 습관 기르기 • 다양한 삶을 배우고 경험 확대하기 • 다양한 사회 · 문화에 대해 긍정적인 태도 기르기
문학의 이해 및 감상	• 언어의 특성 알기 • 문학작품의 구성 요소 알기 • 다양한 문학작품 감상하기 • 다양한 매체와 기법을 활용한 책 감상하기
문학 창작	• 문학작품 표현하기 • 문학작품 창작하기
문학 비평	• 문학작품에 대해 비평하기 • 다양한 관점에 대해 비평하기

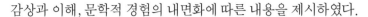

감상과 이해, 문학적 경험의 내면화에 따른 내용을 제시하였다.

연구들을 종합해 보면, 유아 문학교육의 내용은 문학적 태도 및 경험, 문학의 이해 및 감상, 문학 창작, 문학 비평의 네 가지 범주로 구분할 수 있으며, 이에 따른 구체적인 내용을 〈표 7-1〉과 같이 정리할 수 있다(정진, 이문정, 2009).

3. 유아교육과정과 유아 문학교육

유아기 어린이들을 위한 문학교육은 국가 수준 교육과정인 3~5세 누리과정과 0~2세 제4차 어린이집 표준보육과정에서 목표와 내용을 제시해 주고 있다. 누리과정과 표준보육과정에서는 문학교육의 목표와 내용을 언어교육의 목표와 내용에 포함하여 '의사소통 영역'에서 제시하고 있다. 또한 '예술경험 영역'에서도 일부 포함하고 있다. 2019년 개정된 3~5세 누리과정에서 제시하고 있는 의사소통 영역의 목표는 다음과 같다(교육부, 2019; 보건복지부, 2020).

의사소통 영역의 목표

- 일상생활에 필요한 의사소통 능력과 상상력을 기른다.
  1) 일상생활에서 듣고 말하기를 즐긴다.
  2) 읽기와 쓰기에 관심을 가진다.
  3) 책이나 이야기를 통해 상상하기를 즐긴다.

이에 따른 교육 내용은 '듣기와 말하기' '읽기와 쓰기에 관심 가지기' '책과 이야기 즐기기'의 3개 내용 범주로 구분하였으며, 그에 따른 내용을 〈표 7-2〉와 같이 제시하고 있다.

표 7-2 의사소통 영역의 내용

내용 범주	내용
듣기와 말하기	• 말이나 이야기를 관심 있게 듣는다. • 자신의 경험, 느낌, 생각을 말한다. • 상황에 적절한 단어를 사용하여 말한다. • 상대방이 하는 이야기를 듣고 관련해서 말한다. • 바른 태도로 듣고 말한다. • 고운 말을 사용한다.
읽기와 쓰기에 관심 가지기	• 말과 글의 관계에 관심을 가진다. • 주변의 상징, 글자 등의 읽기에 관심을 가진다. • 자신의 생각을 글자와 비슷한 형태로 표현한다.
책과 이야기 즐기기	• 책에 관심을 가지고 상상하기를 즐긴다. • 동화, 동시에서 말의 재미를 느낀다. • 말놀이와 이야기 짓기를 즐긴다.

또한 예술경험 영역에서는 다음에 제시한 목표를 통해 예술로서의 문학을 제시하고 있다.

예술경험 영역의 목표

> • 아름다움과 예술에 관심을 가지고 창의적 표현을 즐긴다.
>   1) 자연과 생활 및 예술에서 아름다움을 느낀다.
>   2) 예술을 통해 창의적으로 표현하는 과정을 즐긴다.
>   3) 다양한 예술 표현을 존중한다.

예술경험 영역에서는 '창의적으로 표현하기' '예술 감상하기'의 내용 범주에서 문학과 관련된 내용을 〈표 7-3〉과 같이 극놀이, 문학 감상 등과 관련하여 일부 제시하고 있다.

표 7-3 예술경험 영역 중 문학 관련 내용

내용 범주	내용
창의적으로 표현하기	극놀이로 경험이나 이야기를 표현한다.
예술 감상하기	다양한 예술을 감상하며 상상하기를 즐긴다.
	서로 다른 예술 표현을 존중한다.

제4차 어린이집 표준보육과정에서 0~1세 및 2세아 보육과정의 영역은 기본생활, 신체운동, 의사소통, 사회관계, 예술경험, 자연탐구의 6개 영역으로 구성되어 있다. 문학과 관련하여서는 의사소통 영역을 통해 제시하고 있다. 제시된 0~1세 및 2세아 보육과정의 의사소통 영역의 목표는 다음과 같다(보건복지부, 2020).

의사소통 영역의 목표

〈0~1세〉
- 의사소통 능력의 기초를 형성한다.
  1) 일상생활에서 듣고 말하기를 즐긴다.
  2) 읽기와 쓰기에 관련된 관심을 가진다.
  3) 책과 이야기에 관심을 가진다.

〈2세〉
- 의사소통 능력과 상상력의 기초를 형성한다.
  1) 일상생활에서 듣기와 말하기를 즐긴다.
  2) 읽기와 쓰기에 관심을 가진다.
  3) 책과 이야기에 재미를 느낀다.

표준보육과정의 의사소통 영역에 제시된 목표 중에 문학교육과 직접 관련
된 목표는 0~1세의 경우 '책과 이야기에 관심을 가진다'로 제시되고 있다. 2세
의 경우 '책과 이야기에 재미를 느낀다'로 제시되고 있다. 목표에 따른 연령별
내용은 〈표 7-4〉 〈표 7-5〉와 같다.

표 7-4 0~1세 의사소통 영역의 내용

내용 범주	내용
듣기와 말하기	• 표정, 몸짓, 말과 주변의 소리에 관심을 갖고 듣는다. • 상대방의 이야기를 들으면서 말소리를 낸다. • 표정, 몸짓, 말소리로 의사를 표현한다.
읽기와 쓰기에 관심 가지기	• 주변의 그림과 상징에 관심을 가진다. • 끼적이기에 관심을 가진다.
책과 이야기 즐기기	• 책에 관심을 가진다. • 이야기에 관심을 가진다.

표 7-5 2세 의사소통 영역의 내용

내용 범주	내용
듣기와 말하기	• 표정, 몸짓, 말에 관심을 갖고 듣는다. • 상대방의 이야기를 듣고 말한다. • 표정, 몸짓, 단어로 의사를 표현한다. • 자신의 요구와 느낌을 말한다.
읽기와 쓰기에 관심 가지기	• 주변의 그림과 상징, 글자에 관심을 가진다. • 끼적이며 표현하기를 즐긴다.
책과 이야기 즐기기	• 책에 관심을 가지고 상상한다. • 말놀이와 이야기에 재미를 느낀다.

제4차 어린이집 표준보육과정에서 나타난 문학교육과 관련된 의사소통 영
역의 내용은 0~1세의 경우 '책과 이야기 즐기기'의 내용 범주에서 '책에 관심

을 가진다' '이야기에 관심을 가진다'로 문학 관련 내용을 제시하고 있다. 2세의 경우 '책과 이야기 즐기기'의 내용 범주에서 '책에 관심을 가지고 상상한다' '말놀이와 이야기에 재미를 느낀다'로 제시되고 있다.

유아들을 위한 국가 수준의 교육과정인 누리과정과 표준보육과정에 나타난 문학교육의 내용을 살펴보면 문학교육이 하나의 독립된 영역으로 제시되지 못하고 '의사소통 영역'에서 언어교육의 일부분으로 제시되고 있다. 또 3~5세의 경우, 예술경험 영역에서 '예술 감상하기' 범주로 일부 포함되고 있다. 이러한 상황은 문학교육의 중요성에 비해 문학교육의 독자적인 내용을 분명하게, 충분히 제시해 주지 못하고 있음을 나타낸다(조경자 외, 2013, p. 198). 즉, 문학적 태도 및 경험, 문학적 이해 및 감상, 문학적 창작, 문학적 비평의 내용이 균형 있게 포함되지 못하고 있다. 또한 국가 수준 교육과정에서 문학교육 고유의 목표와 내용이 제시되지 못함에 따라 문학교육이라기보다는 문학을 통한 언어교육, 언어교육을 위한 자료로서의 문학의 측면 정도로만 포함하고 있다는 문제점이 있다.

알아보기

1. 어린 시절의 문학 경험을 회상하며 문학이 어떤 의미와 가치가 있었는지 기록해 보세요.
2. 문학이 다른 예술 분야, 즉 미술, 음악 등의 분야와 어떤 다른 특징과 매력을 지녔는지 이야기 나누어 보세요.
3. 유아 교사로서 나는 유아 문학교육의 목표를 어떻게 생각하는지 이야기 나누어 보세요.

참고문헌

강문희, 이혜상(2008). 아동문학교육(개정판). 학지사.

교육부(2019). 교육부 고시 제2019-189호. 유치원 교육과정.

구인환, 구창환(1995). 문학개론(제5판). 삼영사.

김중신(2004). 문학교육론의 쟁점과 과제. 청람어문교육, 29, 1-16.

보건복지부(2020). 보건복지부 고시 제2020-75호. 제4차 어린이집 표준보육과정.

서정숙(2001). 유아문학교육내용과 교수계획에 대한 논의. 어린이문학교육연구, 2(2), 21-39.

서정숙, 김정원(2008). 유아문학교육프로그램. 창지사.

서정숙, 김정원, 남규(2006). 그림책 중심의 문학교육 프로그램이 유아의 문학적 능력과 흥미에 미치는 영향. 유아교육연구, 26(6), 103-127.

서정숙, 남규(2010). 유아문학교육. 창지사.

윤희원(1996). 우리나라의 문학교육. 어문학 교육. 18. 281-291.

이대균, 백경순, 송정원, 이현정(2006). 유아문학교육. 공동체.

이상금, 장영희(1986). 유아문학론. 교문사.

정진, 이문정(2009). 유아문학교육의 내용선정에 관한 연구. 어린이 문학교육 연구, 10(2), 23-50.

조경자, 이현숙, 이문정, 곽아정(2013). 어린이 문학교육. 학지사.

최경희(1993). 문학교육과 언어교육. 한국언어문학, 29, 529-542.

Nodelman, P. (2001). 어린이 문학의 즐거움. 김서정 역. 시공주니어.

Read, H. (1943). *Education through art.* Faber & Faber.

제8장

유아 문학교육의 실제

1. 그림책

　그림책 읽어 주기는 유아기 어린이들에게 가정과 유아교육기관에서 가장 많이 행하는 문학교육 활동이다. 최근 들어 애니메이션과 컴퓨터 기술을 활용하여 영상물을 통한 문학 경험이 증가하고 있으나 문학을 경험하는 기본적인 방법은 책을 통한 것이다.

　그림책 경험을 통해 어린이들은 즐거움을 느끼고, 문학을 좋아하고 책에 흥미를 갖게 된다. 또한 어휘 능력, 이해력, 구문 능력 및 문자 인식 능력이 신장되고 다양한 지식을 습득하는 등 학습 능력도 발달하게 된다(Lane & Wright, 2007). 그렇다 하더라도 문학 경험은 무엇보다 어린이가 좋은 책을 통해 즐거움을 느끼고 정신적으로 풍요로운 삶을 살도록 하는 데 초점을 두어야 한다.

　유아교육기관에서 그림책 읽어 주기는 주로 자유놀이 시간에 언어 영역에서 개별 또는 소집단을 대상으로 이루어진다. 3세 이상의 유아 학급은 대부분 15명 이상으로 편성되기 때문에 대집단의 유아를 대상으로 할 때는 그림책을 그림동화, 융판동화, 손인형 등 다양한 매체로 제작하여 들려주는 것이 효과적이다.

1) 그림책 읽어 주기의 기본 원칙

- 자주, 규칙적으로 그림책을 읽어 준다.
- 문학 및 그림책에 대한 즐거움을 키워 주고 어린이의 삶을 풍요롭게 하는 데 목적을 둔다.
- 그림책의 선정과 읽어 주기 과정에서 유아의 선호와 반응의 다양성을 수용하고 격려한다.
- 좋은 그림책을 선정한다. 문학적 가치와 유아의 흥미를 고려하여 다양한 장르와 주제의 그림책을 선정한다. 유아교육기관에서는 진행 중인 교육과정의 주제 및 내용과의 관련성도 고려하여 선정한다.
- 아주 긴 내용이 아니라면 되도록 한자리에서 끝까지 읽어 준다.
- 한 작품을 반복해서 읽어 주는 것도 가능하다.
- 글 없는 그림책도 성인의 읽어 주기와 상호작용이 필요하다. 글 없는 그림책을 감상하면서 '어떤 일이 일어났지?' '다음에 어떤 일이 생길 것 같니? 왜 그렇게 생각하니?' 등의 질문을 할 수 있다. 유아들이 자기의 생각이나 느낌을 표현하도록 하고 질문을 하도록 격려한다.
- 구연, 인형극, 그림자 동화, 그림동화 등 다른 매체로도 들려준다.

2) 그림책 읽어 주기의 단계별 고려사항

그림책 읽어 주기가 어린이에게 의미 있는 경험이 되도록 하기 위해 고려할 점을 단계별로 정리하면 다음과 같다(Trelease & Giorgis, 2019: 강문희, 이혜상, 2008에서 재인용; Hoffman, Roser, & Battle, 1993; Teale, 2003).

(1) 읽어 주기 전

- 그림책의 내용과 특징을 미리 파악해서 그림책을 어떤 방식으로 읽어 줄지, 어떤 질문이나 이야기를 할지 미리 계획한다.
- 소리 내어 읽는 연습을 하여 보다 흥미롭고 효과적으로 내용을 전달할 수 있도록 한다.
- 읽어 줄 장소로는 밝고 조용하며, 어린이들이 주의를 집중할 수 있는 곳을 택한다.
- 유아들이 모두 자리에 앉았는지, 책이 잘 보이는 자리에 앉았는지 확인한다. 어린이의 수가 적으면 되도록 어린이와 같은 방향으로 앉아 친밀한 분위기에서 읽어 줄 수 있도록 한다.
- 그림책을 소개한다. 표지 제목과 그림을 보여 주면서 등장인물과 그림 특징, 내용을 예측하게 하고 작가에 대해 짧게 소개해 준다. 그러나 소개 부분이 너무 상세하면 이야기에 대한 흥미를 떨어뜨릴 수 있으므로 유의한다. 특히 어린이들의 연령이 어릴수록 주의를 산만하게 할 수 있다(McGee & Schikedanz, 2007). 그림책의 작가와 그림 작가를 소개하면 유아기 어린이들도 자신들이 즐겁게 보는 그림책이 누군가가 이야기 짓고 그림을 그린 것임을 알게 된다. 이로 인해 자신들도 이야기를 짓거나 그림을 그릴 수 있고, 작가나 그림 작가가 될 수 있다는 동기를 갖게 될 수 있다.

(2) 읽어 주기 도중

- 등장인물의 감정과 이야기의 분위기를 적절한 목소리로 표현하고, 내용에 따라 읽는 속도와 목소리의 크기를 조절하여 읽어 준다. 부자연스러운 억양, 과도한 기교나 몸짓은 오히려 몰입을 방해할 수 있으므로 지양

하고 자연스럽게 읽어 준다.

- 어린이들의 연령과 발달 수준을 고려하여 필요하면 문장을 수정, 생략하거나 단어를 바꾸어 읽어 준다.
- 읽어 주면서 어린이들과 눈을 맞추면서 반응을 살핀다.
- 내용이나 그림에 대해 어린이들이 나타내는 여러 가지 반응을 수용하도록 한다. 교사도 필요하면 적절한 질문이나 이야기("○○가 어떻게 했을 것 같니?" "꼬리가 정말 길구나!")를 할 수 있다. 그러나 이야기의 흐름이 끊기지 않도록 유의한다.

(3) 읽어 준 다음

읽어 준 다음에 반드시 어떤 활동이 따라야 하는 것은 아니다. 어린이들의 반응에 따라 다른 그림책을 더 읽어 주거나 다른 활동으로 이어질 수도 있다. 이야기를 들려준 뒤 그 내용에 대해 질문하는 것은 어린이들이 작품에 빠져드는 것을 방해하고 문학 감상에 대한 태도 형성에 좋지 않은 영향을 줄 수도 있다는 주장도 있다(마쯔이 다다시, 1990). 즉, 읽어 준 다음에 질문을 연이어 하거나 반응을 요구하는 것은 어린이가 책에서 받은 감동과 즐거움을 손상시킬 수 있다. 그러나 적절한 이야기 나누기와 추후 활동 또한 어린이의 그림책에 대한 이해와 즐거움을 깊게 할 수 있다. 적절한 추후 활동은 다음과 같다.

- 그림책의 그림만을 보여 주면서 내용을 회상하도록 한다. 필요하면 다시 읽어 준다.
- 그림책의 내용, 등장인물, 그림에 대해 이야기 나눈다. 그 그림책을 만든 작가나 그림 작가의 다른 작품에 대해서도 이야기를 나눈다.
- 토의를 비롯하여 동극, 등장인물 및 작가에게 편지 쓰기, 기억나는 장면 그리기 등의 관련 활동을 하거나 그림책의 내용 및 주제와 관련된 교육과정 실행 등을 통해 경험을 확장한다.

- 그림책의 인물과 배경을 융판 동화와 테이블 동화 등 어린이들이 조작 가능한 자료로 만들어 어린이들이 이야기를 해 보거나 다시 꾸며 보기를 할 수 있도록 한다.

3) 그림책에 대한 이야기 나누기 접근법

어린이들이 그림책에 대해 어떠한 감상 태도와 반응을 나타내는지는 교사가 어린이들과 나누는 이야기의 방향에 따라 달라진다. 그림책의 내용에 대한 이야기 나누기는 경험적 접근법과 분석적 접근법으로 구분될 수 있다(Many & Wiseman, 1992). 경험적 접근법은 이야기에 대한 어린이의 생각이나 느낌, 이야기 내용 및 등장인물과 자신의 생활을 연결시켜 보도록 자극하는 것이다. 분석적 접근법은 내용을 회상하고, 구성 요소를 확인하며 분석하도록 하는 데 초점을 두는 접근법이다. 경험적 접근법은 심미적인 감상과 반응을 자극한다. 심미적 감상은 문학작품에 대한 개인적·경험적 의미 구성에 초점을 둔다. 반면, 분석적 접근법은 정보 추출식 감상 태도와 반응을 이끈다. 정보 추출식 감상 태도는 감상의 초점을 정보를 얻거나 작품을 통해 얻은 정보를 실제로 적용하는 것에 두는 것이다. 따라서 해당 작품이 무엇에 대한 이야기인지 이야기의 구성 요소를 분석하도록 한다(Rosenblatt, 1991). 연구에 의하면 어린이들에게는 분석적 접근에서 강조하는 정보 추출식 동화 감상 자세보다는 경험적 접근에서 강조하는 심미적인 문학작품 감상 자세가 더 적절하다. 즉, 문학은 분석되기보다는 어린이들의 삶과 관련지어 경험되어야 한다(Rosenblatt, 1991). 따라서 교사들은 어린이의 발달 수준과 그림책의 내용을 고려하여 두 접근법을 적절히 활용하되, 그림책에 대한 어린이의 흥미를 유지하고 그림책과 어린이의 생활을 연관 짓도록 하는 데 보다 중점을 두는 것이 바람직하다.

표 8-1 그림책에 대한 이야기 나누기 접근법

경험적 접근법의 질문 예	분석적 접근법의 질문 예
• 만일 너희가 ○○라면 어떻게 했을까?	• 누가 나왔었니?
• 너희는 누가 되고 싶니? 누가 맘에 드니? 왜 그렇지?	• 언제, 어디서 일어난 일이니?
	• 어떤 일들이 일어났니?
• 재미있니? 마음에 드니? 왜 그렇게 생각하니?	• 그 일을 어떻게 해결했니?
• ○○는 어떤 마음이었을까?	• 그래서 어떻게 되었니?
• 이야기를 다르게 만들어 볼 수 있을까?	• ○○가 뭐라고 말했지? 왜 그런 말을 했지?
• 이 이야기에 나오는 ○○과 비슷한 사람(동물)이 나오는 다른 이야기를 알고 있니?	• 『아기 돼지 삼 형제』의 늑대가 문을 열어 달라고 한 이유는 무엇이었을까?
• (『아기 돼지 삼 형제』의 늑대처럼) 모르는 사람이 문을 열어 달라고 한 적이 있니?	• 『아기 돼지 삼 형제』의 막내 돼지는 왜 문을 열어 주지 않았을까?
• 어른이 되면 어떤 집을 짓고 싶니?	

2. 동화

1) 동화 감상

동화 감상은 어린이들이 몰입하여 즐기고 만족감이 높은 활동이다. 동화 감상은 자유놀이 시간에는 언어 영역의 그림책을 비롯한 여러 자료를 통해 개별 또는 소집단으로 이루어질 수 있으며, 집단 활동으로도 진행될 수 있다. 집단 활동으로 동화 감상을 하는 것은 친구들과 동화 감상을 공유하고 감상한 동화의 이야기와 관련하여 학급에서 다양한 추후 활동을 실행해 볼 수 있다는 장점이 있다. 집단 활동으로 동화 감상 활동을 진행할 때 여러 유형의 매체를 활용하여 유아들에게 다양한 경험을 제공할 수 있다.

(1) 구연

동화 감상의 가장 오래된 방법이자 기본이 되는 것은 '구연'을 통한 것이다. 어린이와 친밀한 성인이 이야기의 내용을 자료의 매개 없이 직접 화법을 중심으로 전달하는 구연은 어린이들의 몰입과 감정이입을 유도하고 공감을 일으키는 특성이 있다. 그러나 유아교육기관에서의 동화 감상 활동은 '구연'으로만 하기에는 어려움이 있다. 즉, 유아교육기관에서 동화를 구연하는 교사가 항상 개별 유아나 소수의 유아를 대상으로 하게 되는 것은 아니기 때문이다. 따라서 '구연'을 통한 감상 활동은 유아교육기관에서 부분적으로 적용 가능하다. 자유놀이 시간이나 유아 개별 및 소집단과의 정적인 시간을 일정 시간 이상 안정적으로 가질 수 있는 경우 등에서 적용하는 것이 적절하다.

'구연(口演)'은 단어 뜻 그대로 '입으로 연기하는 것'이다. 어린이들에게 이야기를 말로 연기하여 들려주는 것이다. 구연으로 동화를 들려주는 것은 구연자인 부모나 교사 등의 성인과 이야기를 듣는 어린이 사이에 공감과 친밀감을 강화할 수 있다는 장점을 지닌다(이상금, 장영희, 1986). 서로 얼굴을 마주보고, 구연자의 표정과 목소리 변화 등을 직접 체감하며 듣는 과정은 구연자와 듣는 어린이 간의 직접적 교류 과정이 되기 때문이다.

책이 출판되지 않던 옛날에는 어린이들이 이야기를 접할 수 있는 통로가 어른들이 들려주는 '구연'이 전부였을 것이다. 그러나 출판 문화와 매체의 발달로 유아기 어린이들은 그림책과 다양한 매체를 통해 문학 경험을 하고 있다. 책 또는 다른 매체를 통해 동화를 감상할 때에도 유아기에는 성인이 들려주는 '구연'이 동반되며 또 친밀한 성인이 들려주는 '구연'이 함께하는 것이 더 효과적이다.

구연은 '이야기'로만 내용이 전달되므로 동화 내용이 이러한 전달 방식에 적합한 것인지 먼저 검토되어야 한다. 통상 전래동화는 구연을 통해 전해 내려온 이야기로 '구연동화'에 적절한 내용 특성을 지니고 있다. 즉, 구연에 적합한 이야기는 단순 · 명료한 구성, 논리적이며 명백한 진행, 뚜렷한 클라이

맥스와 그에 따른 결말 등을 갖는 것이 좋다. 대부분의 전래동화는 점진적이고 누적적인 사건의 진행, 행동적인 묘사가 잘 나타나 있어 구연을 하기에 적합한 특성인 직접 화법을 특징으로 갖고 있다(이상금, 장영희, 2001).

동화 구연의 기본은 '이야기를 통해 다독거려 주고 매만져 준다는 느낌' '사랑을 실천하는 작업'(김열규, 1993, p. 37)으로 하는 것이다. 구연의 방법은 고정된 방식이 있는 것은 아니다. 각자가 다른 음색과 음역, 고유성을 지닌 목소리를 지녔으므로 오히려 구연하는 사람의 장점을 잘 살리면서 듣는 유아의 이해 정도를 고려하여 각자에게 맞는 구연 방법을 터득하는 것이 좋다. 교사처럼 여러 유아 앞에서 이야기를 들려주게 되는 입장에서는 특히 자신의 개성을 장점으로 받아들이고 자신감 있게 이야기를 들려주는 마음가짐이 중요하다.

구연을 하기 위해 동화를 선정하면 이야기를 들을 대상 어린이의 연령, 집단 크기를 고려하여 필요한 경우, 내용의 일부를 재화하고 길이를 조절하여 준비한다. 동화 내용을 숙지하면서 내용과 등장인물의 성격에 따라 구연 방법을 연구하고 연습한다. 구연 방법에서 고려할 내용은 다음과 같다.

구연 방법

- 이야기 속의 대화는 직접 화법을 사용한다. 대사와 해설 사이에는 간격을 띄워 이야기를 진행하는 것도 직접 화법의 효과를 강화할 수 있는 방법이 된다.
- 발음이 정확하게 들리게 구연하되, 이야기가 리듬감 있게 전달되도록 한다. 즉, 어린이들이 단어와 내용을 정확하게 이해할 수 있도록 해야 하지만, 그렇다고 이야기 전개의 흐름, 리듬감이 저하되지는 않도록 해야 한다. 음절과 음절 사이의 간격도 떼어서 소리 낸다는 느낌으로 발음하면 발음이 정확하게 들릴 수 있다. 어린이들이 알고 있는 쉬운 단어는 연음이 나도록 발음해도 알아들을 수 있다. 그러나 처음 접하거나 익숙하지 않은 단어는 천천히 또박또박 소리 내는 것이 어린이들이 정확하게 들을 수 있도록 돕는 방법이 된다.

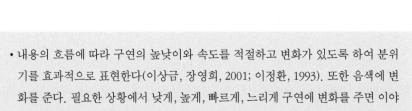

- 내용의 흐름에 따라 구연의 높낮이와 속도를 적절하고 변화가 있도록 하여 분위기를 효과적으로 표현한다(이상금, 장영희, 2001; 이정환, 1993). 또한 음색에 변화를 준다. 필요한 상황에서 낮게, 높게, 빠르게, 느리게 구연에 변화를 주면 이야기 전개에 효과를 나타낼 수 있다.
- 반복되는 어휘, 의성어, 의태어, 동화의 내용과 관련된 노래를 활용하여 구연하면 이야기가 더욱 생동감 있고 흥미롭게 들릴 수 있다. 특히 등장인물이 동물일 경우, 의성어, 의태어를 포함하여 구연하는 것은 효과적이다(예: 야옹, 어흥, 깡충깡충, 살금살금, 쿵쿵). 등장인물이나 내용과 관련된 노래를 삽입하여 구연하는 경우, 유아들이 모두 아는 노래를 활용하면 더욱 공감대를 형성하고 어린이들과 함께 흥겨운 분위기를 느낄 수 있다.
- 적절히 몸짓, 손동작 등을 사용하면 효과적이지만 자연스러워야 하며, 과도하게 표현하거나 너무 자주 사용하면 오히려 이야기의 감상을 방해할 수 있다.
- 이야기를 듣는 어린이들에게 골고루 시선을 보낸다.
- 감상 과정에서 이야기의 흥미를 저하시키는 질문이나 토의가 진행되지 않도록 유의한다(마쯔이 다다시, 1990; 이상금, 장영희, 1986). 단, 어린이들이 이야기를 들으면서 질문이나 의견을 이야기하면 짧게 설명하거나 필요한 반응을 할 수 있다.

유아교육기관에서는 동화 감상 과정을 돕고 감상 활동을 원활하게 하기 위하여 다양한 매체를 도구로 사용한다. 동화 감상 활동을 위한 전달 매체는 대상 유아의 집단 크기와 동화의 내용 등의 특성에 따라 달라질 수 있다. 즉, 자유놀이 시간에 개별 또는 소집단으로 감상하는 경우, 그림책을 통해 감상하는 것으로도 충분하다. 그러나 대집단으로 동화를 감상할 때는 동화의 내용 및 집단의 크기를 고려하여 다양한 전달 매체로 동화 자료를 제작하면 보다 효과적으로 동화를 감상할 수 있다. 또 이를 통해 유아들은 여러 유형의 매체를 통한 감상 활동을 경험할 수 있다.

매체의 유형으로는 낱장식 그림동화, OHP동화, 텔레비전 동화, 융판동화, 자석동화, 막대인형 동화, 테이블인형 동화, 손인형 동화, 손가락 인형 동화,

그림자인형 동화, 슬라이드 동화, 멀티미디어 동화 등이 있다. 동화 내용의
특성에 따라 이 유형 중에서 어떤 매체 유형으로 제작할지 결정할 수 있다.
즉, 교사는 동화 내용을 다음의 기준으로 분석하여 가장 효율적이고 효과적
인 매체 유형이 무엇일지 결정할 수 있다.

동화 내용의 특성

〈배경과 관련된 내용 특성〉
① 동화의 내용이 전반적으로 배경의 변화가 많아서 배경을 표현하기 위한 '면'이
  필요한가?
② 동화의 내용이 배경의 변화가 많지 않아 주요한 배경 그림만으로도 충분히 내
  용 이해와 전달이 가능한가?
  주요한 배경 그림의 예: 나무 몇 그루, 집, 함정 등
  해당 동화의 예: 『토끼의 재판』 『커다란 무』 『예쁜 집』 등

〈등장인물과 관련된 내용 특성〉
① 등장인물의 수가 많거나 행동에 변화가 많고 상세한 세부 묘사가 필요한가?
② 등장인물의 수가 많지 않아 주요한 등장인물을 조각 그림으로 제작하여도 내용
  전달이 충분히 가능한가? 또한 등장인물의 모습이나 행동에 중심적인 특성이
  있어서 제작한 등장인물의 조각 그림으로 내용 전달이 잘 이루어질 수 있는가?

　　동화 내용을 분석하여 배경 및 등장인물과 관련된 내용 특성이 ①번 항목
과 관련이 있다면 낱장식 그림동화, 텔레비전 동화, 슬라이드 동화, 멀티미디
어 동화, OHP동화 등으로 제작하는 것이 적당하다. 반대로 배경 및 등장인물
과 관련된 내용 특성이 ②번 항목과 관련이 있다면 융판동화, 자석동화, 막대
인형 동화, 테이블인형 동화, 손인형 동화, 손가락 인형 동화, 그림자인형 동
화와 같이 등장인물 및 배경을 조각 그림으로 제작, 표현하는 매체 유형이 더
효율적이고 효과적이다.

　그림자인형 동화 및 멀티미디어 동화는 배경 및 등장인물과 관련된 동화 내용의 두 가지 특성 모두를 반영할 수 있는 매체이기도 하다. 즉, 그림자인형극은 막대극 형태에 스크린을 통한 배경 표현이 더해지는 것이므로 등장인물 중심의 제작뿐 아니라 폭넓게 배경을 반영하는 것도 가능하다.

　멀티미디어 동화 역시 컴퓨터 프로그램을 활용하여 제작하므로 배경의 변화가 많고 등장인물의 수가 많거나 특성이 다양한 것을 표현할 수 있는 유형이지만, 동화 내용에 따라서는 주요한 배경과 등장인물을 중심으로 제작할 수도 있다.

　다음에서는 동화 감상 활동을 구연을 통한 감상과 동화 감상을 위해 제시할 수 있는 전달 매체의 유형별로 살펴보고자 한다.

(2) 매체를 활용한 감상

① 낱장식 그림동화

　낱장식 그림동화는 제본되지 않은 큰 그림책이라고 할 수 있다. 교사나 유아 모두 가장 편안하게 동화 구연 및 감상에 몰입할 수 있는 장점이 있는 매체 유형이다. 어떠한 동화도 낱장식 그림동화로 제작되지 못할 것은 없다. 그러나 제작 시간, 노력의 효율성을 고려하여 제작 여부를 결정하도록 한다. 낱장식 그림동화는 제작 과정에 많은 시간과 정성이 들어가는 유형이다. 따라서 앞서 제시한 동화 내용의 분석 결과를 고려하여 낱장식으로 제작하는 것이 효율적인지를 판단하도록 한다. 약 20명 이상의 집단을 대상으로 할 때 4절 크기로 제작하는 것이 바람직하다.

■ 낱장식 그림동화에 적절한 작품

　배경의 세부 묘사가 필요하거나 배경의 변화가 많은 동화 또는 등장인물의 다양한 묘사가 필요한 작품일 때 낱장식 그림동화로 제작하는 것이 적절하다. 또한 기존에 예술적 가치를 인정받아 널리 알려진 그림책을 자료화하기보다는 그림책으로 제작되지 않은 이야기거나 그림책의 그림이 다소 조정되어 제작되면 집단의 유아들에게 보다 효과적인 것 또는 널리 알려지지 않았지만 좋은 그림책을 활용하여 제작하는 것이 더 적절하다.

낱장식 그림동화에서도 특정 그림을 움직이도록 하거나 입체적으로 표현하는 것이 가능하다. 전체 그림 모두를 평면의 그림으로 표현할지, 부분적으로 조작할 수 있도록 하거나 입체형으로 제작할지는 동화의 내용을 분석하여 결정한다. 예를 들어, 자동차가 움직이는 것을 여러 장에서 표현하는 것이 적합하다고 판단하면 조작이 가능하도록 제작할 수 있다. 또한 '집' '꽃' 등 중요 배경을 돌출하도록 하는 것이 동화 내용 전달에 효과적이라 생각한다면 입체적인 그림동화로 제작하는 것도 가능하다.

■ 제작 및 제시 방법

• 그림과 채색

낱장식 그림동화는 배경과 등장인물 모두의 상세한 표현이 가능하다는 장점이 있다. 동화의 내용 전달에 적절하도록 그림으로 표현하는 것이 기본적인 묘사 방법이다. 생략되어도 문제없는 그림은 생략될 수도 있다. 또 바탕의 여백도 채색하지 않고 바탕 종이의 색 그대로 드러내도 좋은 경우에는 그러한 방법을 적용할 수 있다. 그림의 표현 도구나 표현 방식은 동화의 내용과 어울리게 선택하면 감상에 더 효과적이다.

• 표지

낱장식 그림동화의 표지에는 그림책에서처럼 제목과 더불어 동화의 주된 내용을 짐작할 수 있는 간단한 그림이 나타나도록 한다. 또한 원작의 저자나 그림을 그린 사람 등을 제시하여 창작 활동에 참여한 사람이 있음을 알고 존중할 수 있는 태도를 기르도록 돕는다.

• 그림의 뒷면

낱장식 그림 자료의 뒷면에는 그림의 순서를 나타내는 번호와 구연할 이야기를 적어 놓는다. 즉, 앞장 뒷면에 다음 장의 이야기를 적어 두면 현재 유아에게 보이는 그림의 내용을 교사가 볼 수 있다. 표지의 뒷면에는 동화가 시작되는 첫 번째 장의 그림에 해당하는 내용을 기록하여 두는 형태가 된다.

이러한 형태로 동화 내용을 기재하는 것은, 일반적으로 낱장식 그림동화는 교사의 무릎 위에 전체 자료를 겹쳐 들고서 그림을 한 장씩 넘기며 들려주게 되기 때문이다. 물론 유아들 앞에서 동화 감상 활동을 하기 전에 미리 구연 연습을 하므로 그대로 보고 읽는 것은 아니지만 이야기가 기억나지 않을 때, 그리고 그 그림동화를 직접 제작하지 않은 사람이 활용할 때 도움이 될 수 있다.

• 조작이 있는 낱장식 그림동화 자료

낱장식 그림동화에 조작을 하는 그림이 여러 장 포함된 경우, 조작 방법을 다르게 하는 것이 효과적이다. 즉, 각 장에 홈을 파서 뒷면에서 조각 그림(예: 자동차)을 움직이도록 조작해야 한다면 전체 자료를 겹쳐 들고 조작하기는 어렵다. 별도로 책상을 준비하고 그 위에 제작한 그림동화를 올려놓은 다음, 한 장씩 해당 그림을 제시하며 조작 및 구연하는 방법으로 감상 활동을 진행

낱장식 그림동화 감상의 예

낱장식 그림동화 감상의 예
(조작이 포함된 낱장식 그림동화)

하는 것이 적절하다. 따라서 이런 경우에 동화 내용은 각 장의 뒷면에 기록해야 교사가 활용하기 편리하다.

낱장식 그림동화의 제작은 낱장으로 제작하는 것이 기본이다. 그러나 그림을 입체로 표현하고자 하는 경우에는 여러 장으로 제작한 그림을 제본하듯이 연결, 부착하여 책장을 넘기듯 한 장씩 그림을 넘기면서 보여 줄 수도 있다.

② 텔레비전 동화(두루마리 동화)

두루마리 종이의 양쪽 끝을 원통형 봉에 붙이고 종이를 말아 두었다가 풀어 가며 그림을 보여 주는 방법의 동화가 두루마리 동화이다. 그러나 두루마리 동화는 그림의 제시가 안정적이지 못한 불편함 때문에 현장에서 아이디어를 내어 시작된 것이 텔레비전 동화이다. 즉, 텔레비전 모양의 상자 틀을 만들고 원통형 봉을 상자의 양쪽 측면에 끼운다. 양쪽 봉에 그림을 그린 두루마리 종이의 처음 면과 끝 면을 붙여 종이를 말아 놓고, 봉을 돌려 가며 그림을 한 면씩 보여 주는 방법으로 변화된 것이다. 상품화된 텔레비전 동화용 틀도 있어 이를 활용할 수도 있다.

■ 텔레비전 동화에 적절한 작품

텔레비전 동화는 두루마리 형태로 이어진 종이에 그림을 표현하는 것이므로 이러한 형태로 표현하기에 적절한 이야기를 선택하여야 한다. 즉, 그림이 장마다 단절되는 느낌이 들지 않고 이어지도록 표현이 가능한 이야기가 적합하다. 예를 들어, 집에서 출발하여 골목길을 걸어가며 이어지는 이야기, 한쪽 들판에서 반대쪽 들판을 따라가며 이어지는 이야기와 같은 것이 예

텔레비전 동화 자료를 통한 감상의 예

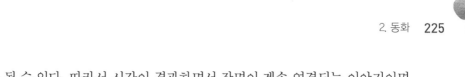

가 될 수 있다. 따라서 시간이 경과하면서 장면이 계속 연결되는 이야기이면서 텔레비전 동화의 좁은 면에 표현이 가능한 복잡하지 않은 배경을 지닌 이야기, 주인공이 첫 장의 출발에서부터 마지막 장까지 출현하는데 장면이 계속적으로 이어지는 것 등이 적절하다. 후자의 경우, 주인공은 조각 그림으로 만들어 줄인형처럼 틀에 고정시키고 배경 및 기타의 그림만 두루마리 동화 안에 표현하여 제시할 수 있다. 텔레비전 동화는 비교적 크기가 크지 않으므로 배경이 복잡하거나 등장인물이 많거나 등장인물의 행동 표현이 복잡한 경우에는 적합하지 않다.

■ 제작 방법

• 틀

틀은 단단한 직사각형 상자를 재활용하여 만들 수 있다. 상자의 옆쪽 넓은 면을 바닥 및 상판이 되게 한다. 상자의 상·하 넓은 면의 한쪽은 사각으로 구멍을 뚫어 두루마리 동화의 그림이 보이는 정면이 되게 한다. 반대쪽 넓은 면 역시 사각으로 구멍을 뚫어 둔다. 그림을 조작할 때 교사는 그림이 뒷면에 비치는 모습을 통해 그림이 바르게 제시되고 있는지 판단할 수 있으며, 종이 말기를 어느 위치에서 멈추어야 할지 등을 조정할 수 있다.

• 그리기 도구

텔레비전 동화 제작에 사용하는 종이의 크기는 정지된 화면을 기준으로 유아에게 보이는 크기가 약 8절 또는 A3 정도가 되도록 한다. 만약 유아교육기관에 나무로 제작된 상품화된 틀 혹은 견고하여 반복적으로 사용하고 있는 틀이 있다면, 그 틀의 크기에 맞추어 그림의 크기를 정한다. 종이의 재질은 프린터 용지처럼 얇아 말고 푸는 데 쉬운 것이 좋다. 또 두루마리처럼 말기 위해 낱장 종이들을 이어 붙여 사용하기도 하는데, 종이의 길이가 긴 것을 사용하면 이어 붙이는 면이 적어지므로 바람직하다.

종이가 얇기 때문에 채색 도구는 일반적으로 색연필과 같은 부드러운 재질을 많이 사용하게 된다. 반면, 이렇게 얇은 종이의 특성은 유아들에게 그림을 제시할 때 빛의 반사로 인해 본래 채색할 때 보였던 것보다 더 흐린 색감으로 보이는 경우가 많다. 따라서 이를 고려하여 그림을 그려야 한다.

• 그림의 뒷면

각 장의 뒷면에는 그림의 장 번호와 내용을 기재한다. 내용 기재는 반사되는 종이를 통해 뒷면의 글자가 비치지 않도록 연필 등으로 살짝 기재한다. 이는 각 장별 내용을 기록해 두는 용도이다. 즉, 텔레비전 틀의 특성으로 인하여 교사가 구연하는 동안은 두루마리 그림 뒷면에 적어 놓은 이야기를 보기는 어렵다. 그러므로 구연 중에 동화 내용을 보기 위한 용도로는 한 장의 종이에 동화 내용 전체를 적은 종이를 별도로 준비하여 두면 유용하게 활용할 수 있다.

그림이 시작되는 첫 장의 앞과 마지막 장 다음에 여백의 종이를 한 장 정도 두면 원통형 막대에 종이를 부착하고 떼어 내는 과정에서 생기는 종이의 파손 등이 그림에 영향을 미치지 않도록 예방할 수 있으며, 그 여백의 면이 시작 전과 이야기의 마침을 나타내는 의미로 사용될 수도 있다.

■ 제시 방법

텔레비전 동화는 텔레비전 틀과 크기가 비슷한 낮은 탁자 위나 블록 위 등에 올려놓고 조작하는 것이 적당하다. 즉, 교사의 얼굴이 가려지지 않으면서 교사가 봉 2개를 돌려 조작하기에 편안한 탁자 등을 준비한다. 텔레비전 동화의 틀이 그다지 크지 않으므로 바닥에 놓게 되는 탁자도 그 틀에 맞는 크기일수록 전체적인 모양이 더 단정하게 느껴질 수 있다.

③ 융판 및 자석동화

한 면은 융판으로, 다른 면은 철판으로 제작된 융판 및 자석판에 동화의 내용을 담은 조각 그림 자료를 만들어 부착하면서 들려주는 것이 융판 및 자석동화이다. 융판 및 자석판을 활용한 동화 자료는 유아교육기관에서 일상적으로 적용하기 쉬운 동화 감상 자료이다. 현장에서는 이를 융판동화, 자석동화라고 부르는 것이 일반적이다. 융판 및 자석판은 동화 감상 외에도 여러 용도로 사용할 수 있어 학급별로 비치되어 있기 마련이다.

등장인물이 이야기의 전개에 따라 등장하고(부착됨) 또 사라지기 때문에 (떼어 냄) 유아들은 동화 속의 등장인물들이 살아 움직이는 듯 상상하며 감상하게 되는 매력이 있다. 교사의 입장에서는 제작 과정에 시간이 비교적 적게 들면서 유아들에게 효과적으로 다가간다는 장점이 있다.

■ 융판 및 자석동화에 적절한 작품

융판 및 자석동화로 제작하기에 적절한 동화는 배경의 변화가 적어 중요 배경만 몇 가지 제작하여도 동화의 내용 전달이 가능한 것 그리고 등장인물의 수가 적으면서 등장인물의 주된 형태의 제작만으로도 동화의 내용 전달이 충분한 것이다. 또한 내용이 전개되면서 새로운 요소들이 하나씩 추가되는 누적적인 구조의 이야기이거나 연쇄적으로 사건이 발생하는 이야기가 좋다(이상금, 장영희, 1986). 이러한 작품은 내용 진행에 따라 융판 및 자석판에 그림 자료들이 추가되면서 이야기의 흐름이 더욱 흥미 있어지는 장점이 있다.

융판 및 자석동화는 각각 적절한 작품의 특성에 다소 차이가 있다. 즉, 융판동화는 융 천을 붙인 판에 자료를 부착하는 것에서 시작되었으나 지금은 라미넥스와 같은 합성 섬유가 부착된 판을 사용한다. 그 위에 찍찍이라 칭하는 벨크로(velcro) 부착물을 붙인 그림을 붙이면 판에 그림이 안정되게 붙어 있게 된다. 그러므로 융판동화는 동화 내용이 그림을 한 번 붙이면 떼기 전까지는 판에 안정적으로 붙어 있는 것이 적절한 이야기를 자료화하는 데 적합하다. 이에 비하여 자석 자료는 그림 조각을 쉽게 이동하는 것이 필요하고, 이야기의 특성상 자연스럽게 움직임을 표현하는 것이 필요한 경우에 적합하다. 예를 들면, 『예쁜 집』과 같은 이야기는 융판동화의 특성에 매우 적합하며 (이상금, 장영희, 1986), 우크라이나의 전래동화인 『커다란 순무』는 자석동화에 적합한 대표적인 예이다.

■ 제작 방법
• 그리기 도구 및 그림의 채색

자료는 동화의 내용과 어울리는 재질로 만든다. 융판 그림 자료는 종이, 부직포 등 다양한 자료로 제작할 수 있다. 자석판 그림 자료는 '고무 자석'으로 만들 수도 있으나 대부분은 종이로 제작한 뒤, 뒷면에 자석을 부착하여 사용하기도 한다. 종이로 제작된 자료를 코팅하여 사용하는 경우에는 자료를 제시할 때 발생할 수 있는 빛의 반사 등을 고려하여야 한다. 제작하는 자료들은 그림의 색감에서 전체 조각 그림들이 서로 조화를 이룰 수 있도록 한다. 나아가 그림들이 판(융판, 자석판)의 색과도 어울릴 수 있도록 제작하는 것이 좋다.

• 그림 자료의 크기

보통 집단 활동에서 융판 및 자석판에 붙이는 그림 자료는 15×15cm 정도가 되어야 한다. 이는 한 기준이 될 수 있지만 절대적 기준은 아니다. 즉, 자료의 크기는 융판 또는 자석판에 동시에 부착하게 되는 그림의 수, 동화의 내용 및 등장인물의 특성 등을 고려하여 개별 자료들의 크기를 정할 수 있다. 단, 유아들이 제시되는 자료를 분명하게 인식할 수 있는 크기여야 하며, 각각의 그림 자료가 그 동화 내용에 적합한 크기인지를 고려한다. 그리고 사용할 융판의 크기에 따라 동화 내용 전달에 가장 효과적이면서 조화로운 크기로 준비한다.

• 그림 번호

융판 및 자석판 자료는 동화의 내용을 분석하여 반복되는 주된 배경과 등
장인물의 대표적 모습을 선택하여 조각 그림으로 표현, 제작한다. 따라서 그
림에 따라서는 동화 구연 과정에서 같은 그림 자료가 2~3회 이상 사용되는
경우도 있다. 그러므로 제작한 조각 그림의 자료 뒷면에 등장할 순서를 번호
로 표기하여 제시 과정에 혼란이 없도록 한다.

• 부착 도구

융판 그림의 크기 및 특성에 따라 부착 도구인 찍찍이를 붙이는 위치 및 크
기를 결정하여야 그림을 융판에 부착하거나 떼어 낼 때 자연스럽게 조작할
수 있다. 자석판 자료의 경우에도 조각 그림 자료의 크기에 따라 자석의 크기
및 수를 조정하고 그림의 특성에 따라 자석을 부착하는 위치도 조율하여야
한다.

■ 제시 방법

융판 및 자석판을 활용하여 자료를 제시할 때 교사는 먼저 교사의 자리 및
융판(자석판)이 위치하는 자리를 정해야 한다. 일반적으로 집단 활동을 할 때
교사는 유아들의 정면 가운데 앉게 된다. 그런데 융판(자석판)을 사용할 때는
교사 옆에 융판(자석판)이 놓이게 된다. 그러므로 교사의 몸과 융판의 가로면
의 약 절반 정도가 정면 가운데에 위치하도록 하
면 전체적으로 교사 및 그림 자료들이 비교적 치
우침 없이 유아들에게 보일 수 있게 된다. 또한
융판(자석판)을 약 5~10도 정도 교사의 몸 쪽으
로 기울어지도록 배치하면 교사가 자료를 부착
하거나 떼는 과정이 쉽게 진행되면서도 유아들
이 그림 자료를 보는 데 방해받지 않을 수 있다.

융판동화 자료를 통한 감상의 예

자석동화 자료를 통한 감상의 예
(이동식 철판의 활용)

준비된 자료들은 붙이는 순서대로 정리하여 쟁반이나 상자에 담아 준비한다. 다른 집단 활동에서와 마찬가지로 그림 자료를 담은 상자나 쟁반은 자료가 노출되지 않도록 보자기로 덮어 준비한다.

자료를 부착할 때, 그림 자료들이 융판(자석판) 내에서 조화를 잘 이루도록 전체 공간을 효과적으로 활용하여 배치, 제시하도록 한다(이상금, 장영희, 1986). 또한 한 번 등장하면 다른 등장인물들이 여러 번 등장, 퇴장을 하는 동안에도 지속적으로 붙어 있을 그림이라면 교사의 몸에서 먼 쪽에 부착한다. 반대로 짧은 시간 내에 퇴장할 그림들은 교사의 몸에 가까운 쪽에 부착하면 자료 조작 과정에서 교사의 팔이 그림을 가리는 상황을 최대한 피할 수 있다.

동화 구연이 끝난 다음에는 제시하였던 그림 자료들을 하나씩 다시 보여 주며 유아들이 이야기를 마음속으로 생각해 볼 수 있도록 한다.

■ 앞치마 동화

융판동화를 융판이 아닌 앞치마 모양으로 만든 천(부직포)에 부착하며 동화를 들려주는 것이 앞치마 동화이다. 융판동화와 달리 교사의 몸에 융판의 역할을 하는 앞치마를 두르고 조각 그림들을 붙이고 떼며 이야기를 들려주게 된다. 따라서 자료의 부피가 작고 무게가 가볍고 이동이 가능하여 어떤 장소에서든 감상할 수 있다는 장점이 있다. 따라서 야외 학습을 가서 숲속에서 동화를 들려준다거나 현장 견학 장소에 가서 동화를 감상할 때 또는 마당놀이 후 마당의 그늘에서 동화를 감상할 때와 같이 다양한 상황에서 적용할 수 있다.

앞치마 동화 자료를 통한
감상의 예

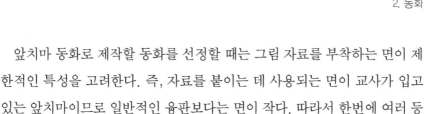

앞치마 동화로 제작할 동화를 선정할 때는 그림 자료를 부착하는 면이 제한적인 특성을 고려한다. 즉, 자료를 붙이는 데 사용되는 면이 교사가 입고 있는 앞치마이므로 일반적인 융판보다는 면이 작다. 따라서 한번에 여러 등장인물이나 배경을 붙여야 하는 동화라면 적절하지 않다.

④ 막대인형 동화

막대인형 동화(막대동화)는 인형 자료에 막대를 붙여 조작하며 들려주는 것이다. 쉽게 제작할 수 있으면서도 등장인물들의 공간 이동을 자유롭게 표현할 수 있어 유아들에게 매력적이다.

■ 막대인형 동화에 적절한 작품

막대인형 동화로 제작하기 적절한 동화 역시 주요 등장인물과 배경만 제작하여도 이야기를 전달하기에 충분한 것이다. 또한 동화의 내용이 막대가 달린 인형의 움직임으로 표현되는 것이 자연스러운지 고려한다. 1명의 교사가 자료를 조작하는 것을 가정하면, 등장인물의 수가 많지 않은 것이 좋다. 무대에 등장하여 함께 대사를 진행하는 등장인물은 가능하면 둘 이하인 것이 적절하다. 따라서 한번 등장한 등장인물은 자신의 역할을 수행한 후 곧이어 퇴장하고, 다시 이후에 내용의 진행에 따라 등장하는 형태로 이야기 전개가 가능한 것이 막대인형의 조작과 극 전개에 효과적이다.

■ 제작 방법
• 등장인물 인형

막대인형 자료는 등장인물의 모습이 한쪽 면에서만 볼 수 있도록 제작할 수도 있고 또는 앞뒤 양면 모두에서 보이도록 제작할 수도 있다. 동화의 내용 전개에 따라 그 인형 자료가 어떻게 등장, 퇴장 및 조작되는 것이 적절한지를 분석하여 제작 방법을 결정한다. 자료 제작에는 마닐라지와 같이 뒷면에 막대 하나를 붙이고도 그림이 휘어지지 않을 재질을 사용한다. 또 부직포나 헝겊으로 양면을 모두 활용할 수 있도록 인형을 만들고 속에 솜 등을 넣어 입체감이 들도록 제작할 수도 있다.

이 밖에도 나뭇가지, 솔방울 등의 자연 재료나 주걱 등의 일상 용품을 활용하여 막대인형 자료를 제작할 수도 있다.

• 막대

막대의 재질은 나무젓가락과 같은 것을 손쉽게 활용하지만 등장인물의 특성에 따라서는 투명한 빨대와 같은 재료를 사용하는 것이 적절한 경우도 있다.

막대의 위치는 인형의 아래쪽에 부착되어 손잡이 역할을 하는 것이 일반적이다. 그러나 동화의 내용 특성 및 등장인물의 움직임의 특성에 따라서는 막대가 인형 자료의 위쪽에서 손잡이 역할을 하도록 부착하거나 사선으로 붙이는 등의 다양한 방향으로 부착할 수 있다. 예를 들어, 날아가는 새를 표현하는 인형이라면 막대를 위쪽 옆으로 향하게 사선으로 부착하면 조작할 때 더 생동감 있게 표현할 수 있다. 또 바닷속을 다니고 있는 어류를 표현한다면 막대가 위쪽으로 향하게 하는 것이 적절한 경우도 있다.

• 배경

배경은 꼭 제시되어야 할 것만 제작한다. 나무 몇 그루, 연못, 집 한 채 등이 그 예이다. 이때 각각의 배경을 독자적으로 무대(인형극 틀) 위에 세울 수 있도록 제작하면 등장인물의 등장, 퇴장이나 조작에 더 편리하다.

그러나 이야기의 특성에 따라서는 면을 활용한 배경을 구성할 수도 있다. 예를 들어, 바닷속을 주 배경으로 하는 이야기(예: 『무지개 물고기』 등)라면, 자석판 등을 활용하여 바다를 나타내는 파란색 면과 해초 등의 배경을 꾸미고 그 위로 물고기나 어패류의 등장인물이 막대인형으로 등장하도록 표현할 수 있다.

■ 제시 방법

막대인형 동화를 들려줄 때는 인형을 제시할 틀이나 탁자 등을 활용하면 효과적이다. 예를 들어, 배경 그림이 필요 없이 막대인형만으로 동화 내용이 잘 전달되는 경우라면 교실에 비치하였던 커튼이 달린 인형극 틀을 활용할 수 있다. 배경이 필요한 동화라면, 바닥 면이 있는 탁자(예: 책상)와 같은 것을 활용하여 기본 배경이 되는 자료를 부착하거나 세워 놓고 막대인형을 조작하면서 구연할 수 있다. 바닥 면으로 사용될 탁자는 등장인물 및 배경의 배치 공간을 고려하여 적절한 크기로 선정한다. 바닥 면에 두꺼운 천이나 종이 등을 씌워 무대의 분위기를 조성할 수도 있다.

인형을 제시하는 틀이나 바닥 면의 기능을 하는 탁자의 높이는 너무 높지 않아야 유아가 인형을 한눈에 볼 수 있다. 일반적으로 좌탁 정도의 높이(약 40cm)가 적합하다. 또 교사가 앉은 높이와 틀의 높이를 잘 맞추어서 조작하는 팔이 부자연스럽지 않도록 해야 한다.

막대인형극의 예

막대인형 동화에서는 조작 과정에서 자칫 막대와 조작하는 교사의 손이 보이면 사람이나 동물이 공중에 떠 있는 것처럼 보이기 쉽다. 따라서 교사는 조작 과정에서 막대를 잡는 손의 위치를 잘 정해야 한다. 손 움직임을 보다 자연스럽

자연물을 이용한 막대인형극의 예

게 하기 위하여 인형극 틀의 전면 또는 탁자의 가장자리를 장식으로 가릴 수도 있다. 즉, 풀 모양으로 오린 색상지와 같이 이야기의 내용과 연관되는 부

수적인 배경 자료를 부착하여 조작하는 손이 보이지 않도록 가려 주는 것도 방법이 된다. 이때 틀의 전면 가장자리에 부착하는 자료는 이야기 진행의 중간에 떼어 내지 않아도 될 그림이어야 한다. 종이 벽돌 블록 등을 활용하여 틀의 높이를 탁자 면의 바닥 높이보다 더 높이 올리면 교사의 손이 쉽게 가려지고 조작하기에도 편할 수 있다. 그 결과, 유아들은 인형들의 움직임을 시각적으로 더 안정되게 그리고 보다 사실적으로 느끼며 감상할 수 있는 장점이 있다.

⑤ 테이블인형 동화

테이블인형 동화(테이블 동화)는 막대인형 동화와 달리 조작하는 사람이 자료를 잡고 있지 않아도 인형이 안정되게 테이블 위에 서 있을 수 있는 동화 자료이다. 등장인물의 위치를 이동하거나 몸짓을 할 때만 조작하는 사람이 움직여 주면 된다. 따라서 막대인형 동화에서보다 많은 등장인물이 동시에 무대에 등장할 수 있는 장점이 있고 조작자의 손이 자주 드러나지 않도록 할 수 있어 유아들이 인형극에 몰입하기 쉽다.

■ 테이블인형 동화에 적절한 작품

테이블인형 동화로 제작하기 적절한 동화의 특성은 기본적으로는 막대인형 동화와 동일하다. 즉, 주요 등장인물과 배경만 제작하여도 이야기를 전달하기에 충분한 작품이 적절하다. 책상 면 위에 배경을 배치하고, 이야기의 진행에 따라 인형을 조작하는 것이므로 이러한 특성을 반영할 수 있는 작품을 선택하는 것이 좋다. 즉, 언덕이나 바위, 웅덩이나 연못 등 다양한 배경을 테이블 위에 배치할 수 있다. 또 등장인물이 무대가 되는 책상의 넓이를 최대한 활용하여 움직일 수 있는 특성을 지닌 동화가 테이블인형의 장점을 더 많이 드러낼 수 있다.

■ 제작 방법

• 등장인물 인형

테이블인형 동화 역시 막대인형 자료처럼 등장인물의 모습이 단면으로만 보이도록 제작할 수도 있고, 앞뒤 양면에서 인형의 모습이 되도록 제작할 수도 있다. 또는 모든 면에서 볼 수 있는 입체 인형으로 제작할 수도 있다. 이는 동화의 내용 전개에 따라 결정한다. 제작할 인형의 형태를 정하면, 이에 따라 인형이 책상 위에 서 있을 수 있도록 하는 장치를 어떤 재료로 할지 정한다.

단면으로만 보이는 인형을 제작하는 방법은 간단하다. 즉, 막대나 융판, 자석동화용으로 만든 인형의 뒷면에 인형을 지탱하고 세울 수 있도록 다른 재료를 부착하기만 하여도 테이블인형이 완성된다. 이때 인형을 세우기 위해 붙이는 재료는 무게감 있는 상자부터 깡통 등 각종 재활용 용기가 적절히 활용될 수 있다.

양면으로 인형의 모습이 되도록 하지만 옆면은 제작하지 않는 방법도 있다. 이러한 제작의 한 방법은 종이를 두 겹으로 접어 앞뒤 양면으로 인형이 나타나게 만드는 것이다. 이때 위쪽 끝은 앞뒤 면의 종이가 붙어 있게 하고 아래쪽은 앞뒤 면의 사이를 약 10여cm 정도 벌리되, 그 간격을 띠종이로 연결한다. 두 면을 연결한 종이는 인형이 입체적으로 서 있을 수 있도록 하는 장치가 된다.

입체 인형으로 실물처럼 만드는 것은 시간과 노력이 많이 드는 방법이지만 그만큼 유아들에게는 매력적이다. 이러한 경우, 인형이 서 있을 수 있도록 지탱해 주는 재료를 인형의 내부에 넣어 두게 된다.

또한 실물을 인형으로 활용할 수도 있다. 예를 들어, 사과, 배, 감과 같은 과일을 이용하여 과일의 몸에 털실을 붙여 머리를 꾸미고 눈, 코, 입을 만드는 것과 같은 방법으로 테이블인형 자료를 만들 수 있다.

• 배경

배경은 막대인형 동화에서처럼 꼭 제시되어야 할 배경만 제작하는 것이 기본이다. 탁자에 바닥 면이 있으므로 배경 역시 입체감을 살려 배치할 수 있도록 제작하면 동화의 내용을 더 실감 나게 전달할 수 있다.

■ 제시 방법

테이블인형 동화를 조작하는 데 사용할 탁자는 높이가 낮은 좌탁(약 40cm)이 더 적합하다. 유아들이 인형들의 전체적인 움직임과 배치를 한눈에 볼 수 있고 조작하는 교사도 보다 편안하게 조작할 수 있기 때문이다. 또한 탁자의 앞다리 부분이 막힌 것을 사용하거나 테이블보 등을 활용하여 앞을 막아 사용하면 자료 조작을 할 때 보다 편안할 수 있다. 즉, 등장할 인형과 퇴장한 인형들을 담은 바구니나 쟁반을 탁자 아래에 둘 수 있어 보다 편리하고 안정적인 환경에서 동화를 들려줄 수 있다.

다른 종류의 매체 조작에서와 마찬가지로 무대 위에는 내용 전개에 꼭 필요한 등장인물만 있게 한다. 간혹 테이블 동화 조작 과정에서 현재 무대에 있지 않아야 할 등장인물이나 배경을 계속 놓아두는 예도 있는데, 이를 유의하

실물 과일을 활용한 테이블인형 자료 제작의 예 「나는 누구일까요?」
출처: 이화여자대학교 사범대학 부속 이화유치원(1995a), p. 129의 자료를 제작한 예이다.

여 무대에서 퇴장하여야 할 시점을 놓치지 않도록 한다.

⑥ 그림자인형 동화

그림자인형 동화(그림자극)는 물체가 빛을 가려서 물체의 뒷면에 그림자가 생기는 것을 응용한 자료로 유아들에게 상상력을 자극하는 매력이 있다. 그림자인형은 인형 자료를 주로 검게 보이는 부분과 빛을 투과하여 일부 하얗게 보이는 두 부분으로 구성되게 제작하는 방법이 있다. 다른 방법으로는 다양한 색채가 지닌 효과를 표현하기 위해 셀로판지를 이용하여 등장인물의 옷 색깔을 표현한다든가 하는 방법으로도 제작하는데, 이는 흑백의 두 가지 색만이 아닌 다양한 채색의 효과를 나타낼 수 있다. 이 또한 색다른 매력으로 유아들에게 감상의 재미를 준다.

■ 그림자인형 동화에 적절한 작품

그림자인형 동화는 스크린 뒤에서 등장인물들을 조작하며 이야기를 전하게 된다. 일반적으로 그림자인형 동화는 다양한 등장인물과 변화가 많은 배경도 모두 포괄할 수 있는 매체 유형이다.

그러나 과거 그림자인형 동화의 빛으로 스탠드 등불을 이용하는 방법밖에 없던 때는 배경의 표현이 제한적이었다. 즉, 이러한 상황에서는 스크린에 미리 부착해 놓은 주요한 배경의 조각 그림(예: 나무 등)으로 배경을 제한적으로 표현하였다. 또는 스크린 상단에 배경을 그린 투명 비닐 등을 덧붙여 두었다가 해당 배경이 필요할 때 비닐을 펼쳐 내리는 정도로만 배경 표현이 가능하였다. 그러나 투시물 환등기(OHP)를 활용하면서 다양한 변화가 있는 배경도 모두 쉽게 표현할 수 있게 되었다.

기본적으로 그림자인형 동화로 제작하기 적절한 동화는 모든 등장인물 및 배경을 흑백의 색으로만 표현해도 내용 전달이 충분하고 또 신비감을 줄 수 있는 것이다. 그러나 다양한 색의 효과도 줄 수 있으므로 동화에 따라서는 셀로판지를 통해 색을 표현하는 방법과 그림자인형 동화의 흑백처리를 겸하는 방법으로 제작하면 효과적이다.

■ 제작 방법

그림자인형에 적합한 작품을 선택하면 그 작품의 자료를 제작할 때 흑백을 주요 색으로 표현할지, 아니면 셀로판지를 이용하여 다양한 색을 표현할지를 결정한다. 그리고 작품 속의 등장인물 중 제작하기로 정한 등장인물에서 빛을 투사하여 흰색으로 보이게 할 면과 검은색으로 보이게 할 면 또는 셀로판지를 이용하여 색으로 나타나게 할 면 등을 정하고 세부적인 제작으로 들어가야 한다.

• 등장인물의 제작
－등장인물을 그려서 윤곽을 오린다.
－흰색으로 보이게 하거나 색을 나타낼 부분의 안쪽 면을 오려 낸다.
－흰색으로 보이고자 하는 부분은 오려 낸 상태로 두거나 투명 셀로판지를 붙인다. 색을 나타내고 싶은 부분은 해당하는 색의 셀로판지를 붙여서 표현한다.
－다 제작된 등장인물은 막대를 붙여서 조작할 수 있도록 준비해 둔다.

이때 막대는 아크릴판이나 철사 등을 활용하는데, 자료의 크기와 무게에 따라 인형을 잘 지탱할 재료를 선택하면 된다. 또한 등장인물들은 필요에 따라 머리, 팔, 다리, 날개 등이 움직이도록 제작할 수 있다. 즉, 할핀 등을 활용하여 움직임이 가능하게 만들고 낚싯줄이나 가는 철사를 붙여 움직이는 부분을 조작할 수 있도록 준비한다.

• 배경의 제작

배경도 마찬가지 방법으로 제작하며, 계속 나타나도 되는 배경 그림 조각은 스크린에 붙여 두고 공연을 할 수 있다(예: 나무 한두 그루, 연못, 잔디 등). 중간에 잠깐 등장하는 배경은 등장인물처럼 막대를 붙여 해당하는 시간에 등장, 퇴장하도록 조작한다.

또는 화면에 전체 배경을 나타낼 필요가 있다면 투시물 환등기를 활용하여 아세테이트지에 배경을 그려서 사용할 수도 있다.

• 그림자인형극 틀

그림자인형 동화를 위한 틀의 크기는 극을 감상하는 유아의 수와 공간을 고려하여 정하게 된다. 일반적으로 한 학급 정도의 유아가 감상하는 틀이라면 스크린 면적이 가로×세로가 100×130~150cm 크기 정도로도 가능하다. 스크린 아래쪽에는 나무나 골판지 등으로 막아 놓은 면이 있어야 한다. 이는 약 60cm 정도 높이로도 가능하다. 이러한 장치는 조작하는 사람의 팔 동작이나 스크린 뒤쪽에 둔 자료 등이 보이지 않게 해 주어 극이 상연되는 화면에 집중할 수 있도록 도와준다.

■ 제시 방법

그림자인형 동화를 조작할 때는 한 학급 규모의 어린이를 대상으로 하더라도 교사 1명이 조작을 하기에는 어려움이 있다. 최소한 2명이 있어야 조작이 훨씬 수월하다. 조작을 하는 교사는 얼굴과 몸을 막 뒤로 가리지 않도록 한다. 즉, 틀의 측면에 앉아서 손과 팔로 인형을 조작하면서 감상하는 유아들의 반응도 살피며 조작할 수 있다. 틀의 양쪽 측면에 2명의 성인이 있는 것을 가정하면 막 뒤로 몸을 숨기지 않고도 자료 조작이 가능하다.

동화 내용은 미리 녹음을 하여 사용할 수 있다. 그림자인형 동화는 다른 매체보다 조작이 다소 복잡하므로 동화 내용을 녹음하여 사용하면 조작과 구연

셀로판지를 활용해 색이 나타나도록
제작한 그림자인형의 예

그림자인형 동화의 예 『빨간모자』

을 동시에 할 때의 어려움을 피할 수 있다. 또한 구연의 녹음 과정에서 다양한 음향 효과도 넣을 수 있으므로 구연도 더 효과적으로 준비될 수 있다.

동화 감상 활동 시간이 시작되기 전, 준비된 자료들은 틀 뒤쪽에 차례로 잘 정리하여 준비해 두고, 동화 내용을 미리 녹음해 둔 경우는 녹음기 등의 기계 장치도 준비해 둔다. 유아들에게 그림자극을 들려줄 것임을 알리고 틀의 측면으로 옮겨 앉아 자료를 조작한다.

⑦ 손가락 및 손인형 동화

손가락 및 손인형 동화는 인형의 조작 및 표현 과정에서 손이 직접적 역할을 많이 한다. 다른 모든 자료의 조작에도 손이 사용되지만 특히 이 두 매체의 경우, 손과 인형이 일체가 되어 인형의 특성을 표현한다. 특히 손인형은 팔이 움직이는 것은 물론이고, 말을 할 때 인형의 입이 직접 벌어지거나 다물어지게 하는 조작도 가능하여 살아 있는 어떤 대상을 만난 것처럼 유아들이 몰입하게 되는 장점이 있다. 손가락 인형은 크기가 가장 작은 인형 자료로, 소지하기 쉬워 언제 어디서든 손가락 인형을 사용하여 이야기를 들려줄 수 있다는 장점이 있다.

■ 손가락 및 손인형 동화에 적절한 작품

손가락 인형으로 제작하기에 적합한 동화인지 여부는 등장인물이 얼굴을 중심으로 상반신 일부만 제작되어도 이야기 전개에 무리가 없는지, 등장인물의 수가 손가락에 인형을 끼워 조작하기에 무리가 없는 수인지, 배경보다는 등장인물의 대사만으로도 이야기 전개가 가능한 작품인지 등이 고려사항이 된다. 즉, 손가락 인형은 손가락에 인형을 끼우거나 또는 손가락에 직접 그린 인형 자료 등을 사용하므로 대체로 인형의 모습을 표현하는 데 제한이 있다. 일반적으로 얼굴을 중심으로 한 상반신 일부만 표현하는 것이 등장인물을 나타내기에도 적합하고, 손가락 인형의 특성을 반영하여 조작하기에도 적합하다.

손인형은 융판, 막대, 테이블인형 등의 자료 제작에 적합한 동화들의 특성과 마찬가지로 등장인물을 중심으로 제작하고, 배경은 주요 배경만 제작하여도 이야기 전개가 가능한 작품이 그 대상이 된다. 여기에 더하여 손인형 자료의 장점을 부각시킬 수 있는 작품을 선택하면 된다. 즉, 주요 등장인물들이 직접 입을 벌려 말을 하거나 고개 짓, 몸짓 등이 자유롭게 나타나는 것이 효과적인 작품, 동시에 등장하여 대화를 나누는 등장인물이 둘 이하인 것 등이다. 동시에 등장하는 등장인물의 수는 조작하는 사람이 몇 명이 있느냐에 따라 둘 이상이어도 된다. 그러나 교사 1명이 조작, 구연하는 경우에는 조작 및 구연의 효율성을 위해 등장인물이 적은 것이 적당하다.

■ 제작 방법
• 손가락 인형

헝겊으로 원통형의 골무 형태로 인형을 만들어 손가락에 끼울 수 있게 한다. 크기가 작으므로 복잡한 표현을 하거나 인형의 몸 전체를 나타내려 하기보다는 얼굴을 중심으로 두드러진 특징을 나타내는 것이 더 효과적이다. 인형의 크기는 일반적으로 손가락 굵기보다 약간 넓은 정도로 만드는 것이 적절하다. 즉, 손가락을 벌렸을 때 생기는 공간 범위에서 등장인물들이 상호 조작될 수 있을 크기여야 한다. 예를 들어, 나비가 양 날개를 펴고 있는 것처럼 하나의 손가락 범위보다 넓은 면적을 차지하는 인형이 있다면 그 인형을 조작하기 위해 한 손 안에서 표현될 수 있는 등장인물의 수가 줄어들어야 한다. 그러므로 특별한 경우가 아닌 한 인형의 가로 크기를 적절히 조정한다.

손가락 인형의 보다 간편한 제작 방법으로는 반지 형태로 인형을 만드는 방법도 있다. 즉, 반지 형태의 고리에 인형을 만들어 붙여 손가락 인형을 제작하는 것이다. 반지 모양의 고리는 부직포처럼 힘이 있는 재질을 사용하여 만든다. 이는 손가락에 끼우기 위해 원통형 골무 모양으로 인형을 만드는 것보다 제작이 간단하다.

한편, 손가락 장갑을 활용하는 방법도 있다. 손가락 장갑의 각 손가락에 인형을 만들어 붙여 주고 손가락을 펴 가며 조작할 수 있다. 또는 각 손가락마다 인형을 붙여 가며 조작하는 방법도 있다. 즉, 장갑의 손가락에 찍찍이를 붙여 두고 각 등장인물을 해당 손가락에 붙여 가며 조작하는 방법이다.

상품화된 손가락 인형을 활용하여 우크라이나
전래동화인 『장갑 한 짝』을 제시하는 모습

『토끼 굴에 있는 게 누구냐』를
손가락 인형 자료로 제작한 예
출처: 이화여자대학교 사범대학 부속 이화유치원
(1992b), p. 97의 자료를 제작한 예이다.

• 손인형

손인형은 인형의 어떤 부위를 움직이게 할 것인지에 따라 제작 재료와 방법이 달라질 수 있다. 예를 들어, 입을 움직이는 인형이라면 양말의 특성을 살려 손인형으로 제작할 수 있다. 이 경우, 입을 만들기 위해 양말의 발끝 부분을 자르고 부직포 등으로 연결하고 꿰매서 입의 상하 내부를 나타낸다. 양말의 발등 부분은 얼굴의 윗부분이 된다. 양말 인형의 장점은 특별히 모양을 많이 변형, 제작하거나 장식을 많이 하지

손인형 자료의 활용

않아도 효과적인 제작과 조작이 가능하다는 점이다.

양말 이외에도 다양한 다른 재료를 활용하여 입이 움직이는 손인형을 만들 수 있다. 예를 들어, 종이 봉투를 활용하여 손인형을 제작할 수 있는데, 봉투의 아랫면을 잘라 다른 종이를 대서 입을 만들고 모양을 꾸민 뒤 손을 넣어 조작하게 하는 등의 방법으로 제작할 수 있다. 종이 접시를 반으로 접어 입이 되게 하고 손을 넣을 수 있도록 헝겊을 입과 연결하여 붙이면 입이 움직이는 인형을 만들 수도 있다. 이와 같이 양말, 봉투, 종이 접시처럼 특정한 모양이 있는 것을 활용하여 입을 움직이는 인형을 만들 수도 있지만 타월 천과 같이 두께감이 있는 헝겊을 활용하여 직접 제작할 수도 있다.

얼굴과 팔이 움직이도록 하는 인형을 제작하는 경우, 타월 천과 같은 헝겊으로 제작할 수 있다. 얼굴 부분은 고개를 움직이게 하여 얼굴 전체가 움직이도록 만들 수도 있고, 입이 움직이도록 만들 수도 있다. 그러나 입이 벌어지고 다무는 것을 조작하면서 인형의 팔을 동시에 효과적으로 조작하기는 쉽지 않다. 따라서 이러한 점을 고려하여 주로 표현하고자 하는 특성이 무엇인지를 결정하여 제작하여야 한다. 몸통 부분은 팔만 달고, 나머지 부분은 조작하는 사람이 팔을 넣을 수 있도록 밑이 뚫린 원통형으로 제작한다.

스펀지를 사용하여 제작할 수도 있다. 인형 제작에 사용되는 단단한 스펀지를 깎아 원하는 모양의 인형을 만든 뒤 표면을 천으로 붙여 마무리한다. 입이 크게 벌어지는 인형으로 만들 수도 있고, 고개를 움직여 얼굴 전체가 움직여지며 조작되도록 하는 방법도 있다. 몸통 부분까지 스펀지로 제작하는 것도 가능하지만 손쉽게는 천으로 몸통을 만들고, 천으로 된 몸통을 얼굴과 연결할 수 있다.

■ 제시 방법

대개 특별히 배경을 제시하지 않아도 되는 동화를 손인형이나 손가락 인형 동화로 들려주게 된다. 교사는 상자나 바구니에 인형을 담아 두고 인형들이 등장하여야 할 순간에 손이나 손가락에 끼워 등장하게 하면서 구연한다. 인형극 틀을 사용하면 인형 극장의 느낌을 더 살릴 수 있다.

그러나 일부 넓은 공간을 활용하는 배경이 필요한 경우, 인형극 틀 대신 탁자와 같이 넓은 면이 있는 것을 활용할 수 있다. 즉, 탁자 위에 배경 및 동화 내용의 특성을 반영하여 무대를 나타낼 장치를 하고 동화를 들려준다. 예를 들어, 우크라이나 전래동화 『장갑 한 짝』을 손가락 인형으로 들려줄 때, 탁자에 배경을 설치하고 공간을 넓게 활용하여 동화를 들려준다. 즉, 동화의 배경인 눈 내린 숲속, 추위에 떠는 동물들, 숲속에 떨어진 장갑 한 짝 등을 더 효과적으로 나타내기 위해 탁자 위에 솜 등으로 눈을 표현하고, 장갑을 떨어뜨려 놓고 손가락 인형을 조작할 수 있다.

⑧ 멀티미디어 동화

멀티미디어의 발달은 이를 활용한 동화 매체의 발달을 가져왔다. 유아들이 가정에서, 또는 이동 중에도 멀티미디어를 통해 동화 감상을 하는 것은 아주 흔한 일상이 되었다.

교사가 동화책을 파워포인트 프로그램을 활용하여 동화로 제작, 감상하도록 하는 것도 가능하다. 그러나 동영상으로 동화 구연까지 녹화한 경우, 유아들의 반응에 따라 특정 장면의 속도를 조절할 수 없는 단점이 있다. 멀티미디어 영상 매체가 발달하고 유아들이 손쉽게 접할 수 있게 된 상황은 유아교육기관에서 이러한 매체로 동화 감상 활동을 진행하는 것에 더 신중할 필요성을 제기한다. 즉, 일상적으로 접하는 매체가 된 컴퓨터를 집단 활동의 교수매체로 빈번하게 사용하는 것은 여러 교육적 측면을 고려하여 신중하게 선택할 필요성이 있다. 또 사용하더라도 교육과정과 조화를 이루며, 질적으로 우수한 동화 프로그램을 선택하도록 하여야 한다.

■ 멀티미디어 동화 제작에 적절한 작품

멀티미디어 동화는 그림자인형 동화처럼 단순한 등장인물과 배경부터 다양한 등장인물과 변화가 많은 배경을 지닌 이야기까지 포괄할 수 있는 매체 유형이다. 또 그림과 음악을 효과적으로 연결할 수 있는 작품을 멀티미디어 동화로 제작하는 것도 의미 있는 접근이 될 수 있다. 예를 들어, 그림만 있는 그림책을 PPT로 제작하고 음악을 포함하여 감상 매체로 제작하는 것이다.

일반적으로 상품화된 그림책을 PPT 프로그램을 활용하여 멀티미디어 동화로 제작하는 경우가 많다. 유아가 지은 이야기와 유아가 그린 그림을 활용하여 만드는 것도 가능하며 이것이 보다 교육적 의미가 있는 접근일 수 있다. 동시 내용에 따라서는 동시 감상 자료를 PPT 프로그램을 활용하여 제작하는 것도 가능하다.

■ 제작 방법

유아들이 만든 이야기로 멀티미디어 동화를 제작한 사례는 다음과 같다.

유아들이 만든 이야기를 PPT 동화로 제작한 사례

〈절차〉

- PPT 동화로 만들기 위해 무엇을 해야 하는지에 대해 이야기 나눈다.
- 자료를 준비한다.
- 자료를 촬영한다.
- 촬영한 사진들을 PPT 프로그램을 활용하여 이야기 순서에 따라 배치한다. PPT의 녹음 기능을 활용하여 효과음과 줄거리 낭독이 포함된 동화로도 만들 수 있다.
- 완성된 자료로 동화를 감상한다.

① 유아들이 지은 이야기를 들려준다.

> 〈탑과 코끼리를 지킨 청룡〉
>
> 동물원에 사는 코끼리가 동물원을 탈출하여 깊은 숲속에 가게 된다. 이 소식을 들은 도둑들이 코끼리를 잡으려 하자 숲속에 사는 상상의 동물들(청룡, 불가사리, 해태)이 코끼리를 동굴 속으로 숨겨 준다. 도둑들은 코끼리 잡기를 포기하고 탑 속에 보석이 있다는 사실을 알고 보석과 상상의 동물들을 잡으려 계획한다. 하지만 상상의 동물들은 지혜롭게 도둑들을 무찌르고 코끼리와 상상의 동물들은 숲속에서 행복하게 살게 된다.

② 이야기로 어떤 동화(그림동화, 막대인형 동화, 그림자 동화 등)를 만들지 이야기 나눈다. 그리고 유아들이 그림자극 PPT 동화 만들기로 결정한다.

③ 그림자극 PPT 동화로 만들기 위해 무엇을 해야 하는지에 대해 이야기 나눈다. 등장인물 만들기(점토, 신체로 표현, 교실에 있는 물건 활용 등)와 사진 촬영 등이 있다.

④ 역할을 분담하여 그림자극에 필요한 자료들을 준비한다.

청룡: 유아들이
점토로 만듦

나무: 쌓기 놀이 영역의
소품 활용

배경: OHP 기계에
블록으로 구성

자료의 예

⑤ 필요한 장면별로 그림자를 만들어 촬영한다. 촬영을 할 때 촬영 장소를 어둡게 하고 OHP, 빔, 스탠드 등의 조명을 활용한다.

코끼리를 도우러 가는 청룡

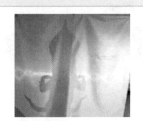
신체로 표현한 탑

신체로 표현한 해태

교실에 있는 물건을 활용해서 만든 나무

촬영한 장면의 예

⑥ PPT 프로그램을 활용해서 촬영된 그림자 사진의 배경을 제거한다. 배경을 제거하는 방법은 서식의 배경 제거 아이콘을 누른 뒤 제거할 부분을 누른다.

배경 제거　　제거할 영역 표시

 → 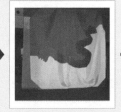 →

⑦ PPT 프로그램에서 이야기에 맞추어 배경을 제거한 그림자들을 장면별로 적절하게 배열한다. 내용에 따라 PPT 프로그램의 애니메이션 효과를 활용하여 움직임 등을 역동성 있게 표현한다(예: 용의 입에서 불이 나오는 장면).

도둑들이 코끼리를 잡아가려고 해서
청룡, 해태, 불가사리가 코끼리를 안전한
장소(동굴)로 피신시키는 장면

탑에 있는 보물을 훔치려는 도둑을 청룡,
해태, 불가사리가 무찌르는 장면

동화 장면의 예

⑧ 적절한 효과음(천둥소리, 발 구르는 소리)을 넣으면서 이야기를 녹음하여 동영상
으로 제작한다.

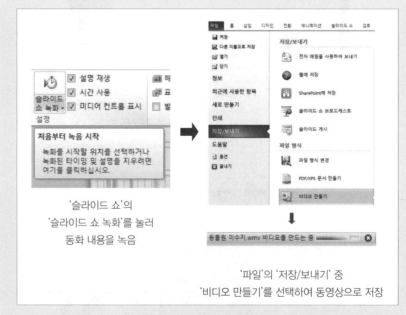

'슬라이드 쇼'의
'슬라이드 쇼 녹화'를 눌러
동화 내용을 녹음

'파일'의 '저장/보내기' 중
'비디오 만들기'를 선택하여 동영상으로 저장

동화 내용을 녹음하여 동영상으로 만드는 방법

2) 이야기 짓기

유아들은 보거나 들은 것을 이야기할 뿐 아니라 자신의 상상을 이야기로 만들어 내기도 한다. 이야기 짓기를 격려하는 것은 유아들의 언어 발달뿐 아니라 상상력과 창의력 및 인지 발달에 도움을 준다(김숙이, 2011; 김정민, 2009; 이문정, 1999; 최은주, 2000). 이야기 짓기는 유아가 생각한 것을 혼자 또는 여럿이 함께 자유롭게 말로 표현하여 이야기를 지어 보는 활동이다(한국유아교육학회, 1996). 이야기 짓기는 기존의 동화를 재현하는 다시 말하기(retelling)와 일상적인 경험을 바탕으로 사실적 이야기를 짓는 활동뿐 아니라 상상으로 독창적인 이야기를 짓는 활동까지 포함된다(채미영, 2003, p. 7). 짓기가 주로 개별적으로 이루어지는 성인들과 달리 유아교육기관에서의 이야기 짓기는 교사의 도움과 지원, 여러 어린이의 공동 참여로 진행하는 경우가 많으며 이러한 방법이 오히려 쉽게 다양한 생각을 연결하여 창작하는 과정이 되는 장점도 있다.

이야기 짓기는 유아교육기관의 여러 상황에서 이루어질 수 있다. 자유놀이 시간에 또래 또는 교사와 상호작용하거나 놀이하는 중, 동화를 감상한 후, 자연현상을 감상한 후 교사가 유아의 상상적 표현을 격려하는 중, 미술 활동과 연관된 활동 등 다양한 상황에서 가능하다. 이야기 짓기의 진행은 자연스럽게 또는 계획에 의해 의도적으로 이루어질 수도 있으며 유아 개인의 활동으로 또는 집단 활동으로도 진행할 수 있다. 활동의 예는 다음과 같다.

(1) 유아의 이야기 및 경험을 이야기 짓기로 연결하기

① 유아의 창의적 언어 표현을 이야기 짓기로 연결하기

유아들이 일상생활에서 하는 질문이나 혼잣말, 이야기들 중에는 매우 문학적이고 상상력 가득한 참신한 이야기가 많다. 이러한 언어 표현이 나타나는 순간을 그냥 지나치지 않고 성인이 적절한 격려와 방향을 제시하면 한 편의 이야기가 구성될 수 있다. 교사가 어린이의 이야기에서 어떤 창의적인 줄거리를 가진 이야기 짓기가 가능할 것으로 예측하였다면 유아가 이야기를 구성해 가도록 격려한다. 교사는 유아의 이야기를 듣고 기록하면서 이야기 진행을 돕고 사후 활동으로 확장되도록 도울 수 있다.

유아들의 이야기 짓기에 대해 처음부터 일반적인 동화의 길이만큼 이야기를 구성할 것을 기대하거나 요구하지 않는 것이 좋다. 단 3~4줄이라도 유아들의 상상과 독창적 표현이 들어가는 것이면 유아의 창의적인 짓기로 충분히 격려해 주어야 한다. 초기의 짧은 이야기는 차차 더 긴 이야기 구성도 가능하게 하는 초석이 된다. 특히 짧은 이야기 구성에서는 '쓰기'가 가능한 유아들의 경우, 스스로 쓰면서 이야기를 구성할 수 있는 장점도 있다.

유아들이 구성한 이야기는 '글로 써 놓는 것'에서 멈추는 것이 아니라 다른 유아들에게도 이야기로 들려주기, 이야기 지은 내용을 그림으로 표현하기 및 그림책으로 만들기, 녹음 동화로 만들기 등으로 확장하여 활동이 이어지도록 하면 유아들의 짓기 활동이 더욱 의미를 가질 수 있다.

〈친구가 생긴 민들레 홀씨〉

민들레 홀씨가 하늘 높이 '둥실둥실' 날아올랐어요. 민들레 홀씨는 바람을 타고 '하늘하늘' 멀리 날아갔어요.
한참을 날다 보니 깜깜한 밤이 되었어요. 민들레 홀씨는 혼자가 되어 외롭고 심심했어요. 그때 저 멀리 '반짝'거리는 것을 발견했어요. 그리고 민들레 홀씨는 하늘 높이 '둥둥' 날아갔어요.
그곳에는 다른 민들레 홀씨가 놀고 있었어요.

민들레 홀씨: 안녕, 친구야? 뭐 하고 있니? 나랑 같이 친구 할래?

그러자 다른 민들레 홀씨가 줄기를 '흔들흔들' 거리며 고개를 끄덕였어요.
민들레 홀씨는 친구가 생겨 기분이 좋았어요.
친구가 된 민들레 홀씨들은 밤하늘에 떠 있는 별을 함께 바라봤어요. 반짝거리는 하늘은 아름다웠어요.

② 유아의 미술 활동을 이야기 짓기로 연결하기

미술 활동은 이야기 짓기와 아주 밀접한 활동이며 이야기 짓기로 연결하기 좋은 활동이다. 즉, 유아들이 그린 그림에는 유아들이 생각하는 어떤 이야기가 있는, '그림 이야기'의 성격을 지닐 수 있다. 그러나 그 '그림 이야기'는 그림을 그린 즉시 기록하지 않으면 애초의 유아의 생각이 그대로 기록되지 못할 수 있고 그림과 이야기의 생생한 연관성이 약해질 수 있다. 그러므로 미술 활동 이후 바로 그림 또는 작품 속에 담긴 이야기가 무엇인지 유아에게 이야기하게 하고 교사가 받아 적어 주는 것은 이야기 짓기의 첫 시작이 될 수 있다. 모든 미술 활동이 이야기 짓기로 연결되는 것은 아니지만 많은 미술 활동은 교사가 격려하기에 따라서는 이야기 짓기로 확장될 수 있고, 최소한 '아주 짧은 길이의 유아의 이야기'를 만나는 통로가 될 수 있다.

그러므로 교사는 자유놀이 시간에 유아 각 개인의 선택으로 진행되는 개별적인 미술 활동도 눈여겨 지켜보면서 그 과정이 교사의 격려에 따라서는 '이야기 짓기'로까지 연결될 수 있을지를 관찰, 판단하는 과정이 필요하다. 이러한 판단에 따라 유아의 미술 활동에 대한 교사의 상호작용 방향도 달라질 수 있다.

그러나 미술 활동이 진행 중인 과정에서 교사가 너무 많은 언어적 개입을

'나는 유치원에 갑니다' 노래가 나오고 있었어요. 바닷속 생물들이 다 모여서 춤추고 있어요. 그런데 상어가 나타나서 바닷속 생물들이 다 집으로 도망갔어요. 상어는 바닷속 생물들을 잡아먹으려고 왔는데…… 그때 돌고래가 상어를 때렸어요. 상어는 깜짝 놀라서 도망을 갔어요.

'바닷속 생물 스펀지 도장 찍기' 미술 활동을 이야기 짓기로 연결한 예(3세)

하는 것은 오히려 유아의 활동을 방해할 수도 있다. 또 교사가 유아의 생각과 달리 너무 적극적으로 '이야기 짓기'로 유도하려고 하는 것도 이야기 짓기로 확장되는 것을 방해할 수 있다. 교사는 각 유아의 성향, 미술 활동의 상황과 진행 정도 등을 관찰하여 각각에 적합한 정도로 개입하는 것이 필요하다. 그림 그리기 활동만이 아니라 찰흙 구성 작품 등 구성 활동 또한 '이야기 짓기'로 연결하는 것이 가능하다.

교사의 계획에 의해 진행되는 미술 활동에서도 이야기 짓기로 연결하는 것이 가능하다. 이때에는 '유아의 개별 작품과 연관한 이야기 짓기'만이 아니라 '소집단 공동 미술작품으로 공동 이야기 짓기'도 진행할 수 있다. 교사는 사전에 미술 활동을 계획할 때부터 이 활동 이후 어떻게, 어느 정도 '이야기 짓기'로 연결할지 미리 가정해 보고 계획하는 것이 도움이 된다. 물론 교사의 계획이 항상 그대로 실현되는 것은 아닐지라도 섬세한 준비와 계획은 더 많은 긍정적 활동 과정과 결과를 가져올 수 있다.

③ 일상의 경험과 감상을 이야기 짓기로 연결하기

사계절의 변화와 그에 따른 자연현상은 누구에게나 감동과 사색, 이야기 소재를 제공한다. 유아들도 계절의 변화, 동식물의 직접적 관찰에서 본 것, 느낀 것을 이야기 소재로 활용할 수 있다. 또 유아들이 견학한 장소나 그곳에서 보았던 전시물들, 미술 감상이나 음악 감상 후의 느낌 등을 소재로 하여 이야기 짓기를 진행할 수도 있다.

이러한 경험의 확장은 개인적 이야기 짓기 활동으로 또는 때로 유아들의 공동 작업으로 진행될 수 있다. 즉, 같은 경험을 공유한 경우에 집단의 유아와 교사가 함께 이야기의 주제를 정하고 이야기 짓기를 할 수 있다. 다양한 방법으로 접근할 수 있는데, 예를 들어 1명의 유아가 이야기 첫 줄의 서두를 시작하고 그다음을 다른 유아가 이어 가는 방식으로도 진행할 수 있다. 이때 이야기를 기록하는 것은 교사가 도와준다.

(2) 동화 감상 후 동화와 관련한 이야기 짓기

동화 감상 후 진행하는 이야기 짓기는 동화 재구성하기, 중간 이야기 짓기 또는 뒷이야기 짓기, 그림에 적합한 동화 짓기 등으로 이루어질 수 있다(이춘희, 장미정, 2010). 앞 이야기 짓기도 연령이 높은 유아에게는 흥미 있고 도전적인 활동이 될 수 있다.

동화 재구성하기는 기존의 동화에서 특정 부분의 단어나 문장을 바꾸어 보는 것으로, 동화의 등장인물과 사건의 중요 맥락은 유지하면서 이야기를 재구성하는 활동이다. 그림에 적합한 동화 짓기는 글이 없는 그림책 등에서 그림을 보고 유아들이 상상력으로 그림의 이야기를 만들어 내는 것이다. 중간 이야기 또는 뒷이야기 짓기는 동화를 감상한 후 이야기의 중간 부분이나 뒷부분에 다른 이야기를 만들어 넣어 보는 활동을 의미한다(이춘희, 장미정, 2010, pp. 188-189).

이러한 방법 외에도 사건의 발생 동기를 변경시키고 이후 줄거리를 재구성하여 본다든가, 등장인물의 성격이나 성별을 바꾸어 설정하고 이에 따라 이야기를 재구성하여 보는 등의 다양한 방법을 적용하여 볼 수 있다.

동화의 내용을 다시 지어 본 결과물은 교사가 유아들에게 읽어 주거나 유아들이 직접 읽어 보도록 하고, 확장 활동으로 이야기에 맞는 그림을 그려서 그림책을 만들어 보는 활동도 해 볼 수 있다.

유아들이 동화를 감상한 후 이야기 짓기를 한 예

- 감상한 동화: 『행복한 의자나무』(랑슈린 글·그림, 박지민 옮김, 2002, 북뱅크)
- 유아들이 지은 이야기 제목: 〈행복한 거인 에이트와 친구들〉
- 지은이: 호서대학교 부속 유치원 솔반 어린이들(5세)

〈행복한 거인 에이트와 친구들〉

어느 날 거인 에이트는 공원으로 산책을 갔습니다.

에이트는 하프를 들고 있었지요.

에이트는 하프 연주를 아주 잘했답니다.

그런데 마침 공원에 말, 잠자리, 양이 놀러 왔어요.

말과 잠자리 그리고 양은 에이트를 보고 와서 물었어요.

"아저씨, 왜 양말에 구멍이 났어요?"

"하하하. 생선을 먹다가 생선 가시에 콱 찔렸어요."

에이트는 동물 친구들과 친구가 되고 싶었어요.

"얘들아, 내 하프 소리 좀 들어 보렴."

에이트는 신나게 하프를 켰어요.

그러나 동물들과 공원의 식물들이 두 귀를 막았어요.

"너무 시끄러워요. 소리가 너무 크잖아요!"

동물들은 모두 그 자리를 떠났어요.

에이트는 너무 속상해서 엉엉 울었어요.

에이트의 우는 소리를 듣고 다시 동물 친구들이 찾아왔어요.

"괜찮아요? 우리가 너무 심했어요. 하지만 앞으로는 적당한 소리로 들려줘요."

"그래, 그래. 고마워."

그 후로 거인 에이트는 동물들과 곤충들 그리고 식물들이 듣기 좋게 작은 소리로 하프를 연주했어요.

물론 그들은 아주 친한 사이가 되었지요.

그림책 감상 후 이야기 짓기와 후속 활동 그림책 만들기의 예

- 감상한 그림책: 『단추』(새라 퍼넬리 글·그림, 최재숙 옮김, 2001, 삼성출판사)
- 유아들이 지은 이야기 제목: 〈단추가 굴러가요〉
- 지은이: 호서대학교 부속 유치원 병아리반 어린이들
- 유아들 개인이 그림을 그리고 이야기한 것을 모아 책으로 제작

그림책 장면을 활용한 이야기 짓기의 예

- 교사가 그림책 장면을 복사하여 언어 영역에 제시하고, 유아들이 이를 활용하여 이야기 짓기를 한다.
- 『가을 나뭇잎』(이숙재 글, 배지은 그림, 2011, 대교출판)을 감상한 후 진행(3세)

- 토끼와 고양이 친구들이 곰에게 낙엽을 선물해 주고 싶었어요.
- 곰은 친구들에게 선물 받은 낙엽을 숲속 친구들과 함께 가지고 놀았어요.
- 곰은 집으로 돌아가 친구들에게 고맙다고 손을 흔들어 주었어요.

유아가 이야기 짓기를 위해 선택한 그림과 이야기

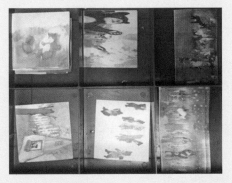

교사가 이야기 짓기를 위해 준비한 그림책 장면

3. 동시

유아교육기관에서 동시 활동은 동시 감상 및 시 창작 활동을 중심으로 진행할 수 있다.

1) 동시 감상

어린이들의 인성 형성에 좋은 자양분이 되고 삶을 풍요롭게 하는 방법의 하나는 어려서부터 시를 접하게 하는 것이다. 유아들은 시의 리듬을 즐기며 시의 내용을 통해 자연과 사물, 상황에 대한 직관과 통찰력을 발달시키고 언어의 아름다움을 경험한다(이상금, 장영희, 1986). 또한 유아들은 감상의 과정을 통해 시상을 떠올리고 창작에 대한 욕구를 형성해 나갈 수 있다.

(1) 감상에 적절한 동시의 특성

동시 감상 활동을 하기 위해서는 유아들이 쉽게 감정이입을 할 수 있고, 내용을 이해하고 즐기며 낭송을 즐길 수 있는 시를 선택해야 한다. 또한 교육주제, 계절, 유아의 흥미와 발달 단계에도 적절해야 한다. 유아기 어린이의 감상에 적합한 동시는 다음과 같은 특성을 갖는다(이상금, 장영희, 1986, 2001; 장혜순, 2008).

- 어린이들이 처한 현재의 상황(유아의 관심과 경험, 기후, 계절 등)과 흥미에 적합한 것
- 시의 내용을 어린이들이 이해할 수 있고 그들의 경험과 밀접한 관계가 있는 것
- 시에서 리듬을 즐길 수 있는 것

- 모국어의 아름다움이 유아들이 이해할 수 있는 시적 표현으로 잘 드러난 것
- 활기 있는 묘사가 풍부하며 행동의 이미지가 신속하게 변화하는 것

(2) 동시 감상 활동을 위한 준비

학급에서 유아들과 동시 감상 활동을 진행하기 이전에 교사가 준비할 사항은 다음과 같다.

- 동시의 내용과 구성을 분석하여 유아들과 함께 감상하고 낭송하기에 적절한 동시를 선정한다.
- 교사 자신이 시를 좋아하고 낭송을 즐긴다. 물론 교사는 유아와 활동을 진행하는 단계에서는 시 내용을 완벽하게 외우면서 시의 느낌을 살려 낭송해야 한다. 하지만 동시 감상 활동을 준비하는 과정은 시를 외우는 것이 목적이 아니다. 즉, 감상 활동의 대상이 된 시를 교사가 좋아하는 것이 선행되어야 한다. 좋아하고 이해하여 낭송하다 보면 저절로 암기가 되고 생동감 있는 낭송도 가능해진다.
- 동시의 내용을 유아들에게 효과적으로 전하고 이해를 도울 수 있도록 그림 자료를 구상하고 제작한다.
- 동시 감상 활동에 사용할 배경음악을 준비한다. 배경음악은 감상 활동의 분위기 형성에 도움을 준다. 음악은 동시의 내용이나 분위기 혹은 낭송 과정의 특성을 고려하여 선정할 수 있다.
- 동시 감상 활동의 진행 과정을 계획한다. 즉, 일과 중 어느 때 할 것인지, 시 감상 이전이나 이후에 관련 활동을 포함할 것인지, 포함한다면 어떤 활동을 할 것인지, 집단의 크기, 활동 장소 및 자리 배치 형태, 도입-전개-마무리의 진행 과정 등을 구체적으로 계획하고 교육 계획안을 작성한다. 진행 과정에서 교사의 낭송 부분 및 유아가 낭송을 언제, 어떤 형

태로 할지도 상세히 준비, 검토하면 유아와 함께 하는 감상과 낭송의 과
정이 보다 즐거운 과정이 될 수 있다.
• 감상 활동의 집단 크기는 연령이 어릴수록 소집단 활동이 바람직하다.
특히 동시 감상 활동은 동화 감상보다 내용 이해가 쉽지 않을 수 있고 유
아들이 함께 낭송하는 참여도 많으므로 소집단으로 진행하는 것이 여러
장점이 있다. 그러나 시의 내용의 난이도나 리듬 등에 따라서는 어린 연
령이라 하여도 대집단 활동으로도 충분히 내용을 이해하면서도 시를 즐
길 수도 있다. 그러므로 집단의 크기는 시의 특성과 유아의 특성에 따라
교사가 판단, 결정하는 것이 필요하다.
• 동시 감상 활동을 위한 준비물을 점검한다.

교사의 동시 낭송을 위한 준비

　감상 활동에서는 먼저 교사가 유아들에게 시를 낭송하여 들려주게 되고, 또 진행
과정에서 유아들의 낭송을 이끌며 함께하게 된다. 따라서 교사가 동시를 얼마나 공
감되도록 낭송하는가 하는 것도 동시 감상 활동의 활성화에 영향을 미치게 된다. 동
시 낭송을 위해 교사는 다음과 같은 점을 고려하고 준비할 수 있다(Coody, 1983: 장
혜순, 2007에서 재인용).

• 시의 의미를 이해하기 위하여 시인의 눈으로 시를 본다.
• 시에 나타난 단어들의 발음을 연구한다.
• 시에 나타난 구두점, 행간을 주의한다. 어디에서 쉬고, 목소리의 높낮이를 다르게
　할지 등을 판단한다.
• 편안하고 리듬 있는 목소리로, 그리고 전체가 잘 들릴 만한 크기로 시를 낭송한다.
• 교사가 자신의 낭송을 녹음하여 들어 보고 평가해 본다.

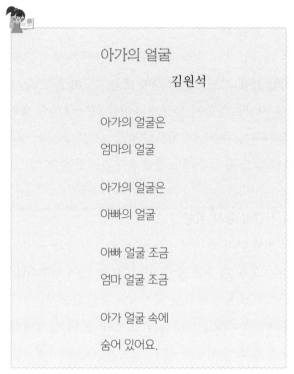

출처: 오두섭 외(1997).

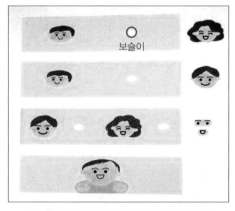

동시 「아가의 얼굴」을 융판 자료로 제작한 예

출처: 교육부(2000), p. 52.

(3) 동시 감상 활동의 진행

동시 감상은 자유놀이 시간과 집단 활동 시간에 이루어질 수 있다. 즉, 유아는 자유놀이를 통해 자연스럽게 개별 또는 소집단으로 동시를 감상할 수 있다. 집단 활동 시간으로 동시 감상을 운영할 때는 교사의 계획에 따라 보다 구조적으로 진행된다. 자유놀이 시간의 감상에서도 교사의 적극적인 역할이 있으면 유아들의 감상 활동이 더욱 활발하고 깊어질 수 있다.

① 자유놀이 시간의 동시 감상

자유놀이 시간에 언어 영역에서 동시 책자나 교사가 준비한 동시와 자료를 가지고 유아가 동시 감상을 할 수 있다. 또는 언어 영역의 듣기 코너에 녹음된 동시를 준비하고 동시 자료를 제시하여 감상 활동이 유아의 자연스러운 선택으로 진행되도록 환경을 구성할 수도 있다. 언어 영역의 다른 활동도 그러하지만 특히 동시 감상 활동의 경우, 교사가 보다 적극적으로 유아와 함께 상호작용하면 유아의 동시에 대한 관심을 높이는 데 도움이 될 수 있다. 즉, 유아가 동시 자료나 책을 선택하도록 교사가 격려하고, 동시 감상이 즐겁게 진행되도록 지원자의 역할을 하면 유아들이 동시 감상을 보다 흥미 있게 경험할 수 있다. 언어 영역에서 이루어지는 개별적 소집단의 감상 활동에서 교사는 다음과 같이 유아의 감상 과정을 도울 수 있다.

- 유아가 동시책(또는 동시 자료)을 볼 때 교사는 유아에게 동시 그림책에 제시된 그림을 통해 그 시의 내용을 짐작하여 이야기해 보도록 돕는다.
- 시를 교사가 낭송해 준다.
- 시의 내용을 다시 유아와 함께 낭송해 본다. 이때 유아의 상황에 따라 다양한 방법을 시도할 수 있다. 즉, 한 행 한 행 따라 읊게 하거나 반복되는 부분만 유아가 낭송하게 하고 나머지 부분을 다시 교사가 낭송하는 것, 후렴구 부분을 유아가 낭송하는 것 등이다. 유아가 낭송하는 부분에서

유아가 읽을 수 있거나 내용을 기억하는 경우는 유아 스스로 낭송하게
할 수 있으며 또는 교사와 함께 낭송할 수도 있다.

동시 감상 후 교사는 다양한 추후 활동을 지원하고 격려할 수 있다. 추후
활동의 예는 다음과 같다.

- 동시 내용과 연관하여 이야기를 나누기
- 동시 내용과 관련한 음악을 찾아보고 감상하기
- 감상한 동시의 주제 또는 내용과 관련하여 시를 짓기
- 동시 감상의 느낌을 그림으로 표현하기
- 자신이 감상한 동시를 친구들과 공유하기
  - 친구들에게 자신이 감상한 동시 소개하기
  - 친구들에게 동시를 낭송해 주기(외워서 낭송하는 것만을 의미하는 것이
    아니라 동시책이나 자신이 감상한 자료를 사용하여 친구들에게 낭송하는 것
    을 의미함)

언어 영역에서 동시책으로 교사와 함께 상호작용하는 모습

② 집단 활동을 통한 동시 감상

집단 활동으로 이루어지는 동시 감상 활동은 자리 정돈부터 주의집중, 도입, 전개, 마무리의 과정을 통해 진행할 수 있다. 진행 과정의 한 예를 제시하면 다음과 같다.[1]

- 동시의 내용과 관련하여 도입한다. 도입은 동시의 내용과 관련한 유아들의 경험을 이끌어 내는 것, 수수께끼, 관련 그림 제시 등의 다양한 방법으로 할 수 있다.
- 교사가 동시를 낭송한다. 배경음악을 넣으며, 제목, 저자, 시의 본문 순서로 낭송한다. 처음에는 부수적인 시각 자료를 사용하지 않고 교사가 낭송해 주는 시 내용을 듣는 것만으로 충분하다. 이는 시인의 시 창작의 의도에 가장 가깝게 각 유아가 접근하는 방법이 될 수 있기 때문이다. 그러나 시의 난이도와 유아의 이해 능력에 따라서는 처음부터 그림 자료를 사용하면서 낭송해 줄 수도 있다.
- 동시에 대한 느낌과 생각을 이야기 나눈다. 유아들에게 동시를 들은 느낌을 이야기해 보게 한다. 이 부분의 진행에서 처음에는 유아들이 일반적으로 단순한 정서적 감회를 이야기하게 된다(예: 좋다, 재미있다 등). 시 감상 후 느낀 정서를 표현하는 것은 시 감상의 가장 기본이며 중요하다. 교사는 유아의 느낌 표현이 시 내용에 따라 더 다양하게 표현할 수 있도록 격려하여야 한다. 또한 시 내용에 따라서는 정서적 반응 외에 시의 내용 이해를 더 심화시키기 위한 이야기를 나눌 수 있다. 예를 들어, 강소천의 동시 「닭」을 감상하고 난 뒤라면 느낌에 대해 이야기를 나눈 후, 이

---

[1] 집단 활동으로 진행하는 동시 감상 활동의 진행 방법은 이화여자대학교 사범대학 부속 이화유치원(1992a, 1992b, 1992c, 1995a, 1995b)의 『4세 어린이를 위한 유치원 교육과정 운영의 실제』 및 『5세 어린이를 위한 유치원 교육과정 운영의 실제』에 제시된 것에 기초하였다.

어서 "그런데 닭이 왜 물을 입에 물고 하늘을 쳐다보았을까?"와 같은 질
문을 통해 시 내용 속에 나타난 닭의 생태에 대하여 이해하는 시간을 가
질 수 있다.

- 교사가 그림 자료를 사용하여 다시 한 번 동시를 들려준다. 동시를 낭송
  하면서 각 낭송 구절에 해당하는 그림 자료를 부착하며 낭송한다. 배경
  음악도 함께 사용한다.
- 동시의 일부분을 유아가 낭송한다. 즉, 교사와 유아가 동시의 행을 일부
  나누어 가며 낭송한다. 이때도 동시를 낭송하면서 각 부분별로 해당하
  는 그림 자료를 사용하여 유아들이 시 내용을 쉽게 기억하도록 돕는다.
  나누어 낭송하는 부분은 처음에는 쉬운 부분을 유아들이 낭송하도록 하
  고 어려운 부분은 교사가 낭송하는 것이 좋다. 또는 내용의 난이도에 따
  라서는 유아들이 낭송하는 부분을 유아와 교사가 함께 낭송하는 것으로
  조정할 수도 있다. 제목, 저자, 시의 본문 순서로 낭송하며, 시의 리듬을
  살릴 수 있도록 교사가 낭송 속도나 강약 등을 조절한다.
- 유아와 교사가 낭송하는 부분을 바꾸어서 나누어 읊기를 한다. 즉, 이번
  에는 앞에서 유아가 낭송해 보지 않았던 부분을 낭송해 본다.
- 유아와 교사가 처음부터 끝까지 다 함께 시를 낭송한다. 역시 제목, 저
  자, 시의 본문 순서로 낭송하며, 교사가 시의 리듬을 살리며 낭송할 수
  있도록 돕는다. 이때 배경음악도 사용한다.

　마지막에 다 함께 낭송해 보는 순서 이후에 앞에 나와 시를 읊어 보기를 원
하는 유아가 앞에 나와 시를 읊어 보도록 할 수도 있다. 그러나 이는 동시의
내용이 쉬워서 유아들이 개인적으로 앞에 나와 낭송하는 것을 시도하는 데
주저함이 없을 정도일 때 적용하는 것이 바람직하다. 또한 동시의 전문을 유
아들이 외우도록 기대하는 것은 적절하지 않다. 동시 감상 활동은 시를 외우
기 위한 것이 주목적이 아니다.

　　유아들에게 개인적으로 시를 낭송해 보도록 하는 것은 처음 시 감상 활동을 하는 자리에서보다는 오히려 이후의 일상에서 하는 것이 더 바람직하다. 예를 들어, 집단으로 모인 다른 시간에 함께 낭송하기를 다시 해 보고 또 개인적으로도 앞에 나와 낭송할 수 있는 시간을 갖게 할 수 있다.

　　유아와 교사가 나누어 낭송하기를 하는 부분에서는 앞서 제시한 방법 외에 시의 내용 및 유아의 수준에 따라 다른 방법을 적용할 수도 있다. 예를 들어, 나누어 낭송하기 대신 교사가 한 행씩 읊어 주면 유아들이 따라 읊기 등의 방법을 적용할 수도 있다.

2) 시 짓기

　　창작은 자신의 독창적인 느낌과 생각을 표현하는 것이다. 유아들은 독창적인 생각이 무궁무진하다는 점에서 창작자로서 기본 자질을 갖추고 있다고 평가할 수 있다. 그러나 시라는 문학의 형태, 구조에 맞추어 표현하는 것이 쉽지 않다. 그러므로 교사의 적절한 지도가 병행되면 보다 자연스럽고 쉽게 시를 지을 수 있을 것이다.

　　창작은 일반적으로 개인적인 작업이다. 그러나 유아기에는 개인적 창작만이 아닌 여러 유아가 함께 하는 창작도 가능하며 이러한 방법이 오히려 쉽게 시 창작에 접근하는 방법이 되기도 한다.

　　창작의 소재 및 동기에 따라서도 창작의 유형을 나눌 수 있다. 이는 기존의 시를 감상한 후 그 시의 주제나 내용 및 어구와 연관하여 부분적으로 변경하는 창작, 그리고 일반적인 문학가들의 창작 동기처럼 자신의 생각 및 경험을 반영한 창작으로 유형을 나누어 볼 수 있다.

　　예를 들어, 엘리자베스 노벨의 동시 「웬일일까?」를 감상한 뒤 후렴구인 '웬일일까?'는 그대로 인용하고 앞의 수식구만 유아들의 생각으로 바꾸어 창작하는 경우(이화여자대학교 사범대학 부속 이화유치원, 1995a)는 창작의 유형 중

전자에 속하는 대표적인 유형이라고 할 수 있다. 즉, 이는 감상한 시의 제목과
후렴구를 그대로 두고 나머지 부분을 창작한 예가 된다.

윤석중의 동시 「대번 아세요」를 감상한 뒤 제목과 후렴구인 '엄마는 대번
아세요'를 그대로 두고 수식어구만 창작하는 것(이화여자대학교 사범대학 부속
이화유치원, 1992b)도 같은 형태의 창작의 예가 된다. 이때 공동 창작으로 한
다면 "엄마는 또 우리에 대해 어떤 점을 잘 알고 계시는지? 대번 아시는지?"
유아들에게 자신의 생각을 이야기해 보도록 질문하여 창작을 시작할 수 있
다. 응답하는 유아들의 생각을 기록하여 후렴구와 이어 낭송하면 한 편의 시
가 완성될 수 있다. 이러한 경우, 최소한 5~6명 정도의 유아들의 각각 다른
생각들만 모여도 약 5~6행의 한 편의 시가 될 수 있어 시 창작에 쉽게 접근

웬일일까?

엘리자베스 노벨

새가 새가 밤만 되면 안 우는 것은 웬일일까?

꽃봉오리가 밤만 되면 오므라드는 것은 웬일일까?

다람쥐가 도토리를 잘 먹는 것은 웬일일까?

나뭇잎이 귓속말을 잘 하는 것은 웬일일까?

시냇물이 깔깔깔 잘 웃는 것은 웬일일까?

햇볕이 반짝반짝 춤추는 것은 웬일일까?

나뭇잎이 가을이 되면 떨어지는 것은 웬일일까?

* 마지막 행 '나뭇잎이 가을이 되면 떨어지는 것은 웬일일까?'는 원작에서 '아기들이 좋
  은 일만 생기는 것은 웬일일까? 하느님은 조그맣고 어린 것만 귀여워해 주시는 것은
  웬일일까?'의 두 행으로 구성되어 있으나 유아들에게 제시할 때는 마지막 행의 내용을
  바꾸어 제시하였다. 5행의 '시냇물'은 윤석중의 책에서는 '개울물'로 번역되어 있다.
  출처: 윤석중(1971), p. 90의 원문을 현장에서 적용한 이화여자대학교 사범대학 부속
      이화유치원(1995a), p. 139에 제시된 시 내용이다.

하는 방법이 될 수 있다.

유아들에게 자신의 생각 및 경험을 반영하여 독창적인 시를 창작해 보게 할 때, 교사는 지금 유아들에게 가장 관심이 있는 것 또는 직전에 경험한 생생한 내용을 주제로 하여 시 창작을 하도록 지도할 수 있다. 예를 들어, 봄, 가을과 같이 현저한 자연의 변화가 있는 때에 그 변화를 잘 관찰할 수 있는 장소를 다녀온 뒤 '봄 동산' '가을 동산'과 같은 주제로 시를 지어 보도록 할 수도 있을 것이다(이정환, 1993; 이화여자대학교 사범대학 부속 이화유치원, 1995b). 이처럼 유아가 직접 경험한 인상 깊은 대상을 주제로 할 때 유아들의 시적 표현에는 더욱 생생하고 다양한 감상과 비유적 표현이 나타나곤 한다. 이러한 형태의 시 창작에서도 공동 창작 및 개인별 창작의 방법이 모두 적용될 수 있다.

축구공
이진녕(청원초등학교 1학년)

축구공은
얼마나 힘들까?
이 경기 저 경기 사용하고.

축구공은
얼마나 아플까?
선수들에게 뻥! 뻥! 차이고.

개인별 창작을 지도할 때 유아에게 자신의 시를 직접 글로 쓰도록 요구하지는 않아야 한다. 이는 아직 쓰기가 완전하지 않은 유아에게 부담이 되고 자신의 생각을 자연스럽고 깊이 있게 표현하는 데 방해가 될 수 있기 때문이다.

후두둑 빗방울 인사

호서대학교 부속 유치원
종달새반 어린이들(4세)

유리창에 동글동글 빗방울이
우리에게 인사하네.

손을 내미니 '똑똑똑'
손바닥 위로 인사하네.

마당에 '철벅철벅'
우리들의 장화, 우산, 물 수로와
인사하네.

나무와 바람, 개미 지렁이도
우리와 함께 신이 나네.

흔들리는 나무도
'덩실덩실' 춤추고
우리 어깨도
'덩실덩실' 춤추네.

우산은 우리와 함께
빗방울과 뽀뽀하네.

우리의 웃는 얼굴도
'후두둑 툭툭툭'
바람, 빗방울과 뽀뽀하네.

학급 유아들이 공동으로 지은 동시의 예

교사는 유아의 시를 직접 받아 적어 주거나 먼저 생각을 그림으로 표현한 뒤 그 내용을 시로 지어 말해 보도록 하면서 교사가 받아 적어 주는 방법 등으로 유아의 창작을 문자로 표현하는 과정을 도울 수 있다.

유아들이 지은 시는 자유놀이 시간을 통해 유아들에게 시화의 형태로 구성하도록 하여 게시해 줄 수 있다. 이는 감상 활동으로도 연결되고 유아들이 지은 시의 감상과 낭송이 더 오래 지속되도록 도울 수 있다.

4. 동극

동극은 어린이들이 직접 몸으로 구현하는 문학 활동이다. 이러한 점에서 동극은 직접 경험과 활동을 통해 최적의 학습을 구성해 가는 어린이에게 매우 흥미롭게 다가갈 수 있다. 작품 속의 등장인물이 되어 대사를 하고 동작을 하는 과정을 통해서 문학작품을 온몸으로 체험하게 된다. 이러한 과정은 문학을 통한 간접 체험이 직접 체험으로 전환되는 계기가 될 수 있다는 점에서 의미가 있다.

유아교육기관에서 집단 활동으로 시행하는 동극은 교사가 들려준 동화의 내용을 유아들이 극화해 보는 형태로 운영되고 있다. 이러한 형태는 이재철(1983), 이상현(1992) 등이 아동극의 내용별 분류로 제시한 생활극, 동화극, 사극 중에서 동화극에 해당하는 것이기도 하다.

다음에서는 교사가 들려준 동화의 내용을 중심으로 유아들이 극화해 보는 동극 활동에 대해 제시하고자 한다.

1) 동극에 적절한 동화의 내용 특성

동극을 하기 위해서는 교육 주제, 계절, 유아의 흥미와 발달 단계에 맞으면서도 동극을 하기에 적합한 동화를 선택하는 것이 중요하다. 동극으로 하기에 적합한 동화의 특성은 다음과 같다(이정환, 1993, 1999 재정리).

- 작품 속의 등장인물의 성품이 바람직하며 유아가 동일시할 수 있는 것
- 간단하면서도 전개 과정이 뚜렷하고 만족스러운 클라이맥스가 있는 것
- 역할을 몸으로 표현하기 쉬우면서도 다양하고 재미있는 행동이 있는 것
- 길이가 짧고, 반복되는 대화체로 구성되어 있는 것(일반적으로 기존의 동화는 교사가 유아들에게 적합하게 짧고 반복되는 대화체로 이야기를 각색하는 것이 필요)
- 등장인물의 수가 유아들이 극을 구성하기에 적절하며(6~7명) 상황에 따라 등장인물을 늘리거나 줄여도 되는 내용: 등장인물을 늘리거나 줄일 수 있다는 것은 그 작품의 내용이나 상황을 바꾸지 않으면서도 등장인물의 수를 유아들이 동극을 하기에 적절한 인원으로 조정할 수 있다는 것을 의미한다. 예를 들어, 『커다란 무』에서 무를 뽑는 데 참여하는 인원수나 등장하는 동물을 일부 변경하여도 내용의 진행이나 극의 전개에 큰 변화가 없다(예: 강아지, 고양이, 쥐를 모두 출연하게 하거나 이 중에서 한두 동물을 빼는 것 등).

2) 동극 활동을 위한 준비

동극 활동을 진행하기 이전에 교사가 준비할 사항은 다음과 같다.

(1) 작품의 특성 분석 및 각색

선정한 동화가 동극에 적절한지를 검토하고 각색이 필요한 경우, 동극에 적합하도록 각색한다. 예를 들어, 이야기의 진행이 대화체로 이루어지도록 하는 것, 행동으로 표현할 수 있는 내용으로 조절하는 것 등을 포함한다.

(2) 동화 자료 준비

동극 이전에 하는 동화 감상 활동은 동극을 위해 동화를 감상하는 것이므로 동화 자료는 유아들이 대사나 등장인물의 행동을 이해하고, 기억하기 쉽게 도울 수 있도록 적절한 방법으로 준비한다.

(3) 동극 진행 과정 계획

교사는 동극의 진행 과정을 계획한다. 일반적으로 다음과 같은 과정으로 진행할 수 있다(이정환, 1993).

- 동화 감상
- 동화 내용 회상
- 무대 배치 및 소품 준비
- 배역 선정
- 동극(1차)
- 동극 후의 평가 이야기 나누기
- 재공연을 위한 두 번째 배역 선정
- 동극(2차)
- 무대 및 소품 정리의 과정

동극은 동화 감상 이후 그 자리에서 바로 극을 연이어 두 번까지 하는 것이 좋다. 그 이유는 많은 유아가 극화 활동에 직접 참여할 수 있고 첫 번째 동극에 참여한 다른 친구들의 극화 활동을 감상한 다음, 자신도 극을 해 보는 경험을 하면서 간접적 배움의 기회를 갖는 교육적 효과가 있기 때문이다. 또 먼저 동극에 참여하였던 유아들 역시 연기자의 입장이 아닌 관람자의 입장에서 동화의 내용 및 극의 전개를 감상하는 경험을 하면서 동화의 내용 및 극이 지닌 가치를 극대화할 수 있는 장점이 있다.

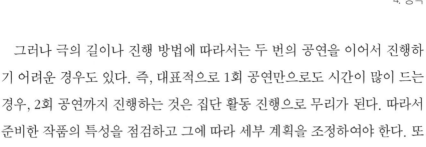

　그러나 극의 길이나 진행 방법에 따라서는 두 번의 공연을 이어서 진행하기 어려운 경우도 있다. 즉, 대표적으로 1회 공연만으로도 시간이 많이 드는 경우, 2회 공연까지 진행하는 것은 집단 활동 진행으로 무리가 된다. 따라서 준비한 작품의 특성을 점검하고 그에 따라 세부 계획을 조정하여야 한다. 또한 가면 및 소품 만들기 등의 시간을 동화 감상과 동극 활동 사이에 별도로 갖는 것으로 계획할지의 여부를 결정하는 것도 진행 방법에 영향을 미친다.

(4) 활동의 집단 크기 결정

　집단의 크기는 유아의 연령, 학기 중의 시기 등에 따라 달라질 수 있다. 일반적으로 연령이 어릴수록 집단 활동에서 집단의 크기가 작을수록 좋지만 동극의 경우는 조금 다르다. 즉, 유아들은 극에 직접 참여하여 연기자의 역할을 하는 것도 즐기지만 동극 활동에 익숙해지면서 관람자의 역할도 즐길 수 있게 된다. 또 관람자가 너무 적으면 극을 하는 유아와 관람하는 유아의 흥을 돋우지 못할 수도 있다. 따라서 만 4세 후반, 가을 즈음부터는 학급 전체 집단을 한 집단으로 하여 동극을 진행하는 것도 가능하며 장점이 있다.

(5) 활동 장소 계획

　동극을 진행할 장소와 관람하는 유아들이 앉는 방향을 결정한다. 작품의 특성과 극의 진행 형태에 따라 무대 구성도 달라지므로 이를 고려하여 효과적인 장소와 앉는 방향도 달라져야 한다. 예를 들어, 동극 활동은 비교적 긴 시간 집중이 필요한 활동이므로 관객이 된 유아들이 교실의 벽면을 바라보고 앉는 배치가 집중을 유도할 수 있다. 그러나 이러한 배치는 무대로 활용되는 공간이 제한적일 가능성이 높으므로 무대 배치가 복잡하거나 무대가 넓은 장소를 필요로 하는 동화 내용일 때는 적합하지 않다. 그러므로 무대 배치가 간단하고, 많은 공간이 필요하지 않은 동극이거나 어린 연령 그리고 동극 활동에 아직 익숙하지 않는 유아들에게는 관객의 집중을 도울 수 있는 이러한 배

치가 보다 적합한 경우가 많다. 이와 달리, 관객이 된 유아들이 교실 전체를
바라보는 방향으로 앉는 것은 무대를 보다 넓은 장소에 구성해야 하는 내용
을 지녔거나 각 흥미 영역들이 무대 역할을 하게 되는 동화일 때 적합하다.

3) 동극 활동의 진행

집단 활동으로 동극 활동을 진행하는 과정을 제시하면 다음과 같다.[2]

- 동화를 들려주기 전에 유아들에게 이 동화를 들은 다음에는 동극을 할
  것이라고 이야기한다.
- 동화를 들려준다. 이때 자료를 사용하여 동화를 들려주는 것이 대부분
  더 적합하다.
- 동화 감상이 끝나면 이야기의 내용과 대사를 회상해 보게 한다. 이때 사
  용된 자료를 순서대로 보여 주면서 회상을 돕는다.
- 동극을 하려면 무엇이 필요한지 유아들과 이야기 나눈다.
  교사가 동극을 하려면 무엇이 필요한지를 질문하면 유아들은 일반적으
  로 필요한 무대 장치나 소품들보다 '동극에 필요한 등장인물들'을 먼저
  나열하는 경우가 일반적이다. 이때 교사는 유아들의 반응을 수용하면서
  도 먼저 진행되어야 하는 무대 배치, 필요한 소품 등에 대해 의견을 나눌
  수 있도록 이야기를 진행한다.
- 무대 장치는 어디에, 무엇을, 어떻게 배치할지 의논한 후 원하는 유아들
  에게 꾸미게 한다.

---

2) 제시된 동극 활동 진행은 동화 『커다란 무』로 진행하는 것을 가정한 것이다. 이화여자대학
   교 사범대학 부속 이화유치원(1992a), pp. 138-138의 내용을 기초로 제시하였다.

- 첫 번째 동극의 배역을 정한다.
- 동극을 하게 된 유아들이 앞에 나와서 자신이 맡은 역할을 소개하고 인사를 한다. 예를 들어, 나는 할아버지를 맡은 ○○○이다(저는 할아버지를 맡은 ○○○입니다).
- 동극을 한다. 교사는 시작의 말을 한다.
  "지금부터 다람쥐반 어린이들의 '커다란 무' 동극을 시작하겠습니다."
  동극이 진행되는 동안 교사는 해설자의 역할을 하며 유아가 대사를 기억하지 못할 때 조금씩 도와준다. 동극 활동에 익숙해진 만 5세 후반 등에는 유아가 해설자의 역할을 할 수도 있다.
- 동극이 끝나면 동극을 한 유아들은 다 같이 인사를 하고 자리로 들어간다.
- 동극을 보면서 또는 직접 하면서 느낀 점에 대해 이야기를 나누며 첫 번째 동극을 평가한다.
  "동극이 어땠었니?" "무엇이 재미있었니?"(예: "무가 쑥 뽑히는 것이 재미있었어요." "영차영차 하며 당기는 것이 재미있었어요.") "더 재미있게 하려면 어떻게 하면 좋을까?"
  – 이때 등장인물들의 행동 표현의 특징을 살려 연기하는 것, 무대 및 소품의 적절한 활용 등에 대해에 의견을 나눌 수 있다. 또는 극을 진행하기에 더 적절하게 무대 배치를 일부 조정할 수도 있다.
- 두 번째 동극의 배역을 정한다.
- 등장하는 유아가 자기소개와 인사를 한 뒤 동극을 시작한다.
- 동극이 끝나면 동극을 했던 유아들은 다함께 인사를 하고 자리로 들어간다.
- 유아들은 동극을 위해 꾸몄던 무대를 정리한다.

기타 고려할 내용은 다음과 같다.

- 동극을 두 번 하는 동안 각 유아가 한 번씩은 참가해 볼 수 있게 한다. 그러나 동극을 하지 않으려는 유아에게는 동극을 하도록 강하게 권유하지 않는다.
- 첫 번째로 공연하는 동극에 참여하는 유아들 및 중요 배역은 언어적 표현력이나 발표력이 좋은 유아가 하도록 하는 것이 유아들의 동극에 대한 관심을 높일 수 있는 한 방법이 될 수 있다.
- 교사는 무대 장치를 꾸밀 때 방해가 되지 않게 자리를 이동한다.
- 동극은 모든 유아가 함께 참여하고 구성해 나갈 수 있는 장점이 있다. 예를 들어, 관객이 되는 유아도 무를 뽑는 장면에서는 "영차, 영차"와 같은 대사를 자연스럽게 함께 외칠 수 있는 분위기를 조성할 때, 참여 의식이 생겨 동극이 더 재미있게 진행될 수 있다.
- 동화 자료는 동극 활동 후, 교실의 관련 영역 등(역할놀이 영역, 융판, 자석판 등)에 내준다. 유아들은 자유놀이 시간을 통하여 스스로 이야기를 구연하면서 조작해 볼 수 있다.
- 때로는 동극을 하기 위해 가면 및 소품 만들기와 같은 작업을 포함할 수 있다. 즉, 모든 동극에 가면이 필요한 것은 아니지만 동극 내용에 따라서

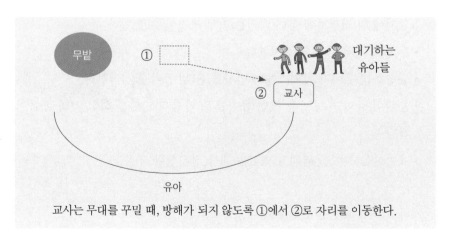

교사는 무대를 꾸밀 때, 방해가 되지 않도록 ①에서 ②로 자리를 이동한다.

동극 활동의 자리 배치 예

는 유아들이 동극에 필요한 가면을 만들거나 소품을 만들도록 하는 활동을 포함하여 운영할 수 있다. 가면은 극에 참여하는 유아의 얼굴이 보이도록 부분 가면을 사용하는 것이 좋다. 즉, 얼굴 전체를 가리는 것보다는 가면이 각 유아가 어떤 등장인물을 연기하는지 나타내는 표시 정도의 기능을 하도록 한다. 예를 들어, 머리띠 가면이나 목걸이 형태 등으로 만들 수 있다.

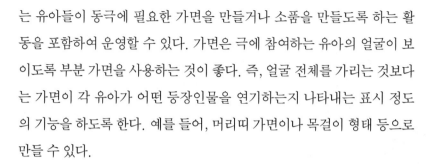

알아보기

1. 그림책 읽어 주기에서 고려할 사항을 반영하여 유아에게 직접 그림책 읽어 주기를 시행해 보세요. 1명의 유아에게 읽어 주는 것, 다수의 유아에게 그림책 읽어 주기를 시행하는 것처럼 다른 상황에서 시행하면서 상황에 따른 고려사항을 분석해 보세요. 연령이 다른 유아에게도 읽어 주기를 시행해 보세요.
2. 동화 한 편을 선정하여 내용 특성에 적절한 매체로 제작하고 감상 활동을 진행해 보세요.
3. 유아와 함께 감상하기에 적절한 동시를 찾아 정리해 보세요.
4. 동극에 적절한 내용 특성을 지닌 동화를 찾아 동극을 위한 대본을 구성해 보세요.
5. 동극을 위한 동화 한 편을 선정하고 동극 활동의 진행 절차를 계획해 보세요.

 참고문헌

강문희, 이혜상(2008). 아동문학교육(개정판). 학지사.

교육부(2000). 유치원 교육 활동 지도 자료 3. 가족과 이웃.

김숙이(2011). 유아 그림이야기책에 기초한 이야기 회상 및 이야기꾸미기 활동에 관한 연구. 유아교육학논집, 15(1), 249-275.

김열규(1993). 어머니 동화는 이렇게 읽어 주세요. 춘추사.

김정민(2009). 동화를 활용한 후속이야기짓기 활동이 유아의 이야기구성능력 및 어휘력에 미치는 영향. 전남대학교 대학원 석사학위논문.

마쯔이 다다시(1990). 어린이와 그림책. 이상금 역. 샘터.

보건복지부(2013). 보건복지부 고시 제2013-8호. 제3차 어린이집 표준보육과정.

오두섭 외(1997). 초등학교 선생님들이 쓰신 1, 2학년 동시집. 청솔.

윤석중(1971). 동요따라 동시따라. 창조사.

이문정(1999). 이야기 짓기와 극화활동의 연계가 유아의 이야기구조 및 탈상황적 언어발달에 미치는 영향. 이화여자대학교 대학원 박사학위논문.

이상금, 장영희(1986). 유아문학론. 교문사.

이상금, 장영희(2001). 유아문학론(개정판). 교문사.

이상현(1992). 아동문학강의. 일지사

이재철(1983). 아동문학의 이론. 형설출판사.

이정환(1993). 유아교육의 교수학습방법. 교문사.

이정환(1999). 유아교육의 교수학습방법(개정판). 교문사.

이춘희, 장미정(2010). 아동문학교육-창의성 향상을 위한 이론과 실제. 태영출판사.

이화여자대학교 사범대학 부속 이화유치원(1992a). 4세 어린이를 위한 유치원 교육과정 운영의 실제 ② 봄. 교문사.

이화여자대학교 사범대학 부속 이화유치원(1992b). 4세 어린이를 위한 유치원 교육과정 운영의 실제 ③ 나와 가족. 교문사.

이화여자대학교 사범대학 부속 이화유치원(1992c). 5세 어린이를 위한 유치원 교육과정 운영의 실제 ⑤ 동물. 교문사.

이화여자대학교 사범대학 부속 이화유치원(1995a). 4세 어린이를 위한 유치원 교육과정 운영의 실제 ⑨ 가을. 교문사.

이화여자대학교 사범대학 부속 이화유치원(1995b). 5세 어린이를 위한 유치원 교육과정 운영의 실제 ⑪ 가을. 교문사.

장혜순(2008). 유아문학교육의 이론과 실제. 파란마음.

채미영(2003). 유아용 이야기 꾸미기 활동 평가 준거 개발. 한국교원대학교 대학원 박사학위논문.

채종옥(1995). 동화책 읽어주기 접근법에 따른 유아의 반응에 관한 연구. 이화여자대학교 대학원 박사학위논문.

최은주(2000). 이야기 짓기 활동이 유아의 창의성에 미치는 영향. 중앙대학교 대학원 석사학위논문.

한국유아교육학회(1996). 유아교육사전: 용어편. 한국사전연구사.

Hoffman, J. V., Roser, N. L., & Battle, J. (1993). Reading aloud classrooms: From the modal toward a "model". *The Reading Teacher, 46*(6), 498-503.

Lane, H. B., & Wright, T. L. (2007). Maximizing the effectiveness of reading aloud. *The Reading Teacher, 60*(7), 668-675.

Many, J. E., & Wiseman, D. L. (1992). The effect of teaching approach on third-grade students' response to literature. *Journal of Reading Behavior, 24*(3), 265-287.

McGee, L. M., & Schikedanz, J. A. (2007). Repeated interactive read-alouds in preschool and kindergarten. *The Reading Teacher, 60*(8), 742-751.

Rosenblatt, L. M. (1991). Literature-S. O. S !. *Language Arts, 68,* 444-448.

Teale, W. H. (2003). Reading aloud to young children as a classroom instructional activity: Insight from research and practice. In A. van Kleeck, S. A. Stahl, & E. B. Bauer (Eds.), *On reading books to children: Parents and teachers* (pp. 114-139). Erlbaum.

Trelease, J., & Giorgis, C. (2019). *Jim Trelease's read-aloud handbook* (8th ed.). Penguin Books.

Whitehead, R. (1994). 아동문학교육론. 신헌재 편역. 범우사.

제9장

유아 문학과 교육과정 통합

　문학은 유아에게 즐거움과 흥미를 유발하고, 다양한 주제와 내용을 담고 있어 놀이의 풍부한 원천이 될 뿐 아니라 교육과정과 통합된 의미 있는 학습 경험으로 확장될 수 있다. 문학과 교육과정과의 통합은 크게 두 방식으로 이루어진다. 첫 번째 방식은 교육 활동 주제나 프로젝트와 관련된 활동의 일환으로서 관련된 그림책, 동화, 동시 및 동요, 극화 활동 등의 문학 활동을 경험하도록 하는 것이다. 문학은 주제에 대한 유아의 관심과 흥미를 유발하고, 관련 내용을 더 적극적으로 탐구하도록 할 수 있다. 이를 위해 교사는 가족, 또래 관계, 계절, 안전 등 자주 다루거나 다룰 가능성이 있는 주제, 그리고 유아들의 관심사 및 학습 경험과 관련된 문학 자료를 정리해 두고 활용하도록 한다. 계획된 것 외에도 유아들의 놀이나 활동 중에 나타난 새로운 관심과 흥미를 융통성 있게 반영하여 관련 문학을 경험하도록 한다.

　문학과 교육과정을 통합하는 두 번째 방식은 문학과 관련하여 언어를 비롯해 수, 과학, 미술, 음률 등의 교과 영역과 관련된 활동을 전개하는 것이다. 작품의 내용이나 특징에 따라 특정 교과 영역 또는 특정한 유형의 활동이 보다 더 활발하게 이루어질 수도 있다. 한편, 유아의 흥미 또는 주제의 특성에 따라 하나의 문학작품이 주제의 도입과 전개를 이끌어 가는 중심이 될 수도 있다. 그럴 경우에 하나의 문학작품을 중심으로 통합적인 활동이 비교적 장기간 이루어질 수도 있다. 이 장에서는 문학과 연계할 수 있는 교육과정 관련 활동을 먼저 살펴보고, 하나의 문학작품을 중심으로 한 통합적 활동 적용 방안을 살펴보고자 한다.

1. 유아 문학과 교육과정 통합 활동

문학이 담고 있는 다양한 주제와 내용으로 인해, 문학은 여러 교육과정 영역과 관련되어 활용될 수 있다. 언어교육의 경우, 말하기, 듣기, 읽기, 쓰기, 사고하기의 과정을 통합하여 언어 발달을 꾀하는 총체적 언어교육은 대부분 문학적 접근을 활용하고 있다. 문학은 언어뿐 아니라 수학, 과학, 사회, 미술, 음률 등 전 교과 영역의 활동으로 확장될 수 있다. 이러한 활동은 우선 해당 교과의 개념이나 내용을 담고 있는 문학 경험을 통해 이루어진다. 특히 지식 그림책이나 생활동화는 수학, 과학, 사회, 예술 등에 대한 기본 지식과 개념, 안전 및 기본 생활습관 등과 직접 관련된다. 개념이나 내용을 직접 담고 있지 않더라도 문학은 유아의 관심사에 따라 교과와 관련된 탐구 활동으로 이어질 수 있다. 특히 그림책의 다양하고 예술적인 표현 방식은 유아에게 심미감과 색채, 구도, 선과 면에 대한 인식 능력을 높이고 표현하고자 하는 동기를 유발하여 풍부한 미술 활동을 이끈다. 문학의 내용 및 주제와 관련된 음률, 신체 활동 그리고, 극화 활동과도 자연스럽게 연결될 수 있다.

문학과 교육과정을 통합하는 활동은 크게 언어, 탐구, 미술, 음률 및 신체 표현, 극화 활동 등으로 구분할 수 있다. 언어 활동은 이야기 나누기, 짓기, 쓰기, 단어 활동 등이 있다. 탐구는 작가와 작품 및 주제에 대한 것 외에 수학, 과학, 사회 등 다양한 영역과 관련된 조사와 탐구를 포함한다. 탐구는 관련 도서나 자료 보기, 면담, 그룹 게임, 실험과 관찰, 현장 학습 등의 활동을 통해 이루어진다. 미술 활동은 그림책의 주제와 내용, 기법과 색채 등을 활용한 그리기와 만들기 등의 활동을 포함한다. 음률은 관련 음악 감상, 노래 부르기, 연주 등을 포함하며, 극화 활동은 역할놀이와 집단 활동으로서의 동극을 포함한다.

문학과 교육과정 통합 시 유의할 점은 무엇보다 예술로서의 문학 경험이 본질적인 것이 되어야 하며, 문학이 유아에게 지식이나 교훈을 가르치는 방편으로 치중되지 않도록 해야 한다는 것이다. 어떤 활동이건 문학 및 활동에 대한 유아의 흥미와 반응을 토대로 자연스럽게 진행되도록 하여야 한다.

유아 문학과 교육과정 통합 활동

- 작품 감상 및 이야기 나누기
  - 등장인물, 작가, 내용 및 주제, 표현 기법 등에 관한 이야기 나누기
- 언어 활동
  - 단어 활동: 단어 가지, 그림책에 나온 단어들을 활용하여 새 단어 만들기 등
  - 짓기: 그림책 장면을 활용한 이야기 짓기, 앞 이야기와 뒷이야기 짓기, 글 없는 그림책의 이야기 짓기, 개작하기, 새로운 이야기 짓기, 동시 짓기, 편지 쓰기 등
- 조사 및 탐구
  - 작가 및 작품에 대한 탐구
  - 사회적 탐구
  - 관찰 및 실험 등의 과학적 탐구
  - 수학적 탐구
- 미술 활동
  - 그리기: 인상 깊거나 재미있었던 장면, 주제 및 내용과 관련된 경험
  - 표현 기법 탐색 및 장면 모사하기
  - 등장인물과 배경을 그리거나 만들기

　　-그림책 만들기
　　-극화 활동을 위한 소품 만들기, 무대 꾸미기
　• 음률 및 신체 활동
　　-관련 음악 감상 및 노래 부르기
　　-노래 만들기
　　-연주
　　-신체 표현 및 율동
　　-게임
　• 극화 활동
　　-역할놀이
　　-동극

1) 작품 감상 및 이야기 나누기

　　문학작품의 등장인물, 주제 및 내용과 관련된 유아의 생각이나 경험에 대한 질문을 통해 문학에 대한 흥미를 유발하면서 문학을 감상한다. 작품 감상 후 유아의 관심사나 작품의 특성을 반영하여 좋은 점, 느낀 점, 작가와 그림의 표현 방식, 등장인물의 특성, 그리고 내용과 관련된 의견이나 유아들의 경험 등 다양한 이야기를 나눈다. 유아들의 이야기를 교사가 기록, 정리하여 벽면에 게시하거나 책으로 만들어 언어 영역에 제시해 줄 수 있다. 유아의 반응을 토대로 다양한 관련 활동을 실행할 수 있다.

- 성별: 남자
- 이름: 샘솔이(숲과 물을 좋아하는 것 같다.)
- 나이: 7세
- 좋아하는 것
  - 나팔, 동물을 좋아할 것 같다(숲속에서 동물들이랑 놀기 때문에).
  - 종이접기를 좋아한다(모자를 써서).
- 성격
  - 아직 만나 보지 못한 동물들을 무서워할 것 같다.
  - 착하고 동물들을 잘 도와줄 것 같다(동물들을 먼저 찾아가기 때문에).
  - 친절하고 친구들과 사이좋게 지낼 것 같다.
  - 호기심이 많을 것 같다.
  - 친구들에게 인기가 많을 것 같다(악기 연주를 잘하고 춤을 재미있게 출 것 같아서).
  - 가족들과 사이좋게 지낼 것 같다.

『나무 숲속』 등장인물에 대한 유아들의 이야기를 담은 책(5세)

• 다른 사람을 이해하고 함께하는 즐거움을 느낄 수 있다.
• 그림책의 표현 기법(콜라주)이 아름답다.
• 거인 에이트가 의자나무를 사랑하는 모습이 좋고 책을 읽으면 마음이 따뜻해진다.
• 타이완에서 목동피리상을 받았다.

『행복한 의자나무』에 대한 유아의 이야기를 담은 포스터(5세)

2) 언어 활동

(1) 단어 활동

문학 경험 후 단어 찾기, 새 단어 만들기, 연상되는 단어나 문장 만들기 등의 활동을 할 수 있다. 단어 찾기는 재미있는 단어, 반대어, 비슷한 단어, 소리를 나타내는 단어, 움직임을 나타내는 단어 등을 찾아보는 활동을 포함한다. 그림책에 나오는 단어를 활용하여 새 단어를 만드는 활동은 단서가 되는 그림을 포함한 자료를 제시하면 어린 유아도 흥미를 갖고 참여할 수 있다. 제목이나 내용 중 주요 단어와 관련하여 연상되는 단어 또는 문장의 망을 만드는 단어 가지 활동도 할 수 있다(예: 바다는—넓다, 파랗다, 짜다, 물고기가 많이 산다, 커다란 배들이 다닌다, 파도가 있다, 모래와 갯벌이 있다, 바다에 사는 식물도 있다).

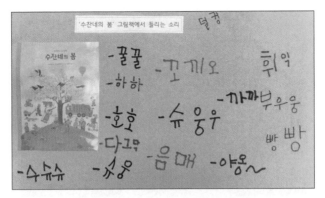

『수잔네의 봄』에서 들릴 것 같은 소리(5세)

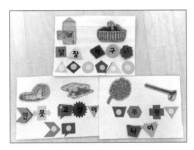

『로지의 산책』에 나온 단어를 활용한 새 단어 만들기(4세)

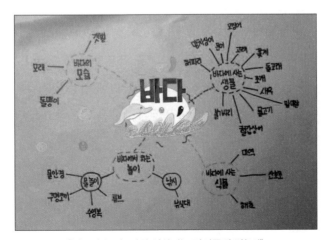

『파도야 놀자』 관련 연상되는 단어들의 망(4세)

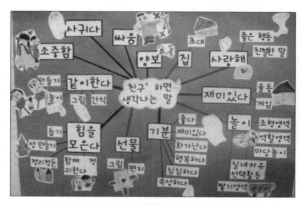

『나랑 친구 할래?』 관련 연상되는 단어들의 망(4세)

(2) 짓기

짓기는 특정한 문학 경험이 선행되지 않아도 유아의 일상생활과 관심사를
토대로 이루어질 수 있다. 문학 경험과 관련한 짓기는 동화 감상 전 그림 장
면을 보고 내용을 예측하여 이야기를 지어 보기, 이야기를 바꾸어 보거나 추
가하기, 또는 새로운 이야기 짓기 등 다양하게 이루어질 수 있다.

① 그림책 장면을 활용한 이야기 짓기
■ 그림책 장면의 말풍선 채우기

그림책 감상 전후, 그림책의 주요 장면을 활용하여 상황이나 등장인물의
대화를 상상하여 이야기를 만든다. 그림책 장면에 말풍선을 추가하여 내용
을 기록할 수도 있고, 따로 마련된 말풍선에 내용을 기록하고 해당 장면에 붙
일 수 있다.

『눈사람 아저씨』 장면에 말풍선을 채워 붙인 것(4세)

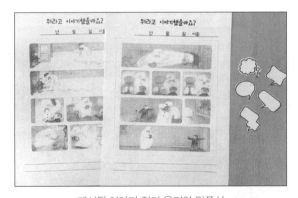

제시된 이야기 짓기 용지와 말풍선

■ 그림책 장면의 이야기 짓기

그림책 장면의 이야기 짓기는 다양한 방법으로 이루어질 수 있다. 먼저, 그림책 감상 전 그림책의 주요 장면을 선정해서 이야기를 만들어 본다. 그다음해당 장면의 전후 내용을 상상해서 이야기를 만들어 보도록 할 수도 있다. 그리고 두 장 이상의 연결된 장면의 순서를 따라 이야기를 만들어 본다. 또한두 장 이상의 장면들을 유아들이 배열하고 이야기를 만들어 볼 수도 있다.

〈꼬마 아이의 숲속 산책〉

• 아이가 놀러 가려는데 동물들이 따라 왔어요. 그래서 동물들과 놀러 갔어요.
• 아이가 나팔을 불며 놀고 있습니다. 뒤에는 사자, 토끼, 곰, 캥거루, 새, 원숭이가 같이 놀러 따라오고 있습니다.
• 아이는 동물들과 인사하고 집으로 돌아왔어요. 다음에 또 만나자 하고요. 아이는 집으로 들어와 잤어요.

제시된 『나무 숲속』 장면을 보고 유아가 지은 앞 이야기와 뒷이야기 예(5세)

② 앞 이야기와 뒷이야기 짓기

동화의 시작 이전 부분 또는 결말 이후의 내용에 대해 상상하여 이야기를 만든다.

집으로 돌아간 아이들과 동물들은 검피 아저씨를 찾아온다. 아저씨와 다시 배를 타고 놀러 갔는데 악어를 만나게 되고 악어를 피해 탈출을 한다. 지나가는 헬리콥터의 도움을 받아 탈출에 성공했으나 헬리콥터에 문제가 생겨 지나가던 큰 배에 비상착륙을 하게 된다. 도움을 받아 무사히 집으로 돌아온 아저씨와 동물들은 아저씨와 함께 차를 마시고 집으로 다시 돌아간다.

유아들이 지은 『검피 아저씨의 뱃놀이』 뒷이야기인 〈검피 아저씨의 휴가〉 표지와 장면 일부(4세)

③ 글 없는 그림책의 이야기 짓기

글자 없는 그림책은 그림만으로 이야기를 이해할 수 있게 구성되어 있어 이야기를 만들기가 용이하다. 글이 적은 그림책도 이야기 짓기에 적합하다. 표지를 보고 무슨 이야기인지 생각해 보도록 하고, 장면별로 어떤 이야기인지 의견을 나눈다. 필요하면 주인공과 등장인물의 이름을 짓고, 장면별로 내용을 만들어 보도록 한다.

아이는 모래밭까지 도망치고서는 바다를 바라보며 이야기했어요. "메롱, 나 여기까지 도망쳤지롱. 그리고 나 삐졌어."라고 말했어요.

글 없는 그림책 『파도야 놀자』의 원 장면과 이야기를 지은 장면의 예(4세)

④ 개작하기

자신이 주인공이라면 어떻게 했을지, 등장인물의 성격이나 입장이 달라진다면 어떻게 되었을지 생각을 나누고 다른 이야기로 만들어 본다. 좀 더 간단한 활동으로 그림책 장면 중 유아들이 원하는 장면을 새로 구성하거나 확장하여 이야기 짓기를 할 수도 있다.

그리고 나서 술래잡기를 했는데, 내가 술래가 되었습니다.
모두 숨었습니다. 하지만 토끼는 숨지 않고 내 옆에
가만히 앉아 있었습니다.

원 장면

〈즐거운 정글 숲속〉

샘물이는 동물들을 만나러 정글 숲속에 갔어요. 먼저 곰을 만났어요. 곰은 아주 친절했어요. 곰은 먹고 있던 꿀을 샘물이에게도 나눠 주었어요. 그리고 샘물이는 나팔을 크게 불었어요. "뿌-뿌-" 그러자 머리를 빗던 사자가 나타났어요.

사자: 샘물아 어디 가니?
샘물: 나는 숲속에서 놀고 싶어서 왔어.

그림책 장면을 모사해서 배경을 구성하고
등장인물을 판화로 찍어서 오려 붙임

샘물이는 "뿌-" 사자는 "어흥" 하고 친구들을 불렀어요. 그러자 코끼리, 캥거루, 토끼, 나무 타기를 배우고 있던 원숭이도 왔어요. 그런데 이상하게 황새는 오지 않았어요. 그래서 동물들과 샘물이는 황새에게 갔어요.

동물들, 샘물: 황새야, 같이 놀자.

그래서 황새와 동물들, 샘물이는 함께 동대문 놀이를 하고, 숨바꼭질도 하고 재미있게 놀았어요.

『나무 숲속』 장면을 모사하고 동물들을 추가하여 이야기를 지음(5세)

⑤ 새로운 이야기 짓기

등장인물, 표현 기법, 주제 등을 활용하여 새로 이야기를 지어 볼 수 있다.

〈반짝 빛나는 여름 밤〉

밤에는 별이 아주 반짝여요. 사람들은 하늘에 떠 있는 별을 보며 아름다운 마음을 느끼고 있어요. 그때 '별똥별'이 떨어지고, 사람들은 떨어지는 별을 보며 소원을 빌어요. 여름 밤 하늘은 반짝거리고 너무 아름다워요.

〈비 온 뒤의 수잔네 마을〉

비가 내린 뒤 하늘에 무지개가 떴어요. 아이스크림을 사 먹으려고 유치원 선생님이 아이들에게 말하고 있어요. 한 아주머니는 친구의 생일을 맞아 공룡 모양 선물을 들고 가고 있어요. 강아지는 고양이를 쫓아가고 있고 고양이는 생쥐를 잡았어요. 할아버지가 아주머니한테 결혼하자고 고백을 해요. 마을 사람들은 모두 바쁘고 즐겁게 지내요.

『수잔네의 봄』 등장인물 사진을 활용한 콜라주 및 새 이야기의 장면 구성(5세)

병풍책 『수잔네의 봄』 감상 후 새로 지어 만든 병풍책(5세)

⑥ 동시 짓기

주제나 내용, 등장인물을 활용하여 동시를 짓는다. 동시를 기존 노래의 노랫말로 활용하거나, 음을 붙여 새로운 노래를 만들 수도 있다(동시 짓기 활동은 제8장 3절 참조).

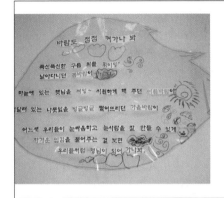

〈바람도 점점 커 가나 봐〉

폭신폭신한 구름 위를 휘이잉~ 날아다니던 봄바람이

하늘에 있던 햇님을 씨잉~ 시원하게 해 주던 여름바람이

매달려 있는 나뭇잎을 빙글빙글 떨어뜨리던 가을바람이

어느새 우리들이 눈싸움하고 눈사람을 잘 만들 수 있게 차가운 입김을 불어 주는 걸 보면

우리처럼 형님이 되어 가나 봐

『바람 부는 날』 동화를 듣고 지은 동시(4세)

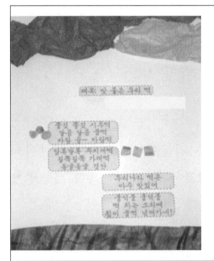

〈맛 좋은 우리 떡〉

쫄깃 쫄깃 시루떡
달콤 달콤 꿀떡
바람 슝~ 바람떡

알록달록 무지개떡
길쭉길쭉 가래떡
동글동글 경단

우리나라 떡은
아주 맛있어
쿵덕쿵 쿵덕쿵

떡 치는 소리에
침이 꿀꺽 넘어가네!

『에헤야데야 떡 타령』 동화를 듣고 지은 동시(4세)

⑦ 편지 쓰기

유아가 공감하고 관심을 보이는 등장인물 또는 작가에게 하고 싶은 이야기를 그림과 함께 표현하도록 한다. 편지글은 교사가 받아 적어 주도록 한다. 그림책의 내용이나 장면을 활용한 용지를 제공하면 유아들의 활동 참여가 더 활발하게 이루어질 수 있다. 편지는 교사가 학급 유아들에게도 읽어 주고, 벽

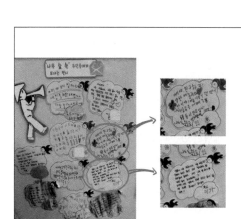

- 아이야, 친구 하자! ○반에 놀러 와. 아이야! 너는 가족이 몇 명이야? 숲속은 어때? 동물들이 안 무섭니? 나도 동물들을 만나고 싶어. 안녕!
- 샘물아, 나는 ○○이야. 나는 너랑 친하게 지내고 싶어. 우리 친구 하자. 우리 집에 놀러 와. 그리고 나도 숲속에 가 보고 싶어. 초대해 줘. 코끼리, 기린, 앵무새, 오리랑 만나고 싶어! 너는 무지개 좋아하니? 같이 놀자. 안녕!

○○이가

『나무 숲속』 등장인물에게 편지 쓰기(5세)

면에 게시하거나 그림책으로 엮어 제시한다.

3) 조사 및 탐구

탐구는 작품의 주제, 내용 또는 작품으로 인해 유아들에게서 나타난 관심사를 학습 활동으로 연결한 것으로서 사회, 수학, 과학, 예술적 지식 및 개념과 관련한 다양한 활동을 포함한다.

(1) 작가 및 작품에 대한 탐구

작가 및 작품에 대한 탐구는 작가의 다른 작품을 조사하고, 유사한 주제나 내용을 담은 그림책이나 동화를 조사해 보는 활동이다. 또한 수상작인 경우, 해당 상을 받은 작품들을 알아보고 감상하기 등 다양한 활동을 포함한다.

여러 나라에 소개된 『파도야 놀자』 그림책 조사(4세)

『파도야 놀자』 감상 후 관련 그림책 찾기(4세)

그림책 관련 상 및 수상 작품 조사(4세)

작가에 대한 조사(4세)

(2) 사회적 탐구

작품의 배경이 된 지역 및 사람들의 특성과 문화, 작품에 나타난 직업, 작품의 주제 관련 풍습 등을 탐구할 수 있다.

『치과 의사 드소토 선생님』관련 활동: 가족의 어릴 적 치아 빼기 경험 조사(5세)

『치과 의사 드소토 선생님』관련 활동: 우리나라와 다른 나라의 이갈이 풍습 알아보기(5세)

(3) 관찰 및 실험 등의 과학적 탐구

등장인물, 내용과 관련하여 동식물의 특성이나 자연현상에 대한 조사, 실험, 관찰 등의 활동이 이어질 수 있다.

『파도야 놀자』 감상 후 파도 소리 만들기 실험(4세)

『나무 숲속』에 등장하는 동물에 대해 조사하기(5세)

『행복한 의자나무』 관련하여 나무를 조사하고 관찰하기(5세)

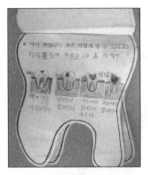
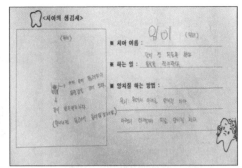

『치과 의사 드소토 선생님』 관련하여 치아에 대해 알아보기(5세)

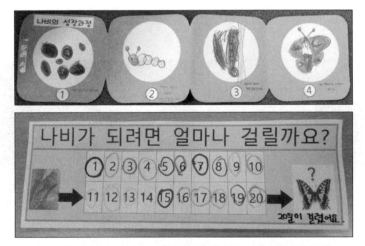

『아주아주 배고픈 애벌레』 관련하여 나비가 되는 과정 관찰 기록(4세)

『설빔』 관련하여 색 혼합 실험 및 색동저고리 만들기(4세)

(4) 수학적 탐구

문학은 수학적 지식 및 개념을 경험하게 하는 놀이와 활동을 유발한다. 예를 들어, 『로지의 산책』은 산책 경로와 순서도 그려 보기, 『소피가 화나면, 정말 정말 화나면』과 관련해서는 화났을 때 유아들이 대처하는 방법들을 조사한 그래프 활동, 『꿈틀꿈틀 자벌레』와 관련해서는 기관의 실내외 자료 및 공간을 활용한 측정 활동, 『아주아주 배고픈 애벌레』는 요일과 순서 개념 관련 활동으로 자연스럽게 이어질 수 있다.

 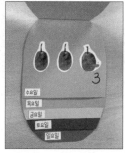 

『아주아주 배고픈 애벌레』 요일책(4세)

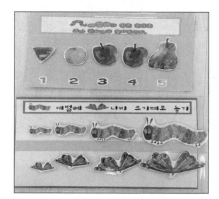 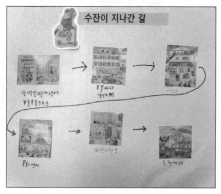

| 『아주아주 배고픈 애벌레』 등장인물을 크기 순서대로 놓기(4세) | 『수잔네의 봄』에서 수잔이 지나간 길을 순서대로 배열하기(5세) |

『로지의 산책』 등장인물 패턴(4세)

『내 이 돌려줘』 판게임(5세 유아들 제작)

『단추』 장면의 그림 일부 그림자 맞추기(3세)

『수잔네의 봄』 그림책 길이 측정 및 그림책 길이만큼 블록 쌓기(5세)

『행복한 의자나무』 관련 그래프 활동(5세)

『로지의 산책』과 『로지의 병아리』의 같은 점과 다른점

『로지의 산책』

- 닭의 몸이 작다.
- 닭장의 문이 옆으로 열린다.
- 병아리, 닭의 친구, 고양이, 사다리가 없다.
- 계절이 여름인 것 같다.
- 색이 흐리고 어두운 초록색이다.

『로지의 병아리』

- 엄마 닭이 되어 몸이 더 커졌다.
- 문이 따로 없고 문이 열려서 계단이 된다.
- 병아리, 닭의 친구, 아기 여우, 고양이, 사다리, 바구니, 물고기가 더 나온다.
- 나무와 열매가 더 많아졌다.
- 나무가 밝고 진한 초록색이다.
- 색이 진해졌다.
- 집이 커졌다.
- 가을인 것 같다.
- 개구리, 울타리가 없다.
- 여우의 실수가 없다.

- 같은 작가의 작품이다.
- 책 크기가 같다.
- 주황색과 노랑색을 많이 사용한다.
- 로지와 여우가 등장한다.
- 책의 장 수가 같다(17장).
- 마을 모습이 비슷하다(나무, 벌집, 풍차, 연못).

『로지의 산책』과 『로지의 병아리』 벤다이어그램(4세)

4) 미술 활동

　문학은 유아의 상상력과 창의성을 자극하여 다양한 미술 활동으로 연계될 수 있다. 특히 그림이 내용과 메시지를 전달하는 핵심적인 역할을 하는 그림책은 창의적인 표현 방식을 통해 유아의 예술적 감각과 표현 능력을 길러 준다.

　문학과 연계된 미술 활동의 예로는 인상 깊거나 재미있었던 장면 그리기와 주제 및 내용과 관련된 경험 그리기 등을 비롯하여 표현 기법 탐색 및 장면 모사하기, 그림책 안내지 만들기, 등장인물과 배경을 활용하여 장면을 그리거나 만들기, 그림책 만들기, 극화 활동을 위한 다양한 소품 만들기 등이 있다. 모사하거나 새로 구성한 그림책 장면은 이야기 짓기, 출석 표시판, 교실 환경 구성 등에 활용할 수 있다.

『파도야 놀자』의 그림을 모사하여 만든 출석판과 벽면 구성(4세)

『행복한 의자나무』를 모사하여 만든 출석판(5세)

『나무 숲속』 등장인물 판화 그림을 오려서 새로운 장면 구성하기(5세)

『나랑 친구 할래?』의 등장인물 구성(4세)   『단추』의 등장인물(단추)을
활용한 마라카스 만들기(3세)

『나무 숲속』 그림을 모사하여 표지 만들기(5세)

5) 음악 활동, 신체 활동, 게임

문학 경험은 관련 음악 감상 및 노래 부르기, 노래 만들기, 연주 등의 음악 활동과 신체 표현 및 율동 등의 신체 활동, 그리고 게임 등으로 확장될 수 있다.

〈봄의 노래〉

새싹들이 자라나
꽃이 활짝 피어나
들판에는 들꽃들이 너무 가득해
봄바람에 꽃잎들
훨훨 날아오르면
나는 나는 춤을 출 거야
나는 나는 노래할 거야

『수잔네의 봄』을 읽고 유아들이 지은 동시와 노래(5세)

『젓가락 짝꿍』 관련 주방용품 악기 연주(5세)

『눈 오는 날』 관련 신체 활동: 눈꽃 터널 통과하기(3세)

『아기 오리는 어디로 갔을까요?』　　　　　『민달팽이 노먼』 관련 게임:
관련 게임: 아기 오리를 찾아요!(3세)　　　　노먼의 등껍질 만들기(3세)

6) 극화 활동

문학 경험은 등장인물의 역할을 맡아 표현하고자 하는 욕구를 자극하며, 유아들의 극화놀이를 풍부하게 한다. 유아의 극화놀이는 유아가 어릴수록 친숙한 인물들이 나오는 일상적인 경험을 담는다. 유아의 경험과 지식이 확장되고 상상력이 발달함에 따라 극화놀이의 소재와 역할도 다양해지는데, 문학은 유아의 상상력과 경험, 지식의 발달을 가져오는 주요 매개체가 된다. 실로 문학은 유아들의 극화놀이의 주제와 소재를 다양하게 하고, 놀이 내용을 더 정교하고 상세하게 만든다.

문학과 관련한 극화놀이는 놀이 시간에 자연스럽게 일어날 수도 있고, 동극(제8장 참조)과 같이 교사가 진행을 돕는 집단 활동으로 이루어질 수도 있다. 교사는 공간과 자료 제공, 적절한 상호작용 등을 통해 자연스럽게 발현된 극화놀이를 지원하도록 한다.

『나무 숲속』 관련 손인형극 놀이(5세)

『비 오는 날의 소풍』 관련 소풍 놀이(3세)

『그림자놀이』 관련 그림자극 놀이(4세)

『내 이 돌려줘』 관련 치과 병원놀이(5세)　　　　　　『가을 나뭇잎』 동극(4세)

2. 문학작품을 중심으로 한 통합 활동

하나의 문학작품이 다양한 영역과 유형의 활동을 이끌어 내는 중심이 될
수도 있다. 하나의 그림책을 중심으로 계획, 실행할 수 있는 통합적 활동망을
제시하면 다음과 같다.

1)『아기 오리는 어디로 갔을까요?』

『아기 오리는 어디로 갔을까요?』

- 내용: 어느 이른 아침, 아기 오리 한 마리가 호랑나비를 쫓아 형제들과 함께 있던 둥지를 떠난다. 엄마 오리와 아기 오리 형제들은 사라진 아기 오리를 찾아 길을 나선다. 그 길에 해오라기, 거북이, 비버 아저씨 그리고 뿔논병아리 아줌마를 만난다. 엄마 오리는 이들에게 아기 오리를 봤는지 묻지만 아무도 본 적이 없다고 한다. 그렇게 아기 오리를 찾던 중 호랑나비를 쫓아갔던 아기 오리가 다시 엄마 오리와 형제들 곁으로 돌아온다. 밤이 되어 오리 가족들은 함께 잠이 든다.
- 관련 주제: 가족, 동물
- 대상 연령: 3세

미술

• 재활용품으로 등장
  인물 구성하기
• 오리 콜라주
• 그림책 장면 구성
  하기
• 그림책 광고지

극화
• 가족 놀이 • 아기 돌보기 • 식당 놀이

쌓기
• 집 구성 • 그림책 배경 구성   (오리가 사는 곳)

과학

• 관찰
  −여러 가지 씨앗,
   모종
  −씨앗의 변화
  −나무, 잔디의
   변화

감상 및 이야기 나누기

• 표지 보고 내용 예측하기
• 그림책 감상
• 그림책에 대해 이야기 나누기
  −주인공, 등장인물, 배경,
   특징

『아기 오리는 어디로 갔을까요?』

음률

• 노래 부르기/악기 연주
  −〈닮은 곳이 있대요〉
  −〈나는 누굴 닮았을까요〉
• 감상
  −자장가(모차르트, 민요)
   비교 감상

언어

• 관련 그림책 읽기
  −가족 주제 그림책
  −오리가 나오는 그림책
• 단어 활동
  −그림책 등장인물의 소리
   (의성어)
  −그림책 등장인물의 동작
   (의태어)
• 쓰기 및 짓기
  −그림책 장면 선택하여 이
   야기 짓기
  −등장인물에게 편지 쓰기

수/조작

• 수 세기
  −오리 수대로 놓기
• 순열
  −등장인물 크기대로
   놓기
• 통계
  −우리 가족의 수
• 퍼즐
  −가족, 그림책 장면
• 종이접기
  −오리

바깥놀이

• 게임
  −오리를 찾아라
• 물모래 놀이
  −오리가 사는 곳 구성하기

2)『파도야 놀자』

『파도야 놀자』

- 내용: 이 책은 글이 없는 그림책이다. 어느 날 여자 아이가 바닷가로 놀러 간다. 바다로 달려가던 여자 아이는 계속 밀려드는 파도를 보고 선뜻 바닷물에 들어가지 못한다. 여자 아이는 파도를 향해 소리치기도 하고 뒤돌아 도망가기도 하다 어느 순간 파도와 친해져 물장구를 치며 즐겁게 놀이한다.
- 관련 주제: 여름
- 대상 연령: 4세

미술

- 그림책 장면 모사하기
- 그림책 만들기(뒷이야기 지은 내용으로 장면 그려 책 만들기)
- 그림책의 표현 기법 탐색: 목탄 그림 그리기
- 목탄 그림 감상
- 그림책 광고 만들기
- 나만의 동화 표지 만들기
- 바다생물 만들기
- 바닷속 풍경 꾸미기(공동 작업)
- 물놀이 도구 만들기

음률

- 소리 듣기/악기 연주
  - 다양한 물, 빗소리, 파도 소리
  - 물 실로폰 연주
- 감상
  - 쇼팽 〈빗방울 전주곡〉
  - 브리튼 〈4개의 바다 간주곡〉
  - 비발디 바이올린 협주곡 〈바다의 폭풍우〉
  - 멘델스존 〈고요한 바다와 즐거운 항해〉
- 파도 소리 만들기

과학

- 관찰
  - 조개, 소라껍질
- 실험
  - 물의 증발
- 조사
  - 바다에 사는 생물
  - 바다에 대해 궁금한 점(바다가 파란 이유, 파도가 치는 이유, 바닷물이 짠 이유 등)

극화

- 수영장 놀이
- 소풍 놀이(바다, 캠핑장)

『파도야 놀자』

수/조작

- 수 세기
  - 바다생물 수 세기
- 대응
  - 여름 날씨와 물건 짝 짓기
- 분류
  - 수영복을 찾아 주세요
- 퍼즐
  - 그림책 장면
  - 바닷가 풍경
  - 물고기와 해마
- 판게임
  - 바닷속 생물 찾기
  - 물의 순환
- 종이접기/바느질
  - 바닷속 생물

쌓기

- 수영장 만들기
- 바닷가 구성하기

감상 및 이야기 나누기

- 표지 보고 내용 예측하기
- 그림책 감상
- 글자 없는 그림책의 특징
- 그림책에 대해 이야기
  - 등장인물, 배경, 그림책 속에 등장하는 바닷속 생물, 그림책 속의 날씨, 작가, 특징
- 내가 만약 주인공이라면?(바다에 가서 하고 싶은 놀이)
- 바다와 관련된 경험

언어

- 관련 그림책 읽기
  - 이수지 작가의 그림책(『거울속으로』『동물원』『움직이는 ㄱㄴㄷ』『그림자놀이』『검은 새』)
  - 『바다로 간 편지』『할머니의 바닷가』『강물의 여행』『할머니의 여름휴가』『슬이의 여름여행』 등
- 단어 활동
  - 바다와 관련된 단어 그림 사전
  - 연상되는 단어 떠올리기
- 쓰기 및 짓기
  - 등장인물, 그림책 작가에게 편지 쓰기
  - 그림책 장면 말풍선 붙여 이야기 짓기
  - 그림책 장면별 이야기 짓기
  - 전체 장면의 이야기 짓기(글 있는 그림책으로 이야기 짓기)
  - 그림책 뒷이야기 짓기

3)『수잔네의 봄』

『수잔네의 봄』

- 내용: 이 책은 글이 없는 그림책으로서 펼치면 길이가 4m에 이르는 '병풍
  책'이다. 시골 마을, 기차역, 시내, 백화점, 공원, 농장 등 수잔네 마을의
  다양한 봄 생활 모습을 담고 있다. 봄 외에 여름, 가을, 겨울을 다룬 책도
  있어 계절의 변화에 따른 마을 사람들의 생활 모습을 보여 준다.
- 관련 주제: 봄
- 대상 연령: 5세

미술

- 그림책 등장인물 콜라주
- 새로운 그림책 장면 구성하기
- 새로 지은 이야기로 병풍책 꾸미기
- 그림책 광고지
- 그림책 전시회 준비
  - 포스터, 초대장

감상 및 이야기 나누기

- 표지 보고 내용 예측하기
- 그림책 감상
- 글자 없는 그림책의 특징
- 그림책에 대해 이야기
  - 주인공, 등장인물, 배경, 계절에 따른 생활 모습, 그림책 작가
- 우리가 수잔네 마을에 산다면?
  - 하고 싶은 일(직업)
  - 경험하고 싶은 생활
- 그림책 전시회 협의
- 그림책 전시회 정리 및 평가

극화

- 캠핑 놀이
- 가족 놀이
- 소풍 놀이

쌓기

- 봄 동산 구성
- 그림책 배경 구성 (수잔네 마을, 기차역, 시장, 공원)
- 그림책 길이만큼 블록 쌓기

과학

- 관찰
  - 여러 가지 씨앗, 모종
  - 씨앗의 변화
  - 새싹 채소 기르기
  - 나무, 잔디의 변화
- 실험
  - 봄 식물로 물들이기
- 조사
  - 봄철 식물

『수잔네의 봄』

음률

- 노래 부르기/악기 연주
  - 〈꽃샘바람〉〈나무를 심자〉
  - 〈봄이 왔어요〉〈밖으로 나가 놀자〉
- 감상
  - 멘델스존 〈봄의 노래〉
  - 비발디 〈사계〉 중 〈봄〉
- 『수잔네의 봄』에서 들리는 소리 만들기
  - 다양한 악기 탐색 및 소리 만들기

언어

- 관련 그림책 읽기
  - 글 없는 그림책(『빨간 끈』『노란 우산』『월수금과 화목토』 『케이크 대소동』)
  - 수잔네 책 시리즈(여름, 가을, 겨울, 밤)
  - 『아낌없이 주는 나무』『봄나들이』
- 봄 동시 감상
- 단어 활동
  - 새 단어 만들기
  - '봄' 그림 사전
  - '봄'과 관련되어 연상되는 단어
  - 『수잔네의 봄』 그림책에서 들리는 소리
- 쓰기 및 짓기
  - 그림책 작가에게 편지 쓰기
  - 그림책 장면 말풍선 붙여 이야기 짓기
  - 그림책 장면별 이야기 짓기
  - 전체 장면의 이야기 짓기(글 있는 그림책으로 만들기)
  - 새로운 이야기 짓기(병풍책)
  - 봄에 대한 동시 짓기

수/조작

- 수 세기
  - 그림책 장면에 나오는 등장인물 수 세기
- 대응
  - 정원에 꽃을 심어요
- 순서 짓기
  - 식물의 성장 과정
  - 계절의 변화
- 측정(비표준화, 표준화 도구 사용)
  - 그림책 길이 측정
  - 다양한 자료와 공간의 길이 측정
- 퍼즐
  - 봄 동산, 그림책 장면
- 카드/판게임
  - 그림책 관련 게임(유아 제작, 교사 제작)
- 종이접기/바느질
  - 봄에 볼 수 있는 식물과 곤충

4) 『아무도 모를 거야, 내가 누군지』

『아무도 모를 거야, 내가 누군지』

- 내용: 외갓집에 있게 된 건이는 한 달 후에 오신다던 부모님이 약속을 지키지 않자 화가 나서 집안을 난장판으로 만든다. 그러고는 혼이 날까 봐 다락방에 숨는다. 다락방에는 여러 종류의 탈들이 있었다. 건이는 탈을 쓰면 자기가 누군지 아무도 모를 거라고 생각하면서 탈을 써 본다. 탈을 쓸 때마다 건이는 그 탈이 나타내는 인물이 되어 행동한다. 할머니가 부르는 소리에 다락문을 열어 보니 부모님이 와 있었다.
- 관련 주제: 우리나라
- 대상 연령: 5세

미술

- 탈 공판화 찍기
- 탈 탁본
- 탈 퍼즐 만들기
- 찰흙, 종이죽으로 탈 만들기
- 그림책 광고지
- 탈 전시회 준비
  - 포스터, 초대장

극화

- 마당극
- 가족놀이

쌓기

- 전통 가옥

과학·컴퓨터

- 관찰/실험
  - 여러 종류의 탈
  - 종이죽 만드는 과정
- 조사
  - 우리 나라의 탈
  - 다른 나라의 탈
  - 탈 만드는 방법

감상 및 이야기 나누기

- 표지 보고 내용 예측하기
- 그림책 감상
- 그림책에 대해 이야기 나누기
  - 등장인물, 작가, 특징
- 그림책을 소개할 수 있는 방법
- 어린이책에 주는 상
- 내가 쓰고 싶은 탈
- 탈 전시회 협의
- 탈 전시회 정리 및 평가

『아무도
모를 거야,
내가 누군지』

음률

- 노래 부르기
  - 〈탈춤〉
- 사물악기 연주
- 춤
  - 탈춤
  - 북청사자놀이

수/조작

- 수 세기
  - 숫자대로 전통 물건 놓아 보기
- 대응
  - 정원에 꽃을 심어요
- 패턴
  - 탈
- 순서 짓기
  - 탈 크기대로 놓아 보기
- 통계
  - 내가 가장 좋아하는 탈
- 퍼즐
  - 탈, 전통 건축물, 흥겨운 농악놀이
  - 그림책 장면
- 판게임
  - 탈 기억력 게임
  - 문양 맞추기
  - 민속 의상 메모리 게임
- 종이접기/바느질
  - 한복, 복주머니

언어

- 관련 그림책 읽기
  - 『말뚝이 이리 나오렸다』
  - 『사물놀이 이야기』
  - 『소가 된 게으름뱅이』
- 단어 활동
  - 탈 그림 사전
  - 그림책에서 재미있는 단어 찾기
  - 단어 입양하기
- 쓰기 및 짓기
  - 그림책 그림 보고 이야기 짓기(큰 책 만들기)
  - 탈춤 시나리오 구성하기
  - 작가, 주인공에게 편지 쓰기
  - 그림책 장면 이야기 짓기

알아보기

1. 유아교육기관의 교육 활동 주제나 유아의 흥미와 관련된 동화, 동요, 동시 목록(예: 계절, 가족, 친구, 동물, 식물, 안전, 물, 놀이 등)을 작성해 보세요.
2. 문학적 가치를 지니면서 다양한 활동을 전개하기에 적절한 그림책을 선정하여 통합 적 활동망을 구성해 보세요.

그림책 목록

가을 나뭇잎 / 이숙재 글, 배지은 그림 / 대교북스주니어 / 2011

강아지똥 / 권정생 글, 정승각 그림 / 길벗어린이 / 1996

개구리처럼 폴짝 / 호박별 글, 나애경 그림 / 시공주니어 / 2010

개구쟁이 노마와 현덕 동화나라 / 현덕 글, 신가영 그림 / 웅진주니어 / 2000

검피 아저씨의 드라이브 / 존 버닝햄 글 · 그림, 이주령 옮김 / 시공주니어 / 1996

검피 아저씨의 뱃놀이 / 존 버닝햄 글 · 그림, 이주령 옮김 / 시공주니어 / 2017

겁쟁이 빌리 / 앤서니 브라운 글 · 그림, 김경미 옮김 / 비룡소 / 2006

고릴라 / 앤서니 브라운 글 · 그림, 장은수 옮김 / 비룡소 / 1998

곰 사냥을 떠나자 / 마이클 로젠 글, 헬렌 옥슨버리 그림, 공경희 옮김 / 시공주니어 / 1994

곰돌이 푸우는 아무도 못 말려 / 앨런 알렉산더 밀른 글, 어니스트 하워드 쉐퍼드 그림, 조경숙
    옮김 / 길벗어린이 / 2005

공룡꼬리 / 뚜시베베 / 2016

관찰하는 자연과학: 물이 보이지 않는 곳을 들여다보았더니 / 데즈카 아케미 글 · 그림, 김지연
    옮김, 서울과학교사 모임 감수 / 책속물고기 / 2020

괜찮아 / 최숙희 글 · 그림 / 웅진주니어 / 2005

괴물들이 사는 나라 / 모리스 샌닥 글 · 그림, 강무홍 옮김 / 시공주니어 / 2000

구두구두 걸어라 / 하야시 아키코 글 · 그림, 이영준 옮김 / 한림출판사 / 1988

구름 나라 / 존 버닝햄 글 · 그림, 고승희 옮김 / 비룡소 / 1997

구름빵 / 백희나 글 · 그림 / 한솔수북 / 2004

구멍 속 나라 / 박상률 글, 한선금 그림 / 시공주니어 / 1999

그 도마뱀 친구가 뜨개질을 하게 된 사연 / 채인선 글, 강을순 그림 / 창작과 비평 / 1999

이 그림, 이상희 옮김 / 웅진주니어 / 1995

넉 점 반 / 윤석중 글, 이영경 그림 / 창비 / 2004

노란 우산 / 류재수 그림 / 재미마주 / 2001

노래주머니 / 방정환 · 마해송 외 글, 김중철 엮음, 이창훈 그림 / 우리교육 / 2002

누가 내 머리에 똥 쌌어? / 베르너 홀츠바르트 글, 볼프 에를브루흐 그림 / 사계절 / 2002

눈 오는 날 / 에즈라 잭 키츠 글 · 그림, 김소희 옮김 / 비룡소 / 1995

눈사람 아저씨 / 레이먼드 브리그스 그림 / 마루벌 / 2010

다 이유가 있어! / 캐롤라인 제인 처치 글 · 그림, 허은실 옮김 / 좋은책어린이 / 2006

단추 / 새라 퍼넬리 글 · 그림, 최재숙 옮김 / 삼성출판사 / 2001

달 샤베트 / 백희나 글 · 그림 / 스토리보울 / 2010

달려 토토 / 조은영 글 · 그림 / 보림 / 2011

데굴데굴 굴러가네! / 허은미 글, 이혜리 그림 / 웅진주니어 / 1997

도대체 그 동안 무슨 일이 일어났을까? / 이호백 글 · 그림 / 재미마주 / 2000

도도새는 왜 사라졌을까요? / 앤드루 채먼 글 · 그림, 함께 나누는 엄마 모임 옮김 / 다섯수레 /
　　2000

돌아오지 않는 까삐 / 이오덕 엮음 / 사계절 / 1991

동강의 아이들 / 김재홍 글 · 그림 / 길벗어린이 / 2000

동물, 원 / 정혜경 글 · 그림 / 케플러49 / 2020

동물원 / 앤서니 브라운 글 · 그림, 장미란 옮김 / 논장 / 2019

동물원 / 이수지 글 · 그림 / 비룡소 / 2004

뒷집 준범이 / 이혜란 글 · 그림 / 보림 / 2011

따로 따로 행복하게 / 배빗 콜 글 · 그림, 고정아 옮김 / 보림 / 1999

똥이 풍덩 / 알로나 프랑켈 글 · 그림, 김세희 옮김 / 비룡소 / 2001

로지의 병아리 / 팻 허친스 글 · 그림, 우현옥 옮김 / 봄볕 / 2016

로지의 산책 / 팻 허친스 글 · 그림, 김세실 옮김 / 봄볕 / 2020

마고할미 / 정근 글, 조선경 그림 / 보림 / 2006

마녀 위니 / 밸러리 토머스 글, 코키 폴 그림, 김중철 옮김 / 비룡소 / 1996

마녀 위니, 다시 날다 / 밸러리 토머스 글, 코키 폴 그림, 김중철 옮김 / 비룡소 / 2003

마녀 위니와 심술쟁이 로봇 / 밸러리 토머스 글, 코키 폴 그림, 노은정 옮김 / 비룡소 / 2014

아기 오리들한테 길을 비켜 주세요 / 로버트 맥클로스키 글 · 그림, 이수연 옮김 / 시공주니어 / 1995

아기 올빼미! / 레나 마질뤼 글 · 그림, 안수연 옮김 / 보림 / 2017

아기 초점책 / 애플비북스 편집부 / 애플비북스 / 2004

아무도 모를 거야, 내가 누군지 / 김향금 글, 이혜리 그림 / 보림 / 1998

아주 신기한 알 / 레오 리오니 글 · 그림, 이명희 옮김 / 마루벌 / 2011

아주아주 배고픈 애벌레 / 에릭 칼 글 · 그림, 김세실 옮김 / 시공주니어 / 2022

안 돼! / 데이비드 맥페일 글 · 그림 / 시공주니어 / 2012

안녕, 우리 집 / 스테파니 파슬리 레디어드 글, 크리스 사사키 그림, 이상희 옮김 / 비룡소 / 2020

알사탕 / 백희나 글 · 그림 / 책읽는곰 / 2017

암탉과 여우 / 클라우디오 리폴, 양연주 글 · 그림, 달보름 옮김 / 키즈엠 / 2020

야, 우리 기차에서 내려! / 존 버닝햄 글 · 그림, 박상희 옮김 / 비룡소 / 1995

양철곰 / 이기훈 글 · 그림 / 리젬 / 2012

어느 날 / 유주연 글 · 그림 / 보림 / 2010

어처구니 이야기 / 박연철 글 · 그림 / 비룡소 / 2005

언제까지나 너를 사랑해 / 로버트 먼치 글, 안토니 루이스 그림, 김숙 옮김 / 북뱅크 / 2000

엄마 마중 / 이태준 글, 김동성 그림 / 소년한길 / 2004

엄마 없는 날 / 정두리 글, 이한중 그림 / 파랑새어린이 / 2000

엄마가 사라졌어요 / 이정희 글 · 그림 / 문학동네 / 2002

에헤야데야 떡 타령 / 이미애 글, 이영경 그림 / 보림 / 2007

엠마 / 웬디 케셀만 글, 바바라 쿠니 그림, 강연숙 옮김 / 느림보 / 2004

여섯 사람 / 데이비드 매키 글 · 그림, 김종철 옮김 / 비룡소 / 1997

열 배가 훨씬 더 좋아 / 리처드 마이클슨 글, 레너드 베스킨 그림, 박희원 옮김 / 낮은산 / 2004

영이의 비닐우산 / 윤동재 글, 김재홍 그림 / 창비 / 2005

오리, 대통령이 되다! / 도린 크로닌 글, 베시 루윈 그림, 이상희 옮김 / 주니어랜덤 / 2009

오줌 싸서 미안해요, 할머니 / 박예자 글, 이지연 그림 / 청개구리 / 2011

왜? / 니콜라이 포포프 그림 / 현암사 / 1997

우리 가족입니다 / 이혜란 글 · 그림 / 보림 / 2005

우리 아빠가 최고야 / 앤서니 브라운 글 · 그림, 최윤정 옮김 / 킨더랜드 / 2007

우리 엄마 어디 있어요? / 기도 반 게네흐텐 글 · 그림, 서남희 옮김 / 한울림어린이 / 2004

우리 여기 있어요, 동물원 / 허정윤 글, 고정순 그림 / 킨더랜드 / 2019

우리 할머니는 나를 모릅니다 / 자크 드레이선 글, 안느 베스테르다인 그림, 이상희 옮김 / 웅
    진주니어 / 2006

우리 할아버지 / 릴리스 노만 글, 노엘라 영 그림, 최정희 옮김 / 미래M&B / 2002

우리 할아버지 / 존 버닝햄 글 · 그림, 박상희 옮김 / 비룡소 / 1995

우린 정말 친한 단짝 친구! / 로렌 차일드 글 · 그림, 문상수 옮김 / 국민서관 / 2010

위를 봐요 / 정진호 글 · 그림 / 현암주니어 / 2014

으뜸 헤엄이 / 레오 리오니 글 · 그림, 이명희 옮김 / 마루벌 / 1997

이럴 수 있는 거야??! / 페터 쉐소우 글 · 그림, 한미희 옮김 / 비룡소 / 2007

이모의 결혼식 / 선현경 글 · 그림 / 비룡소 / 2009

이상한 나라의 앨리스 / 루이스 캐럴 글, 앤서니 브라운 그림, 김서정 옮김 / 살림어린이 /
    2009

이상한 동물원 / 이예숙 글 · 그림 / 국민서관 / 2019

이상한 화요일 / 데이비드 위즈너 그림 / 비룡소 / 2002

이슬이의 첫 심부름 / 쓰쓰이 요리코 글, 하야시 아키코 그림 / 한림출판사 / 1991

이야기 이야기 / 게일 헤일리 글 · 그림, 임혜숙 옮김 / 보림 / 2007

이웃사촌 / 클로드 부종 글 · 그림, 조현실 옮김 / 주니어 파랑새 / 2002

이파라파냐무냐무 / 이지은 글 · 그림 / 사계절 / 2020

자장자장 아기 토끼 / 콰르토 편집부 글, 알렉스 윌모어 그림, 장미란 옮김 / 웅진주니어 / 2021

자전거 타고 로켓 타고 / 카트린 르블랑 글, 로렌스 리처드 그림, 조정훈 옮김 / 키즈엠 / 2013

작은 기적 / 피터 콜링턴 그림 / 문학동네어린이 / 2005

작은 집 이야기 / 버지니아 리 버튼 글 · 그림, 홍연미 옮김 / 시공주니어 / 1993

잘 자요, 달님 / 마거릿 와이즈 브라운 글, 클레먼트 허드 그림, 이연선 옮김 / 시공주니어 /
    1996

잡아 봐! / 고미 타로 글 · 그림, 이상술 옮김 / 문학동네어린이 / 2003

장갑 / 에우게니 M. 라쵸프 글 · 그림, 이영준 옮김 / 한림출판사 / 1994

장화홍련전 / 유효진 글, 송향란 그림 / 알라딘북스 / 2014

파랑새 / 모리스 마테를링크 글, 허버트 포즈 그림, 김주경 옮김 / 시공주니어 / 2015

팥죽 할머니와 호랑이 / 조대인 글, 최숙희 그림 / 보림 / 1997

팥죽 할멈과 호랑이 / 박윤규 글, 백희나 그림 / 시공주니어 / 2006

팥죽 할멈과 호랑이 / 조호상 글, 윤미숙 그림 / 웅진닷컴 / 2003

푸른 개 / 나자 글 · 그림, 최윤정 옮김 / 파랑새 / 1998

플라스틱 섬 / 이명애 글 · 그림 / SANG / 2014

피노키오 / 카를로 콜로디 글, 로버트 잉펜 그림, 음경훈 옮김 / 파랑새 / 2014

피터래빗 이야기 / 베아트릭스 포터 글 · 그림, 김동근 옮김 / 소와다리 / 2013

피터팬 / 제임스 매튜 배리 글, 메이블 루시 애트웰 그림, 김영선 옮김 / 시공주니어 / 2005

하이드와 나 / 김지민 글 · 그림 / 한솔수북 / 2017

한지돌이 / 이종철 글, 이춘길 그림 / 보림 / 1995

할머니가 남긴 선물 / 마거릿 와일드 글, 론 브룩스 그림, 최순희 옮김 / 시공주니어 / 1997

할머니의 기억은 어디로 갔을까? / 멤 폭스 글, 줄리 비바스 그림, 조경란 옮김 / 키득키득 /
    2009

할머니의 사랑 / 제인 테너 글 · 그림, 김경애 옮김 / 을파소 / 2011

행복한 의자나무 / 랑 슈린 글 · 그림, 박지민 옮김 / 북뱅크 / 2002

헨젤과 그레텔 / 그림 형제 글, 앤서니 브라운 그림, 장미란 옮김 / 비룡소 / 2005

혹부리 영감 / 임정진 글, 임향한 그림 / 비룡소 / 2007

흥부 놀부 / 홍영우 글 · 그림 / 보리 / 2014

10까지 셀 줄 아는 아기염소 / 알프 프로이센 글, 하야시 아키코 그림, 고향옥 옮김 / 한림출판
    사 / 1999

찾아보기

인명

내용

저자 소개

곽아정(Kwak Ajung)

이화여자대학교 사범대학 교육학과 유아교육전공(문학사)

이화여자대학교 대학원 교육학과 유아교육전공(문학석사)

이화여자대학교 대학원 유아교육학과(문학박사)

전 이화여자대학교 사범대학 부속 이화유치원 교사

    연성대학교 부속유치원 원장

현 연성대학교 유아교육과 교수

이문정(Lee Moon Jung)

이화여자대학교 인문대학 영어영문학과(문학사)

이화여자대학교 대학원 교육학과 유아교육전공(문학석사)

이화여자대학교 대학원 유아교육학과(문학박사)

현 호서대학교 유아교육과 교수

이현숙(Lee Hyun Sook)

이화여자대학교 사범대학 교육학과 유아교육전공(문학사)

이화여자대학교 대학원 교육학과 유아교육전공(문학석사)

이화여자대학교 대학원 유아교육학과(문학박사)

전 이화여자대학교 사범대학 부속 이화유치원 교사

현 경복대학교 유아교육과 교수

조경자(Jo Gyeong Ja)

이화여자대학교 사범대학 교육학과 유아교육전공(문학사)

이화여자대학교 대학원 교육학과 유아교육전공(문학석사)

이화여자대학교 대학원 유아교육학과(문학박사)

전 호서대학교 유아교육과 교수

    호서대학교 부속유치원 원장

유아문학교육
Young Children's Literature and Education

2023년 8월 20일 1판 1쇄 인쇄
2023년 8월 30일 1판 1쇄 발행

지은이 • 곽아정 · 이문정 · 이현숙 · 조경자
펴낸이 • 김진환
펴낸곳 • ㈜**학지사**

　　　　04031 서울특별시 마포구 양화로 15길 20 마인드월드빌딩
대표전화 • 02-330-5114　　팩스 • 02-324-2345
등록번호 • 제313-2006-000265호

홈페이지 • http://www.hakjisa.co.kr
인스타그램 • https://www.instagram.com/hakjisabook

ISBN 978-89-997-2974-4　93370

정가 20,000원

출판미디어기업 **학지사**

간호보건의학출판 **학지사메디컬** www.hakjisamd.co.kr
심리검사연구소 **인싸이트** www.inpsyt.co.kr
학술논문서비스 **뉴논문** www.newnonmun.com
교육연수원 **카운피아** www.counpia.com